Tatjana Kuschtewskaja

Der Altai

Bergland im Süden Sibiriens

Geschichte und Geschichten

Aus dem Russischen
von Steffi Lunau

Berlin 2023

Tatjana Kuschtewskaja, geboren 1947 in der Turkmenischen SSR in der Wüstenoase Dargan-Ata; verbrachte ihre Jugend in der Ukraine; Studium der Musikpädagogik an der Musikhochschule von Artjomowsk (Diplom); arbeitete acht Jahre lang als Musikpädagogin in Jakutien; 1976 bis 1981 Studium an der Fakultät für Drehbuchautoren der Filmhochschule Moskau (Diplom), wo sie 1983 bis 1991 einen Meisterkurs für Drehbuchautoren leitete und als freie Journalistin tätig war; verfasste zahlreiche Drehbücher und Reportagen; unternahm Reisen durch alle Regionen der ehemaligen UdSSR; lebt seit 1991 in Deutschland.

Veröffentlichungen in deutscher Sprache: „Ich lebte tausend Leben", Velbert, 1997; „Russische Szenen", Berlin, 1999; „Mein geheimes Rußland", Düsseldorf, 2000; „Transsibirische Eisenbahn", Berlin, 2002; „Die Poesie der russischen Küche", Düsseldorf, 2003; „Meine sibirische Flickendecke", Düsseldorf, 2005; „Hier liegt Freund Puschkin. Spaziergänge auf russischen Friedhöfen", Düsseldorf, 2006; „Sibirienreise – Die Lena", Berlin, 2007; „Küssen auf Russisch", Düsseldorf, 2007; „Der Baikal", Berlin, 2009; „Tolstoi auf'm Klo", Berlin, 2010; „Liebe – Macht – Passion. Berühmte russische Frauen", Düsseldorf, 2010; „Die Wolga", Berlin, 2011; „Russinnen ohne Russland", Düsseldorf, 2012; „Florus und Laurus. Meine russischen Tiergeschichten", Berlin, 2013; „Der Jenissei", Berlin, 2014; „Zu Tisch bei Genies", Düsseldorf, 2014; „Am Anfang war die Frau", Düsseldorf, 2016; „Die Küche Sibiriens", Berlin, 2016, „Kamtschatka – Unterwegs in Russlands Fernem Osten", Berlin, 2017, „Aus der Apotheke meine Babuschka", Berlin, 2017, „Geheimnisse schöner Frauen", Düsseldorf, 2018; „Der Ural. Reisen entlang der Grenze von Europa und Asien", Berlin, 2019; „Die Mäzenin Tschaikowskis", Berlin, 2022

Übersetzung: Steffi Lunau
Lektorat: Britta Wollenweber

Umschlag und Layout: Peter Franke, Wostok Verlag
Fotos: Presseabteilung der Verwaltung des Krai Altai, Presseabteilung der Verwaltung der Republik Altai, Tourismuszentrum Altaiski Krai, Tourismuszentrum Republik Altai, Privatarchive, Archiv der Autorin, Archiv Wostok Verlag

Satz: Wostok Verlag - Berlin
Druck und Einband: BOOKPRESS.EU, Olsztyn

Wostok Verlag, Am Comeniusplatz 5, 10243 Berlin
Im Internet: www.wostok.de

ISBN: 978-3-932916-79-3

Inhalt

Altai – Goldene Berge

Wenn mich jemand bitten würde, die drei größten Freuden meines Lebens aufzuzählen, würde ich Musik, Literatur und Reisen nennen. Und wenn nur zwei? Dann wären es Literatur und Reisen. Und wenn eine? Sie denken sicher, das sei die Literatur? Nein. Es ist das Reisen!

Das war nicht immer der Fall. Bis etwa Mitte Dreißig dachte ich, es gäbe nichts Interessanteres und Faszinierenderes im Leben als Bücher. Was ist das doch für eine interessante Sache – das Verhältnis zwischen Buch- und Lebensrealität. Das Buch triumphiert doch in jedem Fall über das wahre Leben! Doch mit den Jahren hat sich meine Ansicht geändert. Jetzt bevorzuge ich das Leben, und jede Reise bedeutet mir mehr als eine literarische Wirklichkeit, die ich als eine reine Übung für den Geist empfinde. Ganz klar: Reisen ist das, was ich am meisten liebe, was mir die größte Freude bereitet, aber natürlich lese ich auch, wenngleich selektiver: Ich liebe Bücher über Geschichte, Biografien, Memoiren. Im Laufe der Jahre wuchs der unglaubliche Durst nach dem echtem Leben, das Verlangen nach Reisen und Begegnungen mit interessanten Menschen. Und das Erlebte zu beschreiben, ist pure Freude.

Das Reisen durch den Altai betrachte ich aus meinen eigenen Erfahrungen. Daher gibt es in diesem Buch der Reiseprosa so viele lyrische Ausflüge und andere Arten von persönlichen Beobachtungen und Gedanken. Ich mag die Übersetzung des japanischen Wortes für einen Essay sehr – die Japaner nennen einen Essay „Zuihitsu", wörtlich – „dem Pinsel folgend"; und für mich heißt es: „Wie die Hand geht." Meine Hand schreibt mit dem Strom freier Assoziationen, folgt jedoch der gewählten Reiseroute. Mit dem Alter kommt das Vertrauen in das Leben. Während ich reise, beobachte, meine Erinnerungen einfüge, geht die Reise weiter, und das bedeutet, dass alles in Ordnung ist, „dem Pinsel folgend". Seit meiner Jugend führe ich Tagebücher, die mir helfen, nicht zu viel von dem zu vergessen, was ich gesehen und erlebt habe. In meinem allerersten Tagebuch steht auf der ersten Seite in noch kindlicher Schrift: „Ich weiß, wie man leben muss, aber so möchte ich nicht leben!" Schaue ich heute in meine Tagebücher, so verstehe ich, dass mich der Fluss des Lebens selbst mitgenommen hat. Und so auch in den Altai.

Der Russische Altai, auch Großer Altai genannt, liegt jenseits des Uralgebirges im südlichen Sibirien. Das Wort „Altai" entstammt den Turksprachen und bedeutet „golden", der Altai, das sind also die Goldenen Berge.

Der Große Altai erstreckt sich auf einer Fläche so groß wie Portugal oder dreimal so groß wie Belgien. Russische Reiseführer ziehen solche Vergleiche gern heran: Es gibt geografische Räume in Russland mit Platz für viermal Deutschland oder fünfmal Frankreich. Die Ausdehnung des Russischen Altai von Nord nach Süd beträgt 400 Kilometer, von West nach Ost 360 Kilometer. Geogra-

fisch gesehen befindet sich der Altai auf dem Territorium zweier russischer Föderationssubjekte: das größere ist der Altaiski Krai (Region Altai, 2,3 Millionen Einwohner) mit der Hauptstadt Barnaul (631 124 Einwohner), das kleinere ist die Republik Altai (ehemals Gorny Altai, 220 954 Einwohner) mit der Hauptstadt Gorno-Altaisk (64 505 Einwohner), letztere ist die eigentliche Gebirgsregion.

Beide haben ihre eigenen Regierungen, ihre eigene Flagge, ihr eigenes Wappen und ihre eigene Hymne. Auf dem Wappen der Republik Altai ist der Schneeleopard (Irbis) dargestellt, mit Flügeln wie der venezianische Löwe, sehr malerisch und fantastisch. Schneeleoparden sind im Altai wirklich zu finden wie

auch Bären und eine ganz besondere Tierart, der Altai-Maral, eine Unterart des Wapitis aus der Familie der Hirsche.

Unter den russischen Touristen belegt der Altai mit Blick auf die Besucherzahlen Platz 3. Anziehend auf sie wirken nicht nur die fantastisch schönen Berglandschaften und Seen, sondern auch Dinge, die mit Worten schwer zu erklären sind: Versuchen Sie zu erklären, warum der Donner schockiert, warum „Hamlet" mysteriös ist oder was an Brueghel so fasziniert. Die Altai-Reisenden behaupten, dass diese Region einer der besten Orte auf der Erde ist, um „Körper und Seele neu aufzuladen". Der Altai besitzt einzigartige Energie. In alten Legenden und Erzählungen wurde der Altai als eine Art spiritueller Kern des Zentralteils des eurasischen Kontinents wahrgenommen. Der Wissenschaftler und Künstler Nikolai Rerich, in Deutschland besser bekannt als Nicholas Roerich, betrachtete den Altai als die Perle Asiens und war überzeugt, dass genau hier

das weltweit erste Projekt einer spirituellen und ökologischen Zivilisation der Zukunft, „Altai – der spirituelle Pol der Erde", realisiert werden würde.
„Wenn Sie das Glück haben, als Altaier geboren zu werden, haben Sie bereits großes Glück", sagt ein Sprichwort. Insgesamt gibt es ungefähr 71 000 indigene Altaier. Sie nennen sich „Altai-kischi", das bedeutet „Mensch des Altai". 51 900 Angehörige des Turkvolkes leben in der Republik Altai, der Rest lebt im Krai Altai und in Sibirien. Im Altai leben auch Angehörige weiterer kleiner indigener Minderheiten: im Norden – die Tubalaren, etwas weiter entfernt – die Kumandinen, die sich selbst „Schwanenmenschen" nennen. Angehörige weiterer kleiner Völkerschaften sind die Teleuten, die Telengiten und die Telesen (auch: Tolosen). In alten Reiseführern heißt es über das Volk des Altai: „Die Männer neigen dazu, eine Vorliebe für Philosophie zu haben." Und dem ist wirklich so. Der Altaier glaubt: Wenn ein Problem lösbar ist, muss man sich keine Sorgen machen.

Auf dem Ukok-Plateau

Wenn ein Problem nicht gelöst werden kann, ist es sinnlos, sich zu sorgen. Dieses Volk ist sehr freundlich und ruhig.
Ich habe Frieden und das Gefühl von Einsamkeit auf dem Ukok-Plateau erlebt, an der Grabstätte der „Prinzessin Ukok", die vor 2 500 Jahren starb. Neben ihr waren sechs Pferde mit Sätteln und reichem Zaumzeug im Eis eingefroren. Der Körper der geheimnisvollen Reiterin war sorgfältig einbalsamiert worden. Sie war kostbar gekleidet, trug eine Perücke und hatte Tattoos an vielen Körperstellen, wie eine moderne junge Frau unserer Zeit.
Ich habe mich in den Telezkoje-See verliebt, der, was Tiefe und Schönheit angeht, nach dem Baikalsee kommt. Ich war beeindruckt vom Obertongesang der Altaier – in ihrem Kehlkopf erzeugen sie knurrende, keuchende, rumpelnde Geräusche, die sich zu einer ungewöhnlichen Harmonie fügen. Ich wurde stets

von allem Ungewöhnlichen und Geheimnisvollen angezogen – den Schamanen, der Lehre des Weißen Burchan (eine örtliche buddhistisch geprägte Altai-Religion), dem heiligen Berg Belucha ...
Irgendwann auf der Reise bekam ich Lust, mich in einen traditionellen Altai-Chalat zu wickeln – das ist ein langärmeliges Oberkleid –, einen farbigen Hut mit einem hohen Oberteil aufzusetzen und zu einer lokalen Attraktion zu werden, die die Touristen überrascht. So höre ich in meinem Kopf die Stimme des

Der Telezkoje-See

Reiseführers: „Links ist das Dorf Askat, das buddhistische Zentrum der Karma-Kagyü-Schule, rechts eine Askat-Europäerin, wovon sie lebt und wie sie hierher gekommen ist, ist uns ein Rätsel."
Nun zu den Fotos. Fotografieren kann man sich bekanntlich an jedem Sockel, doch das ist nicht interessant. Wirklich spektakuläre Selfies erfordern vielleicht nicht gerade eine Heldentat, aber doch Einiges an Anstrengung. Das beliebte russische Reisemagazin „Wokrug sweta" („Rund um die Welt"), Ausgabe 2 945 von Juni 2019 hat eine Liste der 50 weltbesten Orte für Selfies zusammengestellt. Entstanden ist ein umfassender Reiseführer zu den schönsten Fotopunkten der Erde. Und hier das Interessante: Die Denissowa-Höhle im Altai über-

trumpfte laut Selfie-Experten die Attraktivität der Sagrada Familia (Basilika und Sühnetempel der Heiligen Familie) in Barcelona, den berühmten Kilauea-Vulkan auf Hawaii und viele andere Sehenswürdigkeiten der Welt.
Über die Denissowa-Höhle werde ich in diesem Buch gesondert berichten. Es ist ein Ort, der die Fantasie wirklich anregt.
Falls Sie erfahren möchten, welche weiteren russischen Sehenswürdigkeiten in die Liste der 50 besten Orte für Selfies aufgenommen wurden: die Russische Brücke in Wladiwostok, der Diamantenfonds im Moskauer Kreml, der Strand in der Tichaja-Bucht in Koktebel auf der Krim und der berühmte Viermaster „Sedow" im Hafen von Kaliningrad.
Der Altai mit seiner schönen, fast übertrieben schönen Natur, mit seinem Fischreichtum, seiner alpinen, unberührten Bergwelt, mit dem Belucha – der höchste Berg Sibiriens und des Altai –, mit seinen Wander- und Pferdewanderwegen in der Taiga könnte ein Paradies für Touristen werden. Nicht ohne Grund sagt ein Altai-Sprichwort: „Im Himmel ist das Paradies, auf Erden der Altai." Aber zumindest bis heute ist der Altai kaum bekannt in der Welt. Wenn Sie diese unglaublich schöne Region lesend erkunden, erhalten Sie einen Eindruck von den kolossalen ungenutzten Möglichkeiten. Die Schönheit im Altai ist unbeschreiblich, aber man muss natürlich dorthin gelangen.
Da heute die Grenzen offen sind und wir fast jeden Ort auf unserem Planeten erreichen können, bemühen wir uns, jene Räume zu finden, die mit uns übereinstimmen, die uns mit Emotionen erfüllen, ohne die uns etwas fehlen würde. Der Altai gibt Inspiration, eine Art Erleuchtung, er überrascht, beeindruckt uns und lässt uns darüber nachdenken, dass wir Teil von etwas sind, das größer ist als wir selbst. Und gleichzeitig bleiben wir wir selbst.
Ich möchte meine Einführung in dieses Buch mit einem Zitat von Alexander von Humboldt beenden. 2019 begingen wir den 190. Jahrestag seiner neun Monate dauernden „Russland-Expedition. Von der Newa bis zum Altai". Eine Reise durch Sibirien und den Altai war, wie er selbst bekennt, ein „heißer Wunsch meiner Jugend". Auf dem 16 000 Kilometer langen Weg bis zum und durch den Altai führte er eine erstaunliche Forschungsarbeit durch. Unterwegs schrieb er Briefe an seinen Bruder Wilhelm, endend mit „Ewig Dein". Was für interessante Briefe! Ich dachte beim Lesen, dass Humboldt heute ein erfolgreicher Blogger wäre, so klar, emotional und schnell, wie er seine Gedanken und Beobachtungen zum Ausdruck brachte!
Und was mich am meisten beeindruckt hat: Alexander von Humboldt war der Erste, der bemerkte, wie sich der Bergbau in Sibirien durch die Gasemissionen auf die Umwelt auswirkt. Er war der Erste, der davor warnte, dass das Abholzen und das Abbrennen von Wäldern in Sibirien und im Altai weitreichende und langfristige Folgen für die Umwelt haben werden. Humboldt schrieb auch über den Wasserentzug und das Austrocknen von Seen infolge nicht nachhal-

tiger Wirtschaftsführung in Russland. Bereits vor 190 Jahren warnte er vor den negativen Folgen menschlicher Eingriffe in die Natur. Er war ein wirklich universaler Denker. Bis heute können wir von ihm lernen.
Ich denke, er hätte es verdient, dass in Barnaul, der Hauptstadt des Altaisker Krai, ein Denkmal für ihn errichtet wird, denn hier machte er Halt und berichtete darüber seinem Bruder in einem Brief vom 4. August 1829: „Ich nutze jede Gelegenheit, mein teurer Bruder, um dir einige Zeilen über den glücklichen Fortgang meiner Reise zu melden ... Da wir aber Tag und Nacht reisen, kamen wir schon am 20. Juli in der Gegend der Altai-Bergstadt Barnaul (so weit im Osten wie Caracas im Westen von Berlin!) am Ufer des Ob, der hier viele Krümmungen macht, glücklich und alle gesund an. Es wütete über 17 Stunden lang ein Sturm aus der Kirgisensteppe: Der Ob schlug Wellen wie das Meer und es war an kein Übersetzen zu denken. Wir müssen all die Nacht am Ob-Ufer biwakieren. Hochloderndes Feuer im Walde, das mich an Orinoko erinnerte. Es stürmte und regnete abwechselnd, im ganzen eine Wohltat, da wir nun von den Mosquitos befreit waren und nicht mehr der erstickenden Masken bedurften. Nachts um 2 Uhr konnten wir den Ob passieren, und hier in Barnaul, wo 80 000 Mark Silber geschmolzen werden und wo der Intendant der ganzen Provinz Tomsk eine schöne Sammlung chinesischer, mongolischer und tibetanischer Manuskripte zusammengebracht hat, haben wir zwei Tage angenehm und heiter verlebt ..."

Die Humboldt-Briefe sind so interessant, dass ich sie am liebsten in voller Länge zitieren würde. Humboldt offenbarte den Menschen in seinem Umkreis und im Wesentlichen der ganzen Welt einige seltene und menschliche Eigenschaften: Den Mut eines Wissenschaftlers und Reisenden, ein aristokratisches Gefühl von Achtung und Ebenbürtigkeit, mit denen er den Bewohnern der Regionen gegenübertrat, die er bereiste, Geduld und Toleranz gegenüber den Schwächen anderer, Ehrlichkeit und einen vollständigen Mangel an Eitelkeit.
Ich hatte einst das Glück, in Velbert eine Weile mit Hubertus Baron von Humboldt zu sprechen – einem Nachkommen von Wilhelm, dem Bruder Alexanders. Ich spürte gleich eine Art von Humboldtscher Ganzheit, von Verstand, Loyalität und Zuverlässigkeit. Und besonders faszinierte mich, dass er völlig offen und vertraut mit mir sprach. Ich erinnere mich an seine Worte: „Sein gesamtes Leben als Forscher verbrachte Alexander von Humboldt im Modus des Suchenden. Er suchte das, was besonders kreative Menschen immer suchen: Den Schlüssel zu sich selbst. Wie mir scheint, hat er diesen Schlüssel endlich auf seiner Reise durch Sibirien gefunden, und der Schlüssel drehte sich im Schloss, und der Sesam öffnete sich."

Von Bijsk über Belokuricha nach Gorno-Altaisk

Die Stadt Bijsk wird auch Tor zum Altai-Gebirge genannt. Sie ist die älteste Stadt im Altai. Die Hauptstadt der Republik Altai ist jedoch die Stadt Gorno-Altaisk. Am besten gelangt man mit dem Flugzeug ins Altai-Gebirge, von Moskau aus fliegt man vier Stunden. Doch auch eine langsame Annäherung mit dem Zug ist möglich: Nach Bijsk dauert es von Moskau aus zwei Tage. Da Gorno-Altaisk nicht an das Eisenbahnnetz angeschlossen ist, fährt man von Bijsk aus mit dem Bus, es sind etwa 80 Kilometer. An eine Zugreise nach Bijsk erinnere ich mich gut. Kaum saß ich im Abteil, schaltete sich das Radio ein und eine Zeitreise begann, mit Liedern voller Komsomol-Begeisterung und dem Elixier der Zuversicht: „Hoffnung ist mein Kompass auf Erden", „Du bist in ferne Steppen gefahren", „Ein wunderbarer Nachbar wohnt jetzt in unserem Haus."
Hier ein kleiner Exkurs in die Geschichte von Bijsk.

„An den Flüssen Bija und Katun, an einem gefälligen Ort, soll eine Befestigung errichtet werden, um für unseren großen Herrscher Steuern einzusammeln und die Bauern zu schützen, die dort die Felder bestellen", lautete ein Dekret von Zar Peter I. So geschah es. Wo Katun und Bija zusammenfließen und der große sibirische Fluss Ob seinen Anfang nimmt, wurde 1709 eine Festung errichtet. Das Leben der Kosaken an der Grenze zum Steppenreich der Dschungaren war nicht

Denkmal „Bijsk – Tor zum Altai" – die ersten Schritte bei einer Reise durch das Altai-Gebirge macht man am besten in Bijsk

besonders ruhig. Mehr als einmal griffen Nomaden die Festung an und zerstörten sie. Acht Jahre später wählten die Kosaken zwanzig Kilometer flussaufwärts an der Bija einen neuen Ort, bauten eine neue Festung und nannten sie Bijsk.

Die beiden Kanonen beeindrucken eher durch ihre Geschichte als durch ihr Aussehen. Es handelt sich um zwei von zwölf Kanonen, die zu Beginn des 18. Jahrhunderts für die Festung gegossen worden waren

Diese neue Festung wurde nicht ein einziges Mal von den nomadischen Dschungaren angegriffen. Der dschungarische Khan hatte anderes zu tun. Er führte einen langwierigen Krieg mit den Kasachen. 1755, als die Streitkräfte des Khanats geschwächt waren, wurde es vom Mandschu-Qing-Reich unter Kaiser Qianlong besiegt. Im Jahr 1756 wurden die indigenen Völker des Altai-Gebirges von der Herrschaft der Dschungaren befreit und schlossen sich Russland an.
Heute ist Bijsk eine große moderne Stadt mit 198 500 Einwohnern (2021). Der Ort erhielt im Jahr 1782 den Status einer Stadt. Für viele Jahre war Bijsk ein wichtiges Kaufmanns- und Handelszentrum. Seit 1899 gibt es hier eine große

öffentliche Bibliothek, und seit 1920 lädt das regionale Geschichts- und Heimatkundemuseum ein. Der Museumsdirektor ist ein Enthusiast, einer von denen, auf deren Schultern die Kultur immer und überall ruht. Ohne solche Menschen würde das Erbe der Menschheit schichtweise verschwinden. Interessant sind die reichen naturwissenschaftlichen und archäologischen Museumssammlungen, die die Grundlage für die Ausstellungen bilden.
Um ehrlich zu sein, kommt es selten vor, dass ein Russe Theater und Museen im gleichen Maße liebt wie seine Frau. Vor einigen Jahren gingen die Männer noch mit ihren Freunden auf die Jagd, aber das hat seinen Reiz verloren, die Zeiten sind vegetarisch geworden ... Durch die Räume des Museums wandelten also hauptsächlich Frauen, eine Reisegruppe und ich. Ich interessierte mich am meisten für die alten Jagdwaffen, die dort ausgestellt waren. Ein großartiges Exemplar der „sibirischen Palme" ist mir in Erinnerung geblieben.
Wissen Sie, was eine Palme ist? Es ist eine einzigartige alte Waffe, Messer, Axt und Speer – alles in einem. Mit dieser Waffe jagten Sibirier und Altaier Bären. Sie schlugen sich damit den Weg in der Taiga frei – vor meinen Augen wurde einmal mit drei Hieben mit der sibirischen Palme eine zwölf Zentimeter dicke Kiefer gefällt, unglaublich! Und begegnete einem ein Wildschwein auf dem Weg, konnte man mit der Palme auch das Wildschwein aufhalten.
Stellen Sie sich eine gerade Klinge vor, die eine ausgeprägte „bauchförmige" Schneide hat. Die Länge der Klinge konnte zehn bis siebzig Zentimeter und die Länge des Schafts einen bis zwei Meter betragen. Solche Palmen wurden im Norden Russlands verwendet. In Sibirien war die Klinge zehn bis zwanzig Zentimeter lang. Ich erzähle dies deshalb so ausführlich, weil ich es stets bewundert habe, dass die Jäger früher Auge in Auge in den Kampf mit dem Tier gingen. Es gab einen ungeschriebenen Ehrenkodex. Heute aber hat kein Tier eine Chance. Drohnen, Wärmebildkameras und Ortungsgeräte werden in Sibirien immer öfter von Wilderern eingesetzt. Mit diesen technischen Mitteln können die Jäger mit absoluter Genauigkeit herausfinden, wo sich die Jagdbeute versteckt hält. Schrecklich!
Im Museum lernte ich Anja kennen, eine nette Führerin, die einst die Pädagogische Lehranstalt in Slawgorod beendet hatte. Mir gefielen gleich ihr Sinn für Humor („Wissen Sie, warum wir am 1. Juni den Tag der Kinder feiern? Weil am 31. Mai alle Schulkinder Zeugnisse mit den Jahresnoten nach Hause bringen ...") und ihre Liebe zum Altertum.
„Möchten Sie nicht noch ein anderes Museum in Bijsk besuchen?" „Nein, Anja, jetzt – zum Markt!" Anja war verärgert. Ich verstand sie: Gerade hatte sie mir erklärt, dass sie sich für spirituelle Praktiken interessiere, und ich komme mit dem Markt. „Oder doch ins Museum?", fragte sie nach. Nein, zum Markt!
Auf dem Markt wollte mich der erste Verkäufer überreden, ein lebendes Schaf einer besonderen Altai-Rasse zu kaufen.

„Die Frau fliegt nach Moskau zurück, dort werden keine Schafe gehalten", wiegelte Anja den hartnäckigen Verkäufer ab. Er war überrascht: „Wie, werden nicht gehalten? Seltsame Leute!"
Auf dem Markt in Bijsk interessierte ich mich für seltene Heilpflanzen, Goldwurzel (Rhodiola rosea), Maralwurzel (Rhaponticum carthamoides), einige Kräuter. „Was ist das denn?", ich zeigte auf Büschel kleiner Zweige. Es stellte sich heraus, dass es Artschyn ist, so nennen die Altaier Bergwacholder. Es wird für besondere Rituale wie das Anzünden von Wacholder und das Opfern von Milch für die Altai-Götter gekauft. Wir kauften eine Tüte Zedernnüsse, und mit diesem Proviant erkundeten wir die Marktstände mit Altai-Köstlichkeiten: Kan (hausgemachte Hammelblutwurst), Tschuktschuk (Rind- und Elchwurst), Byschtak und Kurur (Altai-Käse). An einem Kiosk konnte man das Altai-Fleischgericht „Tepschi" (Brotfladen mit Fleisch, ein Altai-Döner) kosten. Tepschi werden einzeln verkauft, und man erhält immer eine Piale (Schale) Brühe dazu. Anja verschwand zu einem Bücherstand und kehrte mit einem Buch zurück. „Ich habe Ihnen einen Band Altai-Legenden als Geschenk gekauft."
Mir gefiel gleich die erste Legende. Sie handelte von der Erschaffung des Altai. „Einmal beschloss Gott, das Goldene Land zu schaffen – die Wohnstätte des Friedens und des Glücks. Er rief den Hirsch, den Falken und die Zeder auf, den für sie besten Ort zu suchen. Wo ihre Wege zusammenlaufen, würde es das Goldene Land geben. Lange lief der Hirsch auf der Erde. Der Falke erhob sich hoch in den Himmel. Tief verwurzelte sich die Zeder in der Erde. Und schließlich trafen sie sich in einem Gebirgsland, in dem sich alle drei gut und frei fühlten. So entstand das Goldene Land, der Altai."
Anja und ich gingen durch die Stadt spazieren. Bijsk liegt an beiden Ufern des Flusses Bija und erstreckt sich 25 Kilometer entlang des Flusses. Unterwegs erzählte mir Anja Episoden aus ihrem Leben als Museumsführerin.
„Einmal kam im Museum ein polnischer Historiker auf mich zu. Es stellte sich heraus, dass er an einer Biografie des ersten Staatspräsidenten Polens, Wojciech Jaruzelski, arbeitete. Jaruzelski lebte von 1940 bis 1943 im Altai im Exil, in einem Dorf namens Turotschak. Der Historiker beschloss, dorthin zu fahren und zu prüfen, ob sich dort Verwendbares für seine Biografie finden lässt. Und stellen Sie sich vor, der dortige Markt zog ihn magisch an! Einer der Händler bot ihm den Volkskaugummi aus Lärchenharz an: ‚Ein altes Altai-Mittel. Es stärkt das Zahnfleisch und reinigt die Zähne. Sie werden sich noch bedanken und dafür wiederkommen.' Der Historiker kaufte ihn. Und bekam kaum noch die Kiefer auseinander. Die letzten Brocken dieses Altaikaugummis hat er aus seinem Mund geholt, da war er schon längst wieder nach Polen zurückgekehrt."

Bijsk ist eine alte, reiche Kaufmannsstadt, und es gibt viel zu entdecken, historische Orte und Schätze der Architektur. Die Visitenkarte der Stadt ist die Mariä-Himmelfahrt-Kathedrale in der Sowjetskaja-Straße, berühmt für ihre einzigartige Bauweise und die wundertätige Ikone der Gottesmutter von Tichwin. Das Erscheinungsbild jeder normalen russischen Stadt ist ohne Kirchenkuppeln undenkbar, selbst wenn die Kreuze abgeschlagen sind. Scheinbar gab es im Altai einige besonders eifrige Atheisten. An den Rändern eines Imperiums gibt es immer starke Extreme. Das scheint ein Rivalitätskomplex zu sein, das Bestreben, dem Zentrum einen Schritt voraus zu sein, auch beim Abriss von Kirchen. Das Zentrum hatte noch nicht den Befehl gegeben, die Gotteshäuser in Lager-

Denkmal für Zar Peter I., der an den Flüssen Bija und Katun eine Befestigung errichten ließ, „um für unseren großen Herrscher Steuern einzusammeln und die Bauern zu schützen, die dort die Felder bestellen ..."

häuser umzufunktionieren, da war er hier bereits umgesetzt. Die örtlichen Bolschewiki hatten die Mariä-Himmelfahrt-Kathedrale in ein Getreidelager verwandelt. Und die im 19. Jahrhundert errichtete Dmitri-Rostowski-Kirche wurde als Garage, Soldatenklub und Stall benutzt. Heute sind die Gotteshäuser alle restauriert und neu geweiht.

In der Stadt gibt es mehrere Museen: eines für die Stadtgeschichte von Bijsk, ein Uhrenmuseum, ein Museum für Hochzeit, Familie und Kindheit. Das interessanteste Museum ist für mich das Museum des Tschuiski-Trakts. Diese Straße, heute Teil der Fernstraße R256, erstreckt sich über 620 Kilometer von Bijsk nach

Taschanta an der mongolischen Grenze und ist wirklich legendär. Es gibt „belki" (Augäpfel), so nennt man die Schneegipfel des Altai, darunter der Belucha (da steckt bely – „weiß" – schon im Namen). Über den Tschuiski-Trakt wurde der gesamte Handel mit dem geheimnisvollen China abgewickelt. Das war gefährlich und faszinierend schön. An den Bergpässen verschwanden oft ganze Karawanen. Es gibt viele Volkslieder über den Tschuiski-Trakt. Eines handelt von den Gefahren in den schneidigen Räuberzeiten:

Eine Straße führt entlang des Tschuiski Trakts.
Viele Fernfahrer haben da Zoff.
Einer von den verzweifeltsten
Hieß Kolka Snegirjow.

Ich selbst bin mehrmals auf dieser Straße per Anhalter gefahren, mal in der Kabine eines MAZ-Lkw, mal nahm mich ein Pkw mit. Ich will ein Geheimnis mit Ihnen teilen. Als erfahrene Anhalterin weiß ich, dass Sie, wenn der Kontakt mit dem Fahrer nicht funktioniert und die Kabine von erdrückender Stille erfüllt ist, aus dem Fenster schauen und den großen Satz sagen sollten: „Weit haben sie es gebracht mit dem Land, verdammt ..." Danach wird selbst der düsterste Fahrer lebendig, und die nächsten zwei Stunden verbringen Sie in lebhafter Unterhaltung, bei der Sie nicht einmal antworten müssen.

In Bijsk gibt es ein Objekt, vor dem man spektakuläre Fotos machen kann, das ist die Bijsk-Festung aus dem 18. Jahrhundert. Hier sind zwei Kanonen erhalten, die in den berühmten Fabriken der russischen Adligen und Großindustriellen Demidow gegossen wurden.

An der Sowjetskaja-Straße und weiter aufwärts liegt das alte Kaufmannsvillenviertel.

Eine der interessanten Touren durch die Stadt ist eine Fahrt mit der Bijsker Straßenbahn. Die Strecke ist berühmt, schwierige Anstiege, sehr steile Abfahrten und enge Kurven. Sie erinnert ein wenig an eine Achterbahn. Nach solch einer emotionalen Straßenbahnfahrt können Sie im Restaurant „Am alten Platz" entspannen. Hier werden Käse nach alten Altai-Rezepten zubereitet, Fleisch und Fisch geräuchert und eigenes Brot gebacken.

Im Zusammenhang mit einem Café erlebte ich ein kleines Abenteuer.

Ich bat Anja mir das ungewöhnliche Denkmal zu zeigen, das Lenin mit einer Pelzmütze mit Ohrenklappen darstellt. So eins werden sie nirgendwo sonst in Russland sehen! Wir fanden es, ich machte ein Foto von ihm als Geschenk für einen befreundeten Kameramann, der sich leidenschaftlich für ungewöhnliche Lenin-Denkmäler interessierte. Und ich beschloss, die ortskundige Anja in ein Café einzuladen. Sie sagte:

„Den besten Kaffee machen sie im ‚Happy Land' in der Ilja-Muchatschow-Straße. Oder wir gehen ins ‚Staraja Krepost' in der Sowjetskaja. Das ist im Zentrum und bietet einen herrlichen Blick auf die Bija. Das beste Restaurant ist das ‚Kalina Krasnaja' in der Lew-Tolstoi-Straße, aber da werden wir außer Kaffee noch etwas anderes bestellen müssen."

Nun, ich war müde und wollte, ehrlich gesagt, nicht mehr weit laufen. Und so gingen wir in das erstbeste Café. Und so ging die Geschichte weiter:

Wir bestellten Kaffee. Die Kellnerin, die die Bestellung angenommen hatte, verschwand. Etwa zwanzig Minuten später kam ein Mann sehr ernst auf uns zu und fragte: „Haben Sie Kaffee bestellt? Ich bringe ihn jetzt." Er ging. Weitere zwanzig Minuten vergingen. Schließlich brachte er Kaffee. „Und, war er gut?" Unser Dank klang nicht wirklich aufrichtig. Anja war verärgert: „Ich habe doch gesagt, dass man nicht in das erstbeste Café gehen darf, man muss die Orte kennen!" Sie hatte natürlich recht.

Ein einzigartiges Denkmal: Lenin mit einer Pelzmütze mit Ohrenklappen

Was gibt es noch Interessantes in Bijsk? Es gibt einen Vergnügungskomplex mit Namen „Gora Wesjolaja" („Fröhlicher Berg"). Es gibt Ausflugsmöglichkeiten in die Umgebung von Bijsk, zum Beispiel zu den Tawdinski-Höhlen, zur Mineralquelle Arschan-Suu, zum Kamyschlinski-Wasserfall. Alle Orte haben ihre Legenden, die buchstäblich aus der Erde gewachsen sind: Das Skythengold, das bereits unter Peter I. gefunden wurde; „Steinfrauen", alte Steinstatuen, die überhaupt keine Frauen sind, sondern Krieger; das Silber der Demidow-Minen.

Die rätselhaften Menschen hier mit ihrer seltsamen gutturalen Sprache, mit ihren aus Sicht der Europäer unverständlichen Moralvorstellungen, mit ihrem trotzigen Glauben an unbekannte Götter brachten die Missionare der Russi-

schen Orthodoxen Kirche zur Verzweiflung. Bis heute gibt es hier Schamanismus, und für die Götter zündet man Wacholder an.

„Eine Stadt ist niemals schlecht. Eine Stadt ist eine heilige Stätte, weil sie ‚Vielfalt' ist." Dieser interessante Gedanke des russischen Philosophen Wassili Rosanow wird in verschiedenen Städten unterschiedlich gehandhabt. Was Bijsk angeht, so ist es wie ein Zusammenfluss des Willens und der Mühen von Tausenden Menschen. Das kann nicht schlecht oder falsch sein. In dieser Gegend lebten im 3. Jahrhundert vor unserer Zeitrechnung die Skythen, dann verschwanden sie, und es kamen die Hunnen. Die fegten von hier aus durch Europa, und ihr Anführer Attila versetzte die Welt in Schrecken. Doch von allen blieb etwas zurück, alles liegt in den zahlreichen hiesigen Grabhügeln – Reste von Geschirr, Schmuck und Waffen. Nach den Hunnen kamen die Turken in den Altai, die Vorfahren der modernen Altaier, Turkvölker und Mongolen. Von ihnen blieben die „Steinfrauen" zurück – Männer mit Oberlippenbart und Vollbart, Ringen in den Ohren und Ketten am Hals. Verdienste eines Kriegers erkannte man an seinem Gürtel, dort befanden sich seine Rangabzeichen. Selbst wenn seine Kleidung nach Schlachten oder nach fernen Feldzügen zerschlissen und löchrig war, würde der Gürtel alles über ihn erzählen.

Die Mariä-Himmelfahrt-Kathedrale diente in der Sowjetzeit als Getreidelager

Und das alles – inmitten von Steppen, Taiga, unpassierbarem Windbruch, Bergen, Schluchten, tosenden Flüssen – ist so beeindruckend, unwiderstehlich und unerklärlich. Sowohl die Städte und Dörfer als auch die Menschen, die, wie der

Schriftsteller Andrej Platonow schrieb, „ihre Heimat an einem Ort langer Obdachlosigkeit geschaffen haben".
Von Bijsk fahren täglich Busse nach Belokuricha – das ist der berühmteste Kurort im Altai. Er liegt siebzig Kilometer von Bijsk entfernt. Da wir anschließend nach Bijsk zurückkehren müssen, um von dort unsere Reise entlang des berühmten Tschuiski-Trakts zu beginnen, ist es besser, das Resort Belokuricha zuerst zu besuchen.
Die Straße von Bijsk nach Belokuricha ist wunderschön und ausgesprochen malerisch. Ich erinnere mich, dass eine Herde Kühe die Straße vor dem Bus überquerte. Die Kühe trotteten auf ein baufälliges Gebäude mit einem großen Plakat „Annahme von Fellen" an der Fassade. Ein beliebter Witz unter Fernfahrern im Altai, der auch ein Quäntchen Wahrheit enthält, geht so: „Wohin fahren Sie? Nach Taschanta? Fahren Sie geradeaus. Bereiten sie sich darauf vor, am Morgen des dritten Tages links abzubiegen." Wenn Sie einen einheimischen Fahrer fragen: „Ist die Straße bis zum Dorf asphaltiert?", nicken alle: „Ja, ja." Tatsächlich endet die Asphaltstraße nach zwei Kilometern.
Im Tal des Flusses Belokuricha hat sich ein heilendes Mikroklima gebildet: Die durchschnittliche Jahreslufttemperatur beträgt + 6 Grad Celsius. Im Winter gibt es häufig Tauwetter, warme Winde kommen aus den Bergen. Ich fragte mich immer, woher dieser warme Luftstrom kommt, wenn mit dem Einsetzen der Dunkelheit eine unvorstellbare Fülle von niedrigstehenden leuchtenden Sternen zu sehen ist. Es hieß, das sei die Wüste. Aber welche Wüste, jenseits endlos ferner Bergketten? Doch der Weg des warmen Windes ist bekannt, er kommt aus der Wüste Gobi zwischen den Bergen hindurch wie durch einen Windkanal. Es ist kein Zufall, dass hier im Jahre 1867 ein Kurort gegründet wurde, in dem 286 Tage im Jahr klares Wetter herrscht. Lange Zeit war es ein reiner Altai-Kurort, doch seit 1971 kommen Gäste aus dem ganzen Land hierher. Heute zählt Belokuricha offiziell als Kurort föderaler Bedeutung und ist eine Marke des Altai.
Belokuricha gehört zu den Kurorten mit Balneo- und Klimatherapie. Der wichtigste Heilung spendende Faktor ist das Thermalwasser. Über das Thermalwasser heißt es in einer Werbebroschüre, dass es Energie aus dem Erdkern angesammelt hat, mit verschiedenen Spurenelementen gesättigt ist und durch Mineralien gefiltert wird. In Belokuricha werden Herz-Kreislauf-, Nerven-, Haut- und Magen-Darm-Erkrankungen behandelt.
Am 12. September 1997, dem 130. Jubiläum des berühmten Altai-Kurorts, wurde in Belokuricha das Museum für Stadtgeschichte eröffnet. Es befindet sich jetzt in einem wunderschönen historischen Kurgebäude und hat den Status eines Geschichts- und Kulturdenkmals.
Belokuricha verfügt über etwa zwanzig Sanatorien und Erholungsheime. Die Sibirier zum Beispiel tun dies: Sie kaufen im Kurort-Büro einen Behandlungs-

kurschein und mieten sich in einer Privatunterkunft ein. Es gibt Zimmer und Apartments für jeden Geschmack. Das ist natürlich kostengünstiger als der Aufenthalt in einem Sanatorium.

Jedes Sanatorium hat seine Besonderheit: Im Sanatorium „Sdrawnitsa Kusbassa" gibt es sogar „eine eigene Brauerei zur Herstellung von bayerischem Bier". Ich stelle mir vor, wie die Träumer an den Hängen des Tserkowka entlangwandern, sie haben bereits viel Heilwasser getrunken, sind erschöpft von den Bädern und der manuellen Lymphdrainage und freuen sich jetzt auf ihr kräftiges Bier. Das Hotel „Belowodje" verfügt über eine spezielle Sauna mit Zedernfässern; im Sanatorium „Altai-West", es liegt vierzig Kilometer von Belokuricha entfernt, gibt es einen eigenen Pferdehof; das Sanatorium „Rossija" wirbt mit der eigenen Skipiste mit Skilift; das Sanatorium „Marino" hat ein hervorragendes Restaurant mit Kamin. Und auch die berühmten „Geweihfässer" werden angeboten.

Die Anwendung in „Geweihfässern" oder „Geweihwannen" ist ein alternatives Heilverfahren, eine Wasseranwendung auf Basis gekochter Maralhörner. Die Marale sind die größten, edelsten Hirsche der Region, sie werfen im Frühling ihr Geweih ab. Bestandteilen des Horns werden wertvolle heilende Eigenschaften zugeschrieben. Die Geweihe werden von speziellen Maral-Farmen geliefert. Das zersägte Horn wird sofort konserviert. Die Konservierung dauert 42 Tage, dabei wird das Geweih einer speziellen Wärmebehandlung unterzogen, die es ermöglicht, die meisten nützlichen Substanzen für lange Zeit zu bewahren.

Im Winter verwandelt sich Belokuricha in ein wunderbares Schneeparadies. Es gibt mehrere Skilifte bis auf 2 050 Meter Höhe, die Abfahrt ist 2 500 Meter lang. Auch im Sommer gibt es in der Umgebung von Belokuricha viel zu sehen. Alle machen ein Selfie am Felsen Tserkowka (Kirchlein). Und es gibt einen Berg namens Kruglaja, der „Runde". In einem duftenden Kiefernwald liegt die Sonnenlichtung. Die Felsen „Vier Brüder" kuscheln sich aneinander. Sehenswert sind der steinerne Wasserfall und ein Ort, den alle unter dem Namen „Kameschki" kennen, ein kleiner wilder Gebirgsfluss mit malerischen Felsen.

Das Interessanteste für mich sind überall die Menschen. Und während meiner Busfahrten zwischen Belokuricha und Bijsk habe ich viele Gespräche mitgehört. Da sitzt ein Tantchen mit grauer Baskenmütze und roter Jacke mit Reißverschluss neben einem hübschen Mädchen mit kurzen schwarzen Haaren. Sie unterhalten sich über Eheprobleme. Die junge Frau fragt: „Was meinen Sie, ist es richtig, dass die Altaier keine untreuen Frauen haben?" Die Ältere antwortet: „Mein ganzes Leben lang habe ich nur von einem einzigen Fall gehört. In Ondugai gab es einen Altaier, er sagte seiner untreuen Frau nichts, kein Vorwurf, kein Sterbenswörtchen, aber bis zu seinem Lebensende stellte er, wenn sie sich zum Essen hinsetzten, einen dritten Teller neben seinen und ihren Teller, einen leeren Teller für diesen dritten."

Zwei respektable Männer sitzen einander gegenüber. Einer von ihnen dröhnt mit vollem Bass: „Und ich sage dir, egal! Zahl ein Bestechungsgeld – und vergiss es! Und mach dir keine Sorgen! Und lauf nicht zu einem modischen Psychoanalytiker in Barnaul. Ich kenne diese Drecksäcke. Das ist einer, der dir für dein Geld gute Ratschläge gibt, die ich und deine Freunde dir schon kostenlos gegeben haben."

Und hier ein junges, modisch gekleidetes Paar in Turnschuhen: „... und ich fahre vorbei, stell dir vor, und sehe, wie jemand auf der Straße einen Baum absägt. Direkt vor dem Kindergarten. Stell dir den Soundtrack vor, na ja, absolut gru-

Im Tal des Flusses Belokuricha gibt es ein heilendes Mikroklima. Es ist also kein Zufall, dass hier im Jahre 1867 ein Kurort gegründet wurde

selig: Kindergeschrei vor dem Hintergrund des Brüllens der Kettensäge. Schließ die Augen, stell es dir vor!" Beide lachen.

Eine Frau mit einem fünfjährigen Mädchen auf dem Arm sagt zu einer älteren Dame mit gelber Strickmütze: „Nur die Altaier in unserem Dorf haben große Familien. Es gibt viele Kinder, und die Kleidung geht von den Älteren an die Jüngeren." Die ältere Dame, die aussah wie eine pensionierte Lehrerin, sagte: „Ich habe gelesen, dass ein König 45 Söhne hatte!" Die Frau mit dem Mädchen seufzt: „Schrecklich, sich vorzustellen, in welchem Zustand die Sachen waren, die der Jüngste trug."

Es ist gut, dass ich seit meiner Jugend die Gewohnheit habe, Tagebuch zu führen: Beobachtungen, Eindrücke, Überlegungen aller Jahre im Raum von Kamtschatka bis zur Ukraine, von Wologda bis zur Wüste Karakum – all das ist mit Erfahrungen meines Lebens verflochten. Alles war nützlich für meine Bücher. Noch eine Beobachtung: „Die Menschen sind nie glücklich mit der Gegenwart und

Lange Zeit war Belokuricha ein reiner Altai-Kurort, doch seit 1971 kommen Gäste aus dem ganzen Land hierher. Heute ist es ein Kurort föderaler Bedeutung

haben aufgrund eigener Erfahrung wenig Hoffnung in die Zukunft, sie schmücken die unwiederkehrbare Vergangenheit in allen Farben ihrer Vorstellungskraft aus." Dieser Gedanke Puschkins ist mir sehr nahe. Er erklärt viel.

Aus Belokuricha kann man mit dem Bus oder dem Taxi in die Hauptstadt der Republik Altai gelangen, nach Gorno-Altaisk.

Der Name Gorno-Altaisk deutet darauf hin, was Sie erwartet: Nämlich Berge und Altai. Das ist nicht wie beim Fluss Amur, in dem das französische Wort „amour" mitklingt, der aber mit Liebe gar nichts zu tun hat: Denn an den Ufern dieses fernöstlichen rauen Flusses kommt nicht einmal der Gedanke an Liebe auf. In Gorno-Altaisk hingegen beginnt das Altai-Gebirge, wie im Namen versprochen, mitten in der Stadt, denn sie liegt am Fuß des Tugaja-Berges, auf den man vom Stadtzentrum aus mit einer Seilbahn gelangt. Sie können den Berg natürlich auch zu Fuß besteigen oder mit dem Auto fahren. Von oben sehen

Sie, dass die Stadt gemütlich in einer Mulde zwischen Bergen und Wäldern liegt. Deshalb gibt es in der Stadt fast keinen Wind, und das Wetter ist fast immer gut.

In Gorno-Altaisk leben 64 500 Menschen. Erst seit 1928 besitzt der Ort Stadtrecht, zuvor gab es hier die Siedlung Ulala. Doch eines Tages, am 5. Juli 1961, verlängerte sich die Geschichte der Stadt um mehrere Dutzende Jahrtausende. Auf einem bewaldeten Berg in der Nähe des Flusses Ulalinka entdeckte der Archäologe Alexej Okladnikow die älteste Stätte der Altsteinzeit in Sibirien.

Gorno-Altaisk ist für einen Flachland-Bewohner eine ungewöhnliche Stadt. Die Hauptstraße der Stadt erstreckt sich entlang des Laufs des Bergflusses Maima. An den Stellen, wo sich das enge Flusstal etwas weitet, liegt der Zentrale Platz der Stadt mit seinem Springbrunnen, fünfstöckigen Wohnhäusern und einer Schule. Gerade Straßen stoßen auf die steilen Hänge der Berge. An diesen Steilhängen klettern hartnäckig Privathäuser die Berge empor, Jahr für Jahr steigt die Häuserreihe höher, und sie grenzt bereits an den Kiefernwald. Häuser werden selbst in die Mulden von Bächen gebettet, die in die Maima fließen, und Freunde nutzen, wenn sie sich an schönen Tagen besuchen, nicht die asphaltierten Straßen, sondern überqueren die Bergkämme, um ins Nachbartal zu gelangen.

Gorno-Altaisk ist eine besondere Stadt, die sich über eine hügelige Landschaft ergießt, ruhig und auf eine Art, die im Altai üblich ist, vernünftig. Wenn man mit der Beschreibung beginnt, entzieht sie sich, lässt sich nicht greifen und nicht beschreiben. Die Menschen sind trotz aller Veränderungen sehr freundlich.

Einmal ging ich zum Café „Fortuna" in der Sozialistitscheskaja-Straße. Eine Frau mittleren Alters wischte die Tische.

„Haben Sie schon geöffnet?"

„Was möchten Sie denn?"

„Tee."

„Ich brühe Ihnen gleich welchen auf."

Sie zog ihre Schürze aus und machte mir einen unglaublich aromatischen Tee. Tee ist hier überall unglaublich aromatisch, in jedem Café und in jeder Kantine am Straßenrand. Ich saß da, trank Tee, fragte, was sie für den Tee bekommt und hörte, was nur hier zu hören ist: „Aber nein, nein! Ich freue mich doch, Sie mit Altai-Tee zu bewirten."

Gorno-Altaisk besitzt den Charme einer gemütlichen kleinen Stadt, den man selbst in der Hauptstraße, die den Namen Prospekt des Kommunismus trägt und mit neuen und alten Gebäuden bestückt ist, erkennen kann, wenn man will.

Was gibt es in Gorno-Altaisk zu besichtigen?

Zuallererst müssen Sie natürlich die berühmte Altai-Prinzessin von Ukok in der Tschoros-Gurkin-Straße 46 besuchen. Dort befindet sich das neue National-

museum der Republik Altai, das nach Andrej Anochin benannt ist. Der berühmte Ethnologe, der viel zu Mythologie, dem Glauben, der Musikkultur und dem Schamanismus der Turkvölker des Altai geforscht hat, ist in Bijsk aufgewachsen, ab 1926 lebte er in Ulala, wie Gorno-Altaisk bis 1932 hieß. Das wichtigste Exponat des Museums ist die Mumie der Altai-Prinzessin.
Sie ist 2 500 Jahre alt. Wissenschaftler, die die Mumie untersuchten, kamen zu dem Schluss, dass die Prinzessin keiner der bekannten mongolischen Rassen

Gorno-Altaisk ist eine besondere Stadt, die sich über eine hügelige Landschaft ergießt, ruhig und auf eine Art, die im Altai üblich ist, vernünftig

angehört. Ihr Aussehen ist europäid. Sie starb mit 23 Jahren. Sechs reich geschmückte Pferde wurden mit ihr begraben. Der besondere Lärchenstab, den sie in den Händen hält, ist ein rituelles Symbol. In vorbuddhistischen Zeiten galten solche Zauberstäbe als Instrument zur „Erschaffung der Welt" und wurden in die Hände höherer göttlicher Personen gelegt. Mit dieser Prinzessin, die auf dem Ukok-Plateau bestattet wurde, sind viele Geheimnisse verbunden.
In Gorno-Altaisk gibt es das Dramentheater und einen Stadtpark am Ufer der Maima. Im Winter vergnügen sich alle auf dem nah gelegenen Berg Komsomolskaja (er ist 700 Millionen Jahre alt!). Die Kleinen fahren Schlitten; die Größeren begeistern sich für Skilaufen und Snowboarden.

In der Stadt selbst findet man einige Sehenswürdigkeiten, darunter eine Holzkirche im altrussischen Stil. Diese ist sehr schön und komplett aus Holz, sogar die Kuppeln. Die Kirche ist dem Heiligen Makari, dem „Apostel des Altai", geweiht. Wer war dieser Makari? Im Jahr 1830 begann Vater Makari Glucharjow (1792 bis 1847), ein Archimandrit der Russischen Orthodoxen Kirche, mit seiner Missionstätigkeit im Altai. Die Altaier liebten und verehrten ihn so sehr, dass sie sich gegenseitig den Inhalt seiner Predigten weitererzählten: „Es ist nicht das Unglück, das die Seele des Menschen austrocknet, sondern die Kränkung. Die Seele eines Menschen brennt von der Kränkung aus, und nichts Gottgefälliges kann mehr darin wachsen." Selbst in den Erinnerungen der einfachen Menschen an Vater Makari finden sich interessante Details: „Vater Makaris Augen waren so lebhaft und reagierten auf alles. Wenn man mit ihm spricht, hat man das Gefühl, auf jede Frage eine Antwort zu erhalten. Er hat so viel Mitgefühl, und das sieht man in seinen Augen, sein ganzes Wesen ist weit geöffnet und antwortet auf alle deine Sorgen. Er war ein sehr freundlicher Mensch."

Die Kirche des Heiligen Makari vom Altai findet sich am Kommunistischen Prospekt, Makari Altaiski wurde übrigens im Jahre 2000 vom „Jubiläums-Synod" der Russischen Orthodoxen Kirche heilig gesprochen.
In der Stadt gibt es zudem eine Kirche der Altgläubigen, die Kasaner Kirche. Im 17. Jahrhundert kam es in Russland zu einem Schisma und die Altgläubigen, die hier auch Kerschaken genannt werden, flohen vor religiöser Verfolgung in den Altai. Die Kirche der Altgläubigen ist bescheiden: Der Gemeinde wurde ein großes Wohnhaus zur Verfügung gestellt, auf dem eine Kuppel und ein Kreuz errichtet wurde. Der wertvollste Besitz ist die Ikone der Kasaner Gottesmutter.
Es gibt drei weitere Gotteshäuser in der Stadt. Da ist erstens der kleine buddhistische Tempel Ak Burkan an der Tschoros-Gurkin-Straße 113/1. Seit 1991 haben die Buddhisten von Gorno-Altaisk die Altai-Form des Buddhismus – den Burchanismus – wiederbelebt. Eine Moschee gibt es in der Stadt ebenfalls, sie trägt den Namen von Askar Sijanurow. Askar Sijanurow ist Mitglied der örtlichen moslemischen Gemeinde. Die Moschee mit Platz für 500 Gläubige wurde mit seinem Geld errichtet. Ein weiteres Gotteshaus ist die Kirche der Verklärung unseres Erlösers in der Matrosowa-Straße 5. Es ist eine orthodoxe Kirche, und sie gilt als „erste" Kirche der Stadt. Im Jahr 2011 feierte sie ihren 20. Geburtstag. Sie ist mit vielen schönen Ikonen ausgestaltet.
Meine Begleiterin, eine begeisterte Heimatforscherin und Lokalpatriotin von Gorno-Altaisk, erklärte mir auf unserer Exkursion: „Wir fahren jetzt den Prospekt des Kommunismus entlang, wo das Leben stets in vollem Gange ist." In vollem Gange war dort, um ehrlich zu sein, nicht viel, doch das Stadttheater liegt am Prospekt, ein kleiner Park und die besten Cafés und Restaurants der Stadt.
Die Altaier sagen: „Erholung in Gorno-Altaisk – das sind nicht nur der Fluss, der Aja-See oder die Berge, dazu gehören auch die weißen Hosen, in denen man

am Abend auf dem Boulevard entlang der Kaffeehäuser flaniert, Ruhe und Genuss. Schauen Sie zum Beispiel ins ‚El Gran' hinein, die gebratene Forelle und der gute trockene Wein dazu sind ganz vorzüglich."
Einer unserer Bekannten, ein Moskauer aus dem Altai, versicherte uns, dass im Altai der erste Trinkspruch mit Araka, einem einheimischen Milchwodka, immer auf die Gäste ausgebracht wird, damit sie wissen, dass sie die ruhmvolle Liste derer, die die Stadt und ihre Umgebung mit ihrer Anwesenheit schmücken, würdig fortsetzen. Wir glaubten ihm nicht besonders, doch später überzeugte ich mich: Der erste Trinkspruch war immer auf den Altai und der zweite auf Reisende, sprich Gäste, manchmal aber auch umgekehrt.
Während eines Spaziergangs durch Gorno-Altaisk, fiel mir auf, dass in der Stadt viele Plakate angebracht waren, die zu einem literarischen Abend mit Alexej Kalkin in die Bibliothek einluden. Alexej Kalkin ist der berühmteste Märchenerzähler im Altai, er kennt das heldenhafte Altai-Epos „Maadai Kara" wie kein Zweiter. Die den hiesigen Traditionen folgenden Märchenerzähler tragen den Titel Kaitschi. Die Kunst von Kaitschi Alexej Kalkin zieht stets ein großes Publikum an. Hier diskutierte ich mit meiner Begleiterin, ob es gut ist oder nicht, dass die Literatur ins Internet geht, ob es sich negativ auf den Inhalt auswirkt, und ob Bücher in Zukunft noch gekauft werden. Ich denke nämlich, dass die Literatur besser wird. Vielfältiger. Es wird mehr Autoren und Autorinnen geben. Neue Textformen werden erscheinen – mit Multimedia, Interaktivität und Gott weiß was noch alles. Vielleicht wird die Kette „Schriftsteller – Verleger – Großhändler – Buchladen – Leser" ihre drei mittleren Gliedern verlieren. Und im Ergebnis kommen sich Autor und Leser sehr viel näher. Heute habe ich ein Buch beendet, und morgen können es alle Interessierten im Netz lesen und ihre Eindrücke teilen. Ist das schlecht? Im Altai-Gebirge leben etwa vierzig Schriftstellerinnen und Schriftsteller, die dem Schriftstellerverband Russlands angehören. Dank der Veröffentlichung im Internet kann ein breites Publikum Bücher von Autoren aus entlegenen Regionen kennenlernen.
Der Altai-Schriftsteller Brontoi Bedjurow hat ein lichtes und originelles Talent, es wäre schade, würden ihn nur wenige Menschen lesen. Er schreibt in der Altai-Sprache und auf Russisch. In seinen besten Büchern, „Altai-Changai – ewige Heimat" und der Essaysammlung „Ein Wort über den Altai" über die Geschichte des Altai, gibt er Wertungen und Einschätzungen ab, die von vielen als hellsichtig und zutreffend empfunden werden. Er ist die Stimme der Menschen hier, und gilt heute als ein lebendiger, moderner Klassiker der Republik Altai. Es gibt wenige Zeitgenossen im Altai, die das Land so lieben wie er und darüber so schreiben können!

Der Tschuiski-Trakt

Bijsk – Srostki – Berg Babyrgan – Maima – Brücke von Aja – Aja-See – Sousga – Manscherok – Tawdinski-Höhlen – Arschan Suu – Kamyschli-Wasserfall – Ust-Sema

Die Reiseführer beginnen die Tour normalerweise so: „Der Bergaltai ist flächenmäßig so groß wie Portugal oder wie drei Belgien. Alles hier ist großartig – die Berge, die Seen und die Flüsse ..." Und ich würde hinzufügen: Und die Straßen! Die Straße, die jeder bei uns als Tschuiski-Trakt kennt, zieht sich über 620 Kilometer von Bijsk nach Taschanta an der Grenze zur Mongolei. Mit ihren Seen

Denkmal für Kolka Snegirjow, den Held eines tragischen Liebesliedes, und alle Fahrer auf dem Tschuiski-Trakt

und Höhen erinnert die Landschaft an das voralpine Italien. Hohe bewaldete Hügel, tosende, schnelle Flüsse und viele Seen, entweder klein wie der Aja, in dem man baden kann, oder groß. Im kalten, klaren Wasser des Aja-Sees, so heißt es, sind Ertrunkene seit Jahrhunderten und unvergänglich konserviert. Die Touristen halten sich vorsichtig vom Seeufer entfernt und kriechen tiefer in ihre Jacken.

Die Straße führt zu den höchsten Gipfeln Sibiriens und weiter in menschenleere Einsamkeit. Bereits im 19. Jahrhundert mussten unternehmungslustige sibirische Kaufleute, die mit den Mongolen Handel trieben, die Tschuisker Steppe durchqueren. Die Reisen waren hart und gefährlich und führten über mehrere

Gebirgskämme entlang alter Karawanenwege ins Hochland. Über den Tschuiski-Trakt wurde einst der gesamte Handel mit dem Chinesischen Reich abge-

Im 20. Jahrhundert wurde beschlossen, den Tschuiski-Trakt für den motorisierten Fernverkehr auszubauen. In den 1930-er Jahren waren es vor allem politische Häftlinge, die die Trasse durch die Berge trieben

wickelt. Hier waren die waghalsigsten Räuberbanden aktiv, und ganze Karawanen verschwanden spurlos, später auch Lastwagenkonvois. Im 20. Jahrhundert wurde beschlossen, die Straße für den motorisierten Fernverkehr auszubauen, und 1925 passierten bereits die ersten Autos die Straße. In den 1930-er Jahren waren es vor allem politische Häftlinge, die die Trasse durch die Berge trieben. Am 1. Januar 1935 wurde die Fernstraße mit der Nummer M52 in Betrieb genommen.

Es gab einen sowjetischen Künstler, der vom Leben schwer gezeichnet wurde, sein Name ist Jakow Kogan. Ende der 1940-er Jahre hatte er die Idee, eine Reihe extrem eigenwilliger und berührender Gemälde über den Krieg und die sowjetischen Aufbaujahre in Sibirien in den 1930-er Jahren zu malen, als auf den „Baustellen der Zukunft" wie dem Tschuiski-Trakt Tausende Gefangene starben. Anfang der 1950er Jahre entschloss er sich, seine Bilder der Welt zu zeigen.

Nach 1952 malte er dann nur noch Birken-Landschaften. Im Jahr 2018 zeigte die Kunstgalerie „Kowtscheg" („Arche") in Moskau unweit des Neuen Arbat die Ausstellung „Zeit der Birken" – sie wurde aus Splittern von Künstlerschicksalen wie dem von Jakow Kogan zusammengestellt. Aus den Splittern ihres kaum erhalten gebliebenen Erbes.

Nachdem wir Bijsk hinter uns gelassen haben, unterbrechen wir unsere Reise im alten Altai-Dorf Srostki. Der Markt von Srostki gilt als der Beste von allen Orten entlang des Tschuiski-Trakts. Hier versorgen sich die Reisenden mit Vorräten. Der Markt zieht sich die Straße entlang und wirkt ungewöhnlich. Das liegt vor allem an den unzähligen Babuschkas mit Kinderwagen. Fürsorglich halten sie den Inhalt des Kinderwagens unter dicken Decken verborgen. Und es stellt sich heraus, das sind Piroggen! „Greifen Sie zu, sie sind noch warm. Es gibt Piroggen mit Fleisch und Kohl, mit getrockneten Aprikosen und auch mit Zwiebeln und Ei." Die Alten beugen sich über die Kinderwagen, als würden sie ihre Piroggen in den Schlaf wiegen. Und so ein köstlicher Duft liegt in der Luft, dass man unbedingt eine Pirogge mit Zwiebeln und Ei mitnimmt – für mich ist das der Geschmack meiner Kindheit.

Seit 1976 findet in Srostki im Juli das alljährliche Literaturfestival „Schukschin-Tage" statt. Tausende Menschen aus ganz Russland pilgern zum Berg Piket bei Srostki, um ihren Lieblingsschriftsteller, den Filmregisseur und Schauspieler Schukschin, zu feiern. Srostki ist der Geburtsort von Wassili Schukschin (1929 bis 1974), seine Erzählungen und schauspielerischen Leistungen in Filmen wie „Kalina Krasnaja" sind im kollektiven Gedächtnis geblieben. Das Haus seiner Mutter wurde in ein Museum umgewandelt. Auf dem Berg Piket findet sich ein Denkmal für den Schriftsteller, das vom Bildhauer Wjatscheslaw Klykow geschaffen wurde. Auf einem riesigen Naturstein sitzt ein barfüßiger Schukschin. Zu Lebzeiten Schukschins dachten die Dorfbewohner, dass er sich über sie lustig machen, sie „blamieren und beschämen würde", und dass er sich von seiner Heimat losgesagt hätte. 1967 konnte man in Srostki nur mit Schwierigkeiten ein Treffen des Schriftstellers mit seinen Landsleuten zustande bringen. Wassili Schukschins Schwester Natalja erinnerte sich daran, wie sie den ganzen Weg über beruhigend und tröstend auf ihn einredete und er immer wieder sagte: „Ich kann das nicht, ich kann nicht, ich hab' das Gefühl, ihnen gegenüber schuldig zu sein." Für seine Landsleute im Altai schrieb Schukschin eine spezielle „Liebeserklärung", und ein Jahr vor seinem Tode, als er den Gipfel seines Ruhms erreicht hatte, schenkte er ihnen das „Lied von der Kleinen Heimat".

Schukschin fühlte die Widersprüche des menschlichen Daseins, die Einsamkeit und das Verhängnis mit seltener Schärfe. Und beschrieb sie mit seltener Kraft. Während meiner Zeit am Filminstitut schrieb ich eine Semesterarbeit über Schukschins Prosa und die merkwürdigen, eindringlichen Enden seiner Erzählungen: „Er ging und weinte lautlos. Die Menschen, die er traf, sahen ihn an ...

Aber er ging und weinte." „Egal wie schmerzhaft es war, es war immerhin ein Feiertag. Natürlich. Wo ein Feiertag ist, ist auch ein Kater ... Aber gab es eigentlich einen Feiertag? Es gab ihn. Also gut."

Wassili Schukschin starb mit 45 Jahren. Er hinterließ drei Bände wundervoller Prosa. Sein Lebensweg wird in Russland gern mit einem Rohdiamanten verglichen. Er wurde am 25. Juli 1929 im Dorf Srostki geboren. Sein Vater wurde nur

Die multimediale Ausstellung über Leben und Werk des Schriftstellers, Filmregisseurs und Schauspielers Wassili Schukschin im Hausmuseum in seinem Geburtsort Srostki ist für Besucher aus der ganzen Welt zugänglich

21 Jahre alt, er wurde im Jahr 1933 während der Zeit der Kollektivierung wegen „antikollektiver Bauernverschwörung" erschossen und 1956 posthum rehabilitiert. Schukschin verließ die Schule nach der 7. Klasse, besuchte dann das Technikum für Automobilbau in Bijsk, das er nach 2,5 Jahren ohne Abschluss verließ. Er arbeitete in einer Kolchose und in unterschiedlichen Fabriken in Russland, schlief in Gemeinschaftsunterkünften, gemeinsam mit Kolchosarbeitern, die aus den Kolchosen geflohen waren, weil das Dorfleben unerträglich war. Schukschin gelangte bis ins Moskauer Gebiet, war Fabrikarbeiter, diente bei der Marine, kehrte nach Srostki zurück und arbeitete als Lehrer an einer Dorfschule.

Und wie aus dem Nichts wurde er 1954 an einer der renommiertesten Hochschulen des Landes angenommen, der Moskauer Filmhochschule, in der Fachrichtung Regie.
Michail Romm, einer der bedeutendsten Regisseure des sowjetischen Kinos, der in jenem Jahr einen Kurs an der Filmhochschule hielt, sagte über zwei seiner Studenten: Es macht keinen Sinn, beide gleichzeitig zu unterrichten. Der eine weiß alles, der andere absolut nichts, aber beide sind zukünftige Genies. Der erste war Andrej Tarkowski, der zweite Wassili Schukschin. Nachdem Schukschin die Filmhochschule abgeschlossen hatte – übrigens die gleiche, wie ich, ich hatte sogar in vielen Kursen die gleichen Lehrer –, begann er, Kurzgeschichten zu schreiben und Filme zu drehen. Seine Charaktere sind ländliche Sonderlinge, talentiert und schwer zugänglich. In ihren schwierigen Lebenswegen zeichnet er die Tragödie des russischen Volkes auf, von entwurzelten Menschen, die aus ihren gewohnten Lebensräumen entrissen wurden und daran zerbrechen.
Zum Beispiel Schukschins Film „Petschki-Lawotschki" (1976 unter dem Titel „Reisebekanntschaften" vom DEFA-Synchronisationsstudio synchronisiert): Iwan und Njura fahren mit dem Zug von Sibirien aus über Moskau in ein Sanatorium ans Meer. Sie sind beide kluge, listige und gewitzte Bauern, die die Sicht der Städter auf die Menschen vom Land hinterfragen. Sie sind natürlich ein wenig einfach und leichtgläubig, aber vielschichtiger und weitsichtiger als allgemein angenommen. Wie sie leben, ist ehrlich gesagt, nicht wichtig. Dennoch wirkt es eher tragisch, wenn Iwan auf die Frage eines Professors, ob das Leben bei ihnen Spaß macht, antwortet: Mehr Spaß geht gar nicht, es kommt vor, dass wir den ganzen Tag lang lachen, wenn wir am Morgen anfangen zu lachen und das ganze Dorf nur so dröhnt vor Lachen, wir lachen alle gemeinsam, bis uns jemand einen Eimer Wasser über den Kopf schüttet!
Mit jedem seiner Besuche im Altai verstand der Schriftsteller besser, was mit dem Dorf als Herkunftsort der meisten Sowjetmenschen geschieht, wie es als sozialer Raum zerstört wird, sein moralisches Fundament verliert, wie sehr es vom Niedergang betroffen ist. Schukschin war der verzweifeltste Zerstörer des Mythos vom goldenen Russland. Er verstand sehr genau, dass die Menschen auf dem Dorf durch die sozialen Katastrophen der letzten Jahrzehnte nur noch Angst und Leere fühlen, Bitterkeit und Verzweiflung, anstelle eines hellen Gefühls von Würde, Heimat, Gewissheit und Geborgenheit. Die saugende Leere und nervöse Angst treiben sie in den Alkohol, in Verrat, in Verzweiflung oder den viel zu frühen Tod. Drei Bände mit eindringlicher Prosa ließ Schukschin zurück, in der ein rauer Ton erklingt, eine tragische, aber auch spöttische Note.
Das nächste interessante Objekt entlang des Tschuiski-Trakts ist der Berg Babyrgan. Auf der rechten Seite erscheint ein hoher Gipfel (1 008 Meter), der den Namen Belka Letjaga trägt. Bei näherem Betrachten erkennt man, dass die Spitze des Berges, die sich 700 Meter über dem Fluss Katun erhebt, aus bizarren

Felsformationen von fünf bis zwanzig Metern Höhe in malerischsten Formen besteht.

Weiter entlang des Tschuiski-Trakts liegt am Kilometer 440 das Dorf Maima. Das Dorf ist nach der Familie Maiman benannt. Die Altaier nennen es Maima Aimak, das heißt Maima und angrenzender Rayon. Es gibt sieben ländliche Siedlungen in diesem Kreis: das Dorf Dubrowka, das Dorf Karluschka, das Dorf Rybalka ... 28 787 Menschen leben im Kreis Maima. Im Reiseführer ist zu Maima zu lesen: „Die wichtigsten Gewerbe des Kreises sind: Holzverarbeitung, Milchviehzucht, Geweih-Hirschzucht, Hopfenanbau und Imkerei. Die Produktion von konserviertem Geweih beträgt 1,4 Tonnen im Jahr."

Im 18. Jahrhundert waren die Russen, die sich im Altai niederließen, davon überrascht, dass die Chinesen auf den Basaren für viel Geld Geweihe kauften – genauer, die Geweihstangen junger Marale. Wofür brauchten die Chinesen diese blutgefüllten samtigen Röhren, die im Frühjahr von den Maralen, den Altai-Hirschen, abgeworfen werden? Der Altai-Maral ist eine Unterart des Wapitis aus der Familie der Hirsche. Dieses schöne Tier lebt in Herden an den grasbewachsenen Hängen der Altai-Berge. Im Sommer weiden die Tiere gern auf Waldwiesen und auf Lichtungen oder an Feldrändern. Zu ihrer bevorzugten Nahrung zählen Pilze und Waldbeeren. Im Winter steigen sie in die Täler hinab, wo sie sich von Ästen junger Laubbäume und Sträucher ernähren. Die Marale lieben es, Wasser aus Mineralquellen zu trinken, sie lecken und nagen oft an Steinen, die reich an Mineralien sind. Und so heißt es, dass ihre Geweihe eine starke Heilkraft haben. Sie werden verwendet, um Kraft und Jugendlichkeit zu erhalten. Die therapeutische Wirkung des Maral-Geweihs wird oft mit der Wirkung der berühmten Ginseng-Wurzel verglichen.

Wissen Sie, wie in alten Zeiten den Maralen ihre Geweihe abgeschnitten wurden? Der Schriftsteller Wjatscheslaw Schischkow, der 1914 als Leiter einer Expedition des Eisenbahnministeriums im Altai unterwegs war, hat es in seinem Buch „Tschuisker Realitäten" beschrieben:

„Am gesamten Tschuiski-Trakt gibt es nur zwei Maral-Gehege: das eine in Mutu, das andere in Schebalino. Im Letzteren befindet sich ein großes Gehege, es gehört einem Bewohner namens Popow. Etwa 500 Marale. Das Gehege nimmt eine riesige Fläche ein. Aus mächtigen Pfählen ist ein Zaun um eine große Wiese, den Teil einer bewaldeten Felsanhöhe und einen der Flussarme gezogen.

Die Marale streifen unbeirrt durch das grüne Gras, sie sind zutraulich. Die Hirschkühe mit den Kleinen verstecken sich hinter der Felsanhöhe im Waldesdickicht. Dort werden sie aufwachsen, und wenn sie stärker werden, führen die Weibchen sie zur Herde. Die Marale genießen es, durch das seidige Grün zu stapfen.

Aber bald wird die Zeit großer Aufregung und Trauer für sie kommen. Bald wird man ihnen die jungen, noch nicht verhärteten Hörner absägen. Auf Pferden

Seit 1976 findet in Srostki im Juli das alljährliche Literaturfestival „Schukschin-Tage" statt. Tausende Menschen aus ganz Russland pilgern zu seinem Denkmal auf dem Berg Piket bei Srostki, um ihren Lieblingsschriftsteller, den Filmregisseur und Schauspieler Schukschin, zu feiern

kommen Reiter mit knallenden Peitschen, schreiend und schrill pfeifend daher und treiben die verängstigten Hirsche in einen engen Korridor. Dort sind Gruben ausgehoben. Die Marale fallen in die Grube, nur der Kopf ist sichtbar. Sie sitzen in der Falle. Lebt wohl, Hörner!

Und sie können wirklich nicht über den Zaun springen?

Nein, der ist zu hoch. Aber es gab mal einen Fall, da sprang einer drüber. Wir haben ihn überall gesucht, wir fanden ihn nicht. Und dann sahen wir: Er hatte den Fluss gequert, aber nicht etwa, um in die Freiheit, in den Wald zu fliehen, sondern auf die nächste Maralkoppel, zu den fremden Maralen."

Mit Maral-Geweih ist eine kleine Geschichte verbunden. Einmal tauchte ein wohlhabender Altaier mit dem Vorschlag bei mir auf, in Moskau große Mengen an Geweihen zu verkaufen. „Man wird sich darum reißen. Denn Pantokrin aus Geweih ist das beste Mittel gegen Impotenz. Und wir werden reich werden. Du schreibst einen fabelhaften Artikel, ein Loblied auf die Geweihe, der in einer Mode- oder populärwissenschaftlichen Zeitschrift veröffentlicht wird. Haben wir Erfolg, können wir bis ins hohe Alter sorglos leben."

Ich muss anmerken, dass ich in punkto Geschäftstätigkeit nie Erfolg habe, jedoch an die Idee des Altaiers habe ich geglaubt, das Vorhaben hat mir sehr gefallen.

Ich habe also mein Loblied auf Pantokrin geschrieben. Aber leider verlangten die Zeitschriften einen immens hohen Betrag für die Werbung. Also haben wir entschieden, die Ware über Bekannte und Freunde in Moskau zu verkaufen, sogar in die Türkei wollten wir sie exportieren. Aber in Istanbul hat man uns nicht verstanden. Man erklärte uns, dass der türkische Mann am Abend auf der Türschwelle eines der fünf Schlafzimmer husten könne. Und wie ich verstanden habe, kann der Moskauer an der Schwelle des einzigen Schlafzimmers leicht hüsteln, um die Ermutigung zu hören: „Heute habe ich für Dich in der Apotheke Pantokrin gekauft." „Weißt du, warum du mit Geschäften kein Glück hast?", zog der Altaier traurig Bilanz unseres Geschäftsvorhabens. „Weil du kommerzielle Tätigkeiten entweder zur Kunst oder zur Karikatur machst. Und dann verliert die ganze Sache ihren Sinn."

Denkmal zu Ehren der indigenen Völker des Altai, deren Schicksal, wie es auf der Gedenktafel heißt, eng mit dem Bau des legendären Tschuiski-Trakts verknüpft ist

In Maima steht eine steinerne russisch-orthodoxe Kirche. Sie gilt als das erste Steingebäude im Altai-Gebirge überhaupt, geweiht ist sie der Aussendung des Heiligen Geistes (Pfingsten). Es finden hier sehr schöne Gottesdienste statt, ein Chor singt. Am Eingang gibt es einen kleinen Stand, an dem Ikonen und Kirchenliteratur verkauft werden. Ein sagenhaft dünner Mann mittleren Alters mit einem geschwollenen, purpurroten Gesicht erregte meine Aufmerksamkeit. Er

stand ruhig da und las in einer Broschüre, die am Stand feilgeboten wurde. Sie hieß „Über die Gefahren des Trinkens", auf dem Umschlag war die Ikone der Gottesmutter „Der unerschöpfliche Kelch" abgebildet. Der Mann schnaufte plötzlich zornig und wandte sich der Frau am Stand zu:
„Also, hören Sie mal! Der Autor, der das hier schreibt, weiß in der Sache überhaupt nicht Bescheid. Er schreibt, dass Gebet und Spaziergänge an der frischen Luft bei einem Kater helfen. Ganz ehrlich, frische Luft hat noch nie geschadet, ja, aber Gebete werden nicht helfen. Was hilft, ist ein Bier."
In den 200 Jahren seit Beitritt des Altai zu Russland waren hier viele Missionare und Kaufleute unterwegs. Zeitgleich mit ihnen tauchte erstmals Wodka im Altai auf. Die zivilisatorische Mission Russlands wäre ohne diese Komponente unmöglich gewesen. Im Kaukasus stieß der Wodka auf den örtlichen Wein und die einheimischen Trinkgewohnheiten, und der Wein trug den Sieg davon. Sibirien aber wurde vom Wodka erobert. Tatsächlich müssen wir heute feststellen, dass die Wodkaflasche die einzige Gemeinsamkeit im Alltag der sibirischen Völker und Völkerschaften war, die sich sonst kaum ähnelten. Die sibirischen Völker lernten, auf Russisch zu trinken. Besagter Wjatscheslaw Schischkow hat in seinem Buch „Tschuisker Realitäten" darüber berichtet:
„Für ein kleines Ren erhielten sie zwei oder drei Flaschen, für ein mittleres fünf Flaschen, und acht Flaschen gab es für ein ausgewachsenes Ren."
Das heißt, die Sibirier hatten immer etwas zur Hand, womit sie für einen Rausch bezahlen konnten. Und über die Altaier heißt es in dem Buch: „Wenn ein Altaier eine Flasche Wodka öffnet, lässt er zuerst ein paar Tropfen auf den Boden fallen – eine Gabe für die Geister. Das ist die Volksmagie im Altai."
Dieser Brauch hat auch heute noch Gültigkeit.
Während ich diese Zeilen schreibe, erinnere ich mich daran, dass ich bis zum Alter von 18 Jahren dachte, trockener Wein sei Wein in Pulver- oder Tablettenform, wie trockener Spiritus. Später, viel später, schätzte ich den Rotwein, den meine Mutter herstellte. In unserer Familie gab es einen Rotweinkult, und das Trinken von Rotwein zählte, anders als das von starken Getränken, nicht zu den Lastern. Mein Vater war Arzt. Er sagte, dass Rotwein dank des Resveratrol-Gehalts vor Krebs schütze. Das wunderte mich, ich hatte gedacht, dass Rotwein die Genies aller Nationen, beginnend mit Homer, zur poetischen Ekstase brachte, nun stellte sich aber heraus, dass er fast eine Medizin ist! Das ist natürlich ein Scherz. Aber ganz im Ernst, Rotwein ist für mich das Eintauchen in Wärme und Ruhe. Das ist unser Kirschgarten, meine Jugend, die Mutter, die Geborgenheit, Sicherheit, Schönheit. Ein kleines Paradies auf Erden.
Ja, Woody Allen hat Recht: „Sie können hundert Jahre alt werden, wenn Sie all das aufgeben, wofür es sich lohnt, hundert Jahre lang zu leben."
So weit hat mich also der Exkurs in Sachen Alkohol im Dorf Maima weggeführt. Nun ist es an der Zeit, auf den Tschuiski-Trakt zurückzukehren.

Am Kilometer 468 befindet sich eine Gedenktafel für Wjatscheslaw Schischkow (1873 bis 1945). Wir kennen ihn bereits als Autor der „Tschuisker Ge-

„Aj" heißt in der Altaisprache „Mond" – und der Aja-See ist ungewöhnlich: Kein Fluss fließt hinein, keiner heraus, dennoch bleibt der Wasserstand immer konstant. Und was für ein Wasser! Das sauberste, das man sich vorstellen kann

schichten". Er führte ein abenteuerliches Leben und war als Expeditionsleiter, Goldsucher und Ingenieur im Altai und in Sibirien unterwegs. Doch er hat auch einen Roman geschrieben „Ugrjum-Reka" („Der dunkle Strom") über den Goldrausch in Sibirien. Es ist die Familiensaga der Gromows, das waren die ersten russischen Rohstoffmillionäre Ende des 19. Jahrhunderts. Die Gromows besaßen Fabriken, Ländereien, Silberminen ... Ein Buch, das man nicht aus der Hand legen kann. Schischkow selbst schrieb über seinen Roman: „Der dunkle Strom ist das, wofür ich geboren wurde."

Entlang der gesamten Fernstraße R256 (bis 2010 hieß sie M52) gibt es zahlreiche Übernachtungsmöglichkeiten und Hotelkomplexe. Manche Bewohner verdienen sich mit der Vermietung ihres Hauses etwas hinzu.

Vor dem Dorf Sousga, Kilometer 455 des Tschuiski-Trakts, gibt es eine Hängebrücke über den Fluss Katun. Diese Brücke verbindet den Krai Altai und die Republik Altai. Sie führt zum See Aja und zum gleichnamigen Dorf.
Am Ortsausgang Sousgas liegt das bekannteste Fleischkombinat des Altai mit einem weit über die Grenzen der Region geschätzten Fabrikverkauf, in dem Sie,

Ihr Interesse vorausgesetzt, die besten Altai-Fleischerzeugnisse aus Elch-, Rind- und Pferdefleisch kaufen können. Es heißt, die lokale Köstlichkeit „Kan" (Hammelblutwurst) sei besonders zu empfehlen.
„Aj" heißt in der Altaisprache „Mond" – und der See ist ungewöhnlich: Kein einziger Fluss fließt hinein, keiner fließt heraus, dennoch bleibt der Wasserstand immer konstant. Und was für ein Wasser! Das sauberste, das man sich vorstellen kann! Der See wird vom Grundwasser gespeist und ist im Sommer der einzige See, in dem Sie schwimmen und baden können, sein Wasser ist nicht so kalt wie das der anderen Seen, von denen es im Altai etwa 20 000 gibt. In keinem einzigen der schönen Seen im Altai können sie genüsslich baden, sei es im Telezkoje, Kulundinsker, Dschulukul oder Taimen. Überall ist das Wasser sehr kalt. Der Aja jedoch lädt zum Schwimmen ein! Er ist 409 Meter lang und 190 Meter breit, seine maximale Tiefe beträgt 21,7 Meter, im Sommer ist er 20 und mehr Grad warm.

Ich erinnere mich an einen lustigen Vorfall: Ein Fotograf tauchte am Ufer auf. „Bitte fotografieren Sie uns, aber so, dass wir nicht dick aussehen", riefen ihn zwei Tantchen herbei.
„Dann gehen Sie bitte bis zum Hals ins Wasser", antwortete der Fotograf.
Im Aja-See ist das Wasser in zwei Schichten unterteilt: Eine untere und eine obere, mit Sauerstoff gesättigte. Die Altaier nennen diesen See scherzhaft „unsere Badewanne". Rings um den See liegt der 1109 Hektar große, malerische Naturpark Aja.
Jetzt sage ich Ihnen ehrlich, was ich liebe auf meinen Reisen und was ich gar nicht mag. Provinzmuseen mag ich nicht: Dekoration aus Wellpappe, der unvermeidliche Geruch von Staub, schummriges Licht in den Räumen und Vitrinen mit Mammutresten. Es tut mir leid für die alte Museumsführerin mit ihrer gut geschulten Erklärstimme.

Ganz und gar nicht mag ich das museale „Nomadenlager der Bewohner des Paläolithikums", wo düstere Puppen in Lendenschurz um ein Pseudofeuer sitzen, und einer von ihnen mit einem Haarschnitt wie Prinz Eisenherz, zusammengebissenen Kiefern und einem albern-freudigen Gesichtsausdruck eine Steinaxt hält.
Ich mag auch keine Militärmuseen. Sie erinnern mich sofort an das Bild der Menschheit in der starken Schlussszene des Romans „Die Bestie im Menschen" von Emile Zola. Betrunkene, schreiende Soldaten auf dem Weg zur Front: Ihr Zug fährt los, aber es gibt keinen Lokführer. Der wurde erschossen. Der Zug rast in die Nacht hinein, gewinnt an Geschwindigkeit, Funken fliegen. Es ist klar, dass er entweder kollidieren oder entgleisen wird, ganz gleich wie, es ist das Ende. Diese kriegerische, trunkene Menge, die Lieder grölend in den Tod rast, das ist für mich das schrecklichste Bild der Menschheit.
Was ich mag, ist kaltes Wasser (zum Trinken), ganz besonders, wenn es das Altai-Mineralwasser ohne Sprudel „Petroglyph" ist. Ich mag die Aussichtsplattform auf dem Tugaja-Berg in Gorno-Altaisk, den Strand am Aja-See, an dem die Zeit still steht, die unglaublich großen und wunderschönen Schwertlilien auf den Almwiesen des Altai (die hätten auch Van Gogh gefallen, hätte er einmal bis hierher gefunden), und ich liebe den Naturpark Aja. Er ist so groß, dass ein vermisstes Pferd manchmal erst sechs Monate später gefunden wird.
Ich liebe es, durch den Naturpark zu wandern und von einem der wissenschaftlichen Mitarbeiter oder einem Reiseführer alle möglichen Geschichten zu hören. Manchmal kann man so viel Neues über die einfachsten Käfer lernen. Nun, zum Beispiel, wissen Sie, welches Tier der beste Jäger der Welt ist? Sie werden es nie erraten. Die höchste Erfolgsquote unter den Tieren hat die

Libelle: 97 Prozent ihrer Beutezüge gelingen. Dem weißen Hai gelingen nur 50 Prozent seiner Angriffe, dem Löwen sogar nur 25 Prozent. Zur perfekten Räuberin machen die Libelle mehrere Besonderheiten: Ihre Augen erfassen fast 360 Grad ihrer Umgebung. Ihre Nervenbahnen sind außergewöhnlich schnell – sie kann auf Reize rascher reagieren als ihre Opfer. Mit ihren vier Flügeln kann sie rückwärts und kopfüber fliegen. Zudem selektiert ihr Gehirn Informationen besonders gut, während sich andere Insekten auf jedes Tier stürzen, wählt sie anhand der Größe, Geschwindigkeit und Flugbahn ihr ideales Opfer aus.

Im Aja-Naturpark passt es nicht, „Super!" oder „Krass schön!" zu sagen, denn Worte sind hier nichts. Aber Sie wissen mit Sicherheit für den Rest ihres Lebens, dass das Wort Aja eines der wichtigsten Synonyme für Schönheit ist. Wie Mahlers Siebte Sinfonie, wie Peter Bruegels „Die Jäger im Schnee".

Das Dorf Aja ist klein, und Touristen kommen im Winter vor allem wegen des „Gora Wesjolaja" („Fröhlicher Berg") hierher. Hier gibt es jeden Spaß, der mit Bergen und Schnee zu tun hat: Rodelbahnen, Stationen für Schneemobile und Schneegleiter, Pisten für Abfahrtsski und Anlagen für Snowboard-Anfänger. Eine große Schnellseilbahn führt zu den Pisten auf 650 und 820 Metern Höhe, von dort fahren Sessellifte. Unweit der Aja-Brücke gibt es ganzjährig eine gute touristische Infrastruktur mit Campingplätzen, Erholungsheimen und Hotels.

Ich möchte Sie darauf aufmerksam machen, dass es in vielen kleinen Hotels am See sibirische Dampfbäder – Banjas – gibt, die besten finden sich im „Schambala", im „Petschki Lawotschki" und im „Aurora". Meine Freunde – alle Liebhaber der sibirischen Banja – loben besonders das Hotel „Manscherok". Das liegt nicht gleich am See, sondern etwas weiter entfernt am Ufer des Flusses Katun, in einem Kiefernwald, kurz bevor wir den nächsten Punkt unserer Reise erreicht haben – das Dorf Manscherok. Die Banja im „Manscherok" ist Sibirien pur, mit einem Aufguss aus Altai-Kräutern.

Und ganz allgemein, das sibirisch-russische Dampfbad ist ein besonderes Vergnügen. Ich verrate Ihnen, welche Banja in Moskau sich heute der größten Beliebtheit erfreut: Das ist „Schiwitsa" in der Nowaja Basmannaja-Straße. Ein Blockhaus aus karelischem Trockenholz wanderte vor vier Jahren aus der Stoleschnikow Pereulok in den Bauman-Park, wurde um eine großzügige Saunalandschaft mit Dampfbädern, Heuboden und einem echten Holzofen ergänzt. Das Angebot wurde erweitert, aber die Visitenkarte ist immer noch das Altai-Programm. Es besteht aus einem dreistündigen Ritual, bei dem der Banjameister einen Übermenschen aus Ihnen macht: Sie werden mit Tannenreisern leicht gepeitscht, mit Birken-, Eichen- und Limettenaufgüssen bedampft und am Ende, nach einem Altai-Kräuterbad und ein paar Kringeln mit Himbeer- und Preiselbeerkonfitüre, einfach „abheben".

Wenn in der Moskauer „Schiwitsa" zwischen den Aufgüssen womöglich das Schicksal des Heimatlandes diskutiert und mehrere Millionen-Rubel-Transaktionen ab-

geschlossen werden, können Sie in der Altai-Banja in aller Ruhe Ihre Tannenfichtenessenzen oder Birkenreiser genießen und Stress abbauen. Abgehärtete können in den See oder den kleinen Fluss in der Nähe eintauchen, wer es lieber warm und gemütlich hat, legt sich auf eine Matte aus duftenden Kräutern und

Die Tawdinski-Höhlen, ungefähr zwanzig an der Zahl, befinden sich in den Felsen, die sich über fast fünf Kilometer entlang des Flusses Katun erstrecken

träumt vor sich hin. Der Besuch in der Banja lindert Schlaflosigkeit, Rückenschmerzen und reinigt, wie einige Banja-Liebhaber behaupten, „das Karma."

Am Kilometer 471 des Tschuiski-Trakts liegt das Dorf Manscherok. Der Name kommt vom Altai-Wort „Manschurek" (Hügel, von dem aus man über das Land schauen kann, aber auch eine Bergkuppe im Nebel). Das wichtigste Ereignis in diesem kleinen Dorf ist der jährliche Wettbewerb im August „Karausche – 2018", „Karausche – 2019", „Karausche – 2020". Die Karausche ist ein Karpfenartiger. Gewinner ist, wer innerhalb von drei Stunden die größte Menge Karauschen aus dem See angelt, die oft nicht einmal für eine anständige Ucha (Fischsuppe) ausreicht.

Im Manscherok-See, den die Altaier Doingol, buchstäblich Fürstensee, nennen, wächst die Tschilim (die schwimmende Wassernuss), die ins Rote Buch der gefährdeten Arten eingetragen ist. Die alten Völker des Altai machten aus der Frucht Talismane und glaubten, dass sie Reisende vor allerlei Unbill schützen. Mein Talisman-Verkäufer erwies sich als echter Künstler. Wir unterhielten uns, und ich konnte meine Augen nicht von den bizarren Blutergüssen und Flecken auf seinem Gesicht abwenden. Er bemerkte meine Blicke und erklärte: „Meine Kollegen und ich haben gestern ein wenig diskutiert. Heute sieht meine Physiognomie, entschuldigen Sie, wie die Tischdecke nach einem stürmischen Fest aus, ganz buntfleckig." Und ich antwortete ihm: „Wieso Tischdecke! Sie untertreiben! Das ist ein Paul Klee ‚Blick auf den Hafen von Hammamet'". Für den „Hafen" schenkte er mir eine Wassernuss als Talisman. Es scheint eine Art Tierchen zu sein. Ich würde so etwas nicht einmal im halbohnmächtigen Zustand kaufen. Heute lebt sie in meinem Bücherregal.

Die Tawdinski-Höhlen befinden sich am linken Ufer des Katun, über den es eine schöne Legende gibt: „Katun, die Tochter des alten Altai, verließ für ihren Geliebten, den hübschen Bija, heimlich das Haus. Der Vater entdeckte das Verschwinden der Tochter und schickte seinen mächtigsten Recken – Babyrgan –, um sie zurückzuholen. Der aber vermochte es nicht, sie einzuholen, sie war bereits aus dem Altai-Gebirge in die Ebene geflohen. Babyrgan blieb als Steinfelsen stehen, der letzte Berg des nördlichen Altai.

Die Altai-Mythen sind im Allgemeinen sehr schön, ich erinnere mich an den Beginn eines von ihnen:

In jenen fernen Zeiten,
Als es noch keinen Wald gab
Und die Steine weich waren ...

Wahrscheinlich sind die Tawdinski-Höhlen in jenen vorgeschichtlichen Zeiten entstanden. Es sind ungefähr zwanzig an der Zahl, und sie befinden sich in den Felsen, die sich über fast fünf Kilometer entlang des Flusses erstrecken. Die Haupthöhle, im Volksmund Jungfrauenträne genannt, ist 270 Meter lang. Von der geräumigen unterirdischen Galerie steigen Sie in die 23 Meter hohen Felsvorsprünge hinauf. Hier lebten seit Urzeiten Menschen. Archäologen finden hier immer wieder Keramiken oder Angelzubehör aus der Bronzezeit.

Weiter geht es auf dem Tschuiski-Trakt in das Dorf Barangol, wo sich die gute touristische Anlage „Tsarskaja Ochota" befindet, ihre Gästehäuser liegen an beiden Ufern des Katun. Von dort können Sie zum Kamyschlinsker Wasserfall laufen. Er befindet sich am Kamyschli (übersetzt aus dem Altaiischen: „Wo es Schilf gibt"), einem linken Nebenfluss des Katun. Um zum Wasserfall zu gelangen, müssen Sie die Hängebrücke über den Katun überqueren und dann zwei Kilometer auf einem malerischen Pfad entlang des Flusses wandern.

Am Kilometer 497 des Tschuisker-Trakts liegt das Dorf Ust-Sema an der Mündung des Flusses Sema. Hier überquert der Tschuisker-Trakt auf einer Brücke aus Stahlbeton den Katun und führt weiter bis an die mongolische Grenze.

Meine Alma Mater, die Moskauer Filmhochschule, hatte ein kleines Ausbildungsfilmstudio, in dem die Absolventen ihre Diplomfilme machten, und wir, die Drehbuchautoren, schrieben die Drehbücher für sie. Auf den Spuren von Wassili Schukschin fuhren wir mitsamt Kameraleuten aus der Abschlussklasse

nach Ust-Sema, um eine lokale Sehenswürdigkeit zu filmen: die Stolowaja (Kantine), in der Wassili Schukschin seinen ersten Film gedreht hatte. Nicht nur die Kantine war erhalten geblieben, auch die Bewohner des Ortes, die im Film mitgespielt hatten, lebten noch. Wovon erzählt der Film? Vom Lkw-Fahrer Paschka Kolokolnikow, der mit seinem Laster über den Tschuiski-Trakt fährt. Am Ende des Films vollbringt er eine Heldentat, bei der er fast umgekommen wäre. Dann kommt eine Journalistin aus der Stadt (gespielt von der berühmten Dichterin Bella Achmadulina) ins Krankenhaus, um ihn nach seiner Heldentat zu fragen, aber Paschka murmelt nur etwas von „mich zieht es nicht zu Helden". Der Film „Schiwjot takoi paren" (1964 „Von einem, der auszog, die Liebe zu finden", 1966, auch „Es lebte so ein Bursche") verbreitet ziemlich viel Melancholie und Hoffnungslosigkeit: Es scheint, dass niemand von irgendjemandem gebraucht wird und keiner sich für seine Mitmenschen wirklich interessiert.

Wir mieteten also die Stolowaja in Ust-Sema, fanden mehrere Bewohner, die bei Schukschin als Statisten in den Massenszenen mitgespielt hatten, und zeichneten ihre Erinnerungen auf. Einer von ihnen, ein Erfinder, wurde zum Helden in Schukschins Erzählung „Der Hartnäckige" (1973). In der Erzählung heißt er Monja Kwassow, und er erfindet ein Perpetuum mobile. Kein Wunder, dass laut der alternativen Wissenschaftsgeschichte Russlands die erste Dampfmaschine im Altai erfunden wurde. Für diese Erfindung erhielt ein gewisser Iwan Polsunow 1763 eine Prämie von 400 Rubel von Zarin Katharina der Großen. Eine Kuh im Altai kostete damals 3 Rubel. Die Technische Universität in Barnaul trägt heute übrigens den Namen Polsunow.

Alle Figuren des Schriftstellers, die kauzigen Pechvögel und die unbelehrbaren Versager, tragen Züge einer Selbstdarstellung: „Monjas Trotz, seine ganze Hartnäckigkeit waren nur dafür da, damit die Menschen keine Zeit hatten, ihn zu verletzen, während er sich mit seiner Gutmütigkeit und Zustimmung für sie abmühte." Mit diesem Misstrauen trat Schukschin seinen Mitmenschen oft gegenüber. Er war ein Rohdiamant, ein Genie aus der abgelegenen Altai-Region, und hatte doch ein so großes Gespür für das Wesen des Menschen und die gesellschaftlichen Konflikte seiner Zeit. Monja Kwassows Sturheit ist kein gutes Zeichen für ihn – das Leben, das weiß Schukschin, wird ihn brechen. Heiraten, sich beruhigen, ein gewöhnlicher Mensch werden ohne Impulse, auf diese Aussicht blickt er mit einem spöttischen Lächeln. Von einem Perpetuum Mobile kann keine Rede sein.

Wir blieben nur fünf Tage in Ust-Sema. Wir beeilten uns, denn wahnsinnig interessant war es hier nicht. Aber der Nachgeschmack vom Altai blieb zurück – scharf und bitter, wie von Samogon und selbst angebautem Tabak.

Von Ust-Sema nach Kujus

Ust-Sema – Askat – Anos – Elekmonar – Karakolsee – Tschemal – Elanda – Oroktoi – Edigan – Kujus

Je länger wir fahren, desto höher werden die Berge und desto mehr Sehenswürdigkeiten gibt es auf dem Weg. Der Tschuiski-Trakt führt von Ust-Sema aus weiter auf die Brücke über den Katun. Wir jedoch fahren geradeaus – folgen dem Katun nach Tschemal und weiter nach Kujus. Das ist der Tschemal-Trakt.

Vom Gefühl der Weite ist man wie betäubt: Der Blick schweift ziellos über das ruhige, helle Wasser des Katun, folgt dem Flusslauf, hält sich an den Bergen und bewaldeten Felshöhen auf. Man schaut und schaut, will alles ringsum in

Im Dorf Ust-Sema leben knapp 400 Menschen

sich aufnehmen und kann sich einfach nicht sattsehen. Jeder Fluss ist eine Straße, der Archetyp der Straße, die erste Straße der Welt im Allgemeinen. Sie führt selten geradeaus und umgeht Hindernisse fast immer, ja, sie ist von Lebenserfahrung beeinflusst.

Der berühmte Maler des Altai, Grigori Tschoros-Gurkin, ist der Genius loci des Tschemal-Trakts. Er schrieb über den Katun und den Trakt wie folgt: „In kraftvollen, steinigen, vielfarbigen Reihen erheben sich die mächtigen Berge. Sie scheinen einander den Raum streitig zu machen. Sie bewegen sich in endlose Weiten und Entfernungen, ihre Konturen verlieren sich in blauem Luftstaub. Ihre steilen Flanken sind von tiefen Schluchten zerfurcht. Düstere Felsen hän-

gen über den dunklen, klaffenden Abgründen, bereit, abzubrechen. Weiter und höher, über dem blauen Rand des Himmels, in durchsichtigem Azur, stehen wie ein Heer märchenhafter Helden die riesigen Könige der Berge: Sie haben ihre Zelte im Umkreis aufgeschlagen, erheben stolz ihre schneebedeckten Gipfel und leuchten weit in der Höhe. Gletscher glitzern auf ihren riesigen Helmen wie Edelsteine, smaragdgrün, rubinrot. Sie sind von einem Ornament aus bizarren Felsen und dicken Schneeschichten umgeben. Alles ist ursprünglich, grandios und majestätisch. Als ein mächtiger Ring, der sich ausbreitet und in endlose Fernen reicht, stehen die Berge. Weiche Linien bewegen sich voneinander weg, vermischen sich in einem Labyrinth von Linien und Umrissen und schließen sich wieder in der kaum fassbaren Ferne luftigen Azurs.

Welche Weite herrscht hier überall und welche Kraft!

Das bist du, berückender, düsterer, königlicher Altai.

Du bist es, der sich in Nebel hüllt, die wie Gedanken von deiner mächtigen Stirn in unbekannte Länder fliehen.

Du bist ein Recke, der jahrhundertelang schlummert, seine Stirn über den Augenbrauen runzelt und seinen geheimnisvollen und gütigen Gedanken nachhängt. Und durch dieses mächtige verzauberte Königreich, durch die majestätische Natur, zwischen den weiten blauen Bergen, zwischen den dichten dunklen Wäldern, entlang der zarten, duftenden Blumentäler, entlang des goldenen Grundes des Altai fließt der smaragdschöne Katun. Er schneidet tief ins Herz des Altai und windet sich als grün-blaues Band durch die Schluchten. Stürmisch, rastlos presst sich der Fluss fest an die Brust der Riesen und eilt rauschend davon. Nein, keine Kraft der Welt könnte den Flusslauf stoppen, es gibt kein Hindernis für seinen Drang und seinen mächtigen Lauf in die Ferne."

Dank seiner Abgeschiedenheit, der ruhigen Schönheit, der Altai-Luft, des Reichtums an Fisch, Pilzen und Beeren – gewissermaßen den lebenden Vorräten von Fastennahrung – wurde in Askat im Jahr 2002 ein zweistöckiges Holzhaus gebaut. Es ist das Zentrum der Karma-Kagyü-Schule des tibetischen Buddhismus, das dem Studium des Buddhismus dient, Seminare anbietet und Raum gibt, um in Ruhe zu meditieren.

Askat zählt zu den obligatorischen Ausflugszielen, die der Altaier seinen Gästen zeigt. Und da oft Gäste kommen, fährt der Altaier hierher wie zur Arbeit, doch es ist eine angenehme Arbeit. Vor allem aber ist jeder Altaier gerne zum Feiertag Lhabab Düchen hier.

Lhabab Düchen ist einer der vier wichtigsten Feiertage des tibetischen Buddhismus und bedeutet aus dem Tibetischen übersetzt: „die Feier anlässlich des Abstiegs vom Götter(-Himmel)". Der Gedenktag wird am 22. Tag des 9. Monats

des tibetischen Kalenders gefeiert, um dem Abstieg Buddhas vom „Himmel der Dreiunddreißig" hinunter zur Erde zu gedenken. Es ist einer der wenigen buddhistischen Feiertage, den Buddhisten verschiedener Richtungen begehen. 2020 fiel er auf den 7. November, 2021 wurde er am 27. Oktober gefeiert.
Dieser Feiertag markiert den Beginn der Legende von Buddha. Ein Bewohner der neunten Ebene der himmlischen Welt (Tushita), auch Bodhisattva genannt, der seit unzähligen Jahren Wissen, Kraft und Energie gesammelt hat, beschloss, für das irdische Leben wiedergeboren zu werden, und wählte den König von

Im Jahr 2002 wurde in Askat das Zentrum der Karma-Kagyü-Schule des tibetischen Buddhismus gegründet

Nepal Shuddhodana und seine Frau Maya als irdische Eltern. Königin Maya hatte einen Traum, in dem ein weißer Elefant mit sechs Stoßzähnen in ihren Leib eindrang (sechs ist die heilige Zahl der Hindus, die die Anzahl der Richtungen angibt – links, rechts, vorwärts, rückwärts, aufwärts, abwärts). Und am Morgen sagten die Brahmanen ihr voraus, dass der Sohn, mit dem sie schwanger war, entweder der Herrscher der Welt oder Buddha, der Erwachte, sein würde, dem es bestimmt sei, die Menschheit zu retten.
Letzteres ist bekanntlich wahr geworden. Nachdem Prinz Shakyamuni oder Siddhartha bis zu seinem 29. Lebensjahr im Palast seines Vaters, der ihn zum Herrscher der Welt erzogen hatte, geruhsam gelebt hatte, stellte er bei Wanderungen zufällig fest, dass es auf der Welt Krankheit, Alter und Tod gibt. Darauf verließ er den Palast und ging auf der Suche nach der Wahrheit in die Welt hinaus. Mit 35 Jahren wurde er während der berühmten Meditation unter einer Pappelfeige, die auch als Baum der Weisheit bezeichnet wird, erleuchtet, das heißt, er erwachte und wurde zu Buddha, der Erwachte.

„Über Wunder lächelt man nur so lange, bis es einen selbst erwischt hat", sagte mir Sascha, der damals Novize im Dazan von Iwolginsk, einem buddhistischen Kloster in der Republik Burjatien war (von diesem Kloster habe ich in meinem Buch über den Baikal berichtet).

Das Wunder in diesem Fall ist der buddhistische Mönch Daschi-Dorscho Itigelow, der 1927 im Alter von 73 Jahren starb und, wie in seinem Testament verfügt war, im Lotossitz begraben wurde und 1955 und 1973 sowie 2002 exhumiert wurde. Es existiert die Aufnahme eines Kreml-Fotografen, die allerdings nirgendwo veröffentlicht wurde. Das Foto wurde im Iwolginski-Dazan gemacht, wo Itigelow seit 2002 im Lotussitz auf dem Thron sitzt, und zeigt ein Treffen mit Dmitri Medwedjew, dem damaligen russischen Präsidenten. Auf dem Foto sind Itigelows Augen offen – es heißt, dass er sie manchmal öffnet.

Sascha war einer meiner Studienkameraden an der Moskauer Filmhochschule, der unerwartet das Institut verließ und buddhistischer Mönch im Iwolginsker Dazan wurde. Als ich mein Buch über den Baikalsee schrieb, besuchte ich ihn dort.

Er erzählte mir: „Du weißt ja, ich habe früher sehr viel Musik gehört und selbst Saxophon gespielt. Und hier verbietet eines der 227 Mönchsgebote, Freude daran zu haben, Musik zu hören oder Lieder zu singen, aber als ich plötzlich nicht mehr gesungen oder Musik gehört habe, klang sie von selbst in meinem Kopf wie ‚Greenfields' von The Brother Four: ‚Once there were green fields kissed by the sun / Once there were valleys where rivers used to run / Once there were blue skies with white clouds high above / Once they were part of an everlasting love / We were the lovers who strolled through green fields'."

Nebenbei sei bemerkt, dass dieses beliebte Lied in der Sowjetunion „Stadt der Kindheit" genannt wurde. Das amerikanische Lied wurde ohne Lizenz übernommen, für uns waren all diese bourgeoisen Urheberrechte Schall und Rauch. Was kümmerte es uns, dass dieses Lied ein US-Folkmusiker und Dichter namens Terry Gilkyson geschrieben hatte, unsere Worte zu dieser Melodie stammen von unserem Dichter Robert Roschdestwenski. Und es geht in diesem Lied ja auch um uns, nämlich wie wir ein Ticket in die Kindheit kaufen und dorthin zurückgelangen wollen: „Irgendwo gibt es eine Stadt, ruhig wie ein Traum / mit fließendem Staub verweht bis zur Brust / im langsam fließenden Fluss das Wasser wie Glas / Irgendwo gibt es eine Stadt, in der es warm ist / es ist der Ort, wo wir unsere Kindheit verbrachten."

Das zweite schwierige Gebot für Sascha war, auf dem harten Boden zu schlafen. In der ersten Woche wälzte er sich auf seiner dünnen Matte schlaflos hin und her, ab der zweiten Woche hatte er im Kloster keine Schlafprobleme mehr!

„Hattest du jemals den Gedanken fortzugehen?"
„Das kam vor. Die orangefarbenen Mönchssachen schnappen, die Tasche, die Schale, und die Tür zuknallen. Es gab eine Zeit, in der mich alles zu nerven begann ... Das ging vorbei, ich bin geblieben ..."
Die Leute kommen nach Askat, um Vorträge zu hören, Seminare zu besuchen, gemeinsam zu meditieren, die Grundlagen des Buddhismus zu lernen, über Gesundheit zu sprechen und zu hören, wie Suttas (frühbuddhistische Überlieferungen) in der heiligen Pali-Sprache gesungen werden, die so klingen, dass Sie alles vergessen.

Touristenbasis in Askat

Fünf Kilometer von Askat entfernt liegt das Dorf Anos. Hier lebte und arbeitete Grigori Tschoros-Gurkin (1870 bis 1937). Allein für den Besuch im Haus des Künstlers lohnt es sich, in den Altai zu kommen. Sein Anwesen beherbergt seit 2006 ein Museum, sein Atelier, einen weitläufigen Garten mit einem Teich und Bäumen aus allen Ecken des Altai.
Das Dorf Anos liegt am Fuße des Berges It Kaja („Hundekopf"). Hier leben noch Menschen, die sich an die Tschoros-Sippe erinnern, der der Künstler entstammte. Man sagte den Männern der Sippe eine große Beobachtungsgabe und Klugheit nach. So konnten sie zum Beispiel an den Spuren von Pferden herausfinden, welche Art und Menge von Lasten sie trugen: „Es war ein Reiter mit zwei Pferden am Zügel. Zwei Pferde sind erschöpft, das dritte ist frisch." Oder: „Eine Pferdeherde mit zwei Treibern kam vorbei."

Doch ich werde die Geschichte von Grigori Tschoros-Gurkin der Reihe nach erzählen.

Und hier beginne ich mit dem russischen Künstler Iwan Schischkin (1832 bis 1898). In seiner Jugend absolvierte er die Düsseldorfer Kunstakademie und war einer der besten Vertreter der „Düsseldorfer Malschule". Dann kehrte er nach Russland zurück, wurde Professor an der Sankt-Petersburger Akademie der Künste und ein berühmter Landschaftsmaler. Einmal besuchte Schischkin die Handelsmesse in Nischni Nowgorod, wo Waren aus ganz Russland feilgeboten wurden. Stellen Sie sich einen Künstler gesetzten Alters mit üppigem Bart und zotteligen Haaren vor, der neugierig zwischen den Messeständen umherwandelt. Doch lassen wir Grigori Tschoros-Gurkin selbst berichten:

Iwan Kramskoi „Porträt von I. I. Schischkin", 1880

„Der bärtige Mann hielt sich lange bei den Handelsreihen und Zelten der sibirischen Kaufleute auf und ging dann zu dem Stand mit Gemälden, die ich verkaufen wollte.

‚Bist du Mongole?', fragte er mich.

‚Nein, ich bin Altaier aus der Tschoros-Sippe.'

‚Wessen Gemälde sind das? Wer hat sie gemalt?'

‚Das sind meine Bilder, ich bin Künstler.'

‚Und wie heißen Sie?'

‚Grigori Gurkin.'

So kamen wir ins Gespräch und ich fand heraus, dass dieser bärtige Mann Iwan Schischkin selbst ist! Er lobte meine Arbeit und verwies dabei insbesondere auf mein Gemälde ‚Die Schamanen'."

Was dann geschah, war einfach unglaublich! Schischkin schlug vor, dass der junge Mann mit den leicht schräg stehenden Augen, die unter dem grauen Hochhut des Altai hervorschauten, sofort packen und mit ihm nach Sankt-Petersburg gehen sollte, wo er ihm jede notwendige Unterstützung zusicherte. Gurkin eilte sofort in seine Herberge, verschnürte schnell seine Bilder und packte seine Sachen: Er konnte nicht glauben, dass Schischkin, der große Schischkin selbst, ihn nach Petersburg eingeladen hatte!
Der Junge aus der berühmten Altai-Sippe war acht Jahre alt, als er bei der russisch-orthodoxen Mission des Altai im Dorf Ulala in die Klasse der Ikonenmalerei eintrat. Er lief morgens auf einem schmalen Pfad entlang eines tosenden Flusses zum Unterricht, um ihn herum wogte feuchter Morgennebel, dann wie-

Iwan Schischkin „Morgen in einem Kiefernwald", 1886

der leuchtendes Grün und bei klarer Luft die stille Größe der Berge. Er lief im Herbstgold des Laubes und im Purpur der Wintersonne, doch selbst bei starkem Frost beeilte er sich, um zum Unterricht zu gelangen und so schnell wie möglich selbst ein Lehrer zu werden. Seine Eltern träumten davon. Und er ist Lehrer geworden.
Aber er will mehr: Er will malen. Er tritt in eine Werkstatt für Ikonenmalerei ein und zieht nach Bijsk, damals eine große Kaufmannsstadt. Viele Jahre lang malte er Ikonen, doch die Schönheit des Altai lässt ihm keine Ruhe. Die europäischen Maler schufen mit den Naturbildern Italiens, der Niederlande oder Englands beispielhafte Muster der künstlerischen Wahrnehmung. Berühmte russische

Landschaftsmaler, darunter auch Iwan Schischkin, zeigen die Schönheit der russischen Ebene. Aber der Altai, ist er denn schlechter als Italien? Wer verewigt die Schönheit des Altai? Diese Fragen stellte sich Grigori Tschoros-Gurkin, und er beginnt, die Landschaften seiner Heimat und Szenen aus dem Alltagsleben der Altaier zu malen. Das waren die Bilder, die Iwan Schischkin auf der Messe in Nischni Nowgorod entdeckte. Gemeinsam mit Schischkin fuhr Grigori nach Sankt-Petersburg, wo er hoffte, ein Zimmer zu mieten. Aber der Künstler lud ihn väterlich ein, in seinem Haus zu wohnen. Probleme bereitete jedoch die Zulassung an der Akademie der Künste. Nicht weil es Grigori Gurkin an Talent mangelte, doch war es sein Alter, denn er war bereits erwachsen. Und dann gab es dieses seltsame Wort: „inorodez", was Fremdstämmiger bedeutet. So wurden im zaristischen Russland jene genannt, die nicht russischer Nationalität waren. Grigori war verärgert: Sein Traum, in Sankt-Petersburg Malerei zu studieren, schien doch so nah! Schischkin grummelte in seinen Bart:

Im Dorf Anos lebte und arbeitete Grigori Tschoros-Gurkin (1870 bis 1937). Allein für den Besuch des Hausmuseums (s. r. S.) des Künstlers lohnt es sich, in den Altai zu kommen

„Die Akademie, die Akademie ... Fällt das Licht etwa nur als Keil darauf?"
Grigori schwieg traurig. Doch plötzlich näherte sich Schischkin entschlossen seinem jungen Freund und sagte mit fester Stimme:
„Wozu die Akademie? Hier sind Leinwand, Pinsel und Farben, setz dich, male?"

Und so arbeiteten die beiden Künstler gemeinsam in einem Atelier: Schischkin war 65 Jahre alt und in der Blüte seines Ruhms, Grigori Gurkin war Ende 20 und völlig unbekannt. Doch das sollte sich bald ändern.
Jeden neuen Morgen begrüßte Grigori wie einen Feiertag: Wieder betritt er die Werkstatt, wieder zieht Iwan Schischkin eine neue Leinwand auf den Keilrahmen und erklärt ihm die Idee zu einem Gemälde, erzählt von den Ereignissen seines Lebens, von den einfachen und zugleich magischen Geheimnissen der Künstlerwerkstatt.
Und dann – Schüler und Lehrer zeichneten zusammen eine Skizze mit Kohle auf die saubere Leinwand – passierte es: Der Lehrer seufzte schwer, sein Kopf

sank reglos auf seine Brust, seine Hand mit der Kohle fiel auf die Knie. Grigori packte ihn am Arm und bat, einen Doktor rufen zu dürfen, aber es war zu spät. Der große russische Künstler starb. Grigori war tief bekümmert. Doch Schischkins Freunde ließen seinen Schüler nicht im Stich.
Die Leitung der Kunstakademie erbat beim Zaren zwei Erlasse: einen über die Befreiung von Grigori Tschoros-Gurkin aus der Altersbeschränkung und einen über die Anweisung einer Sonderrente (das heißt eines Stipendiums). Der junge Künstler wurde als Externer in die Akademie aufgenommen.
Die Studienjahre flogen schnell dahin. Als Gurkin 1903 in den Altai zurückkehrte, war er kein unbekannter Mann mehr, sondern ein geschätzter Maler. Er begann im Dorf Anos, im Herzen des Altai, als Lehrer zu arbeiten und malte bis an sein Lebensende.
1917 war Tschoros-Gurkin der berühmteste Altaier in Russland, so dass er nach der Oktoberrevolution zum Leiter des Ersten Staatlichen Komitees für Bildung der Altaier berufen wurde. 1919 wurde er verhaftet, des Hochverrats beschul-

digt, jedoch nach einiger Zeit gegen Kaution freigelassen. Er emigrierte in die Mongolei und nach Tuwa.

1925 überredete man den Künstler, nach Sowjetrussland zurückzukehren. Man half, eine Ausstellung in Moskau zu organisieren. Er lebte wieder in seinem Dorf Anos. Die Altaier hatten keine eigene Schriftsprache, sie wurde erst nach der Revolution geschaffen. Tschoros-Gurkin entwarf Zeichnungen für die erste Altai-Fibel, illustrierte die Buchausgaben der Altai-Volksepen und malte Landschaftsbilder.

Tschoros-Gurkin gilt als Begründer der bildenden Kunst im Altai, als der erste professionelle nationale Künstler. Doch im schrecklichen Jahr 1937 wurde er, bereits 67-jährig verhaftet und bald darauf unter der Anklage, eine nationalistische Untergrundgruppe organisiert und für Japan spioniert zu haben, erschossen. 1956 wurde er posthum rehabilitiert.

Im Abschiedsbrief an seine Kinder und Enkelkinder schrieb Tschoros-Gurkin nicht über sich, nicht über sein schweres Leben, sondern über den Altai, den er als sein wahres Schicksal ansah. „So verstehe ich den Begriff Heimat: Für jedes Tier, jeden Menschen, jeden Vogel ist Heimat in erster Linie der Ort, an dem er aufgewachsen ist. Ob es ein guter oder schlechter Ort ist, hart und unwirtlich, dank der Kraft der Natur ist man instinktiv an ihn gebunden. In der Vorstellung der Menschen, die seit Jahrhunderten hier an diesen Bergen, in diesen Wäldern leben und der Altai-Naturreligion anhängen, gibt es hier nicht einfach nur Berge, Wälder, Flüsse, Wasserfälle, wie es die kultivierten Bourgeois verstehen, die in der Natur einen Rohstoff sehen, ein Mittel des Gewinns und der Ausbeutung. Für die Menschen hier ist der Altai ein lebendiger Geist, ein großzügiger, reicher Riese. Seine Hand ist offen für alle, sein Reichtum ist wie seine Schönheit und Größe unerschöpflich. Er ist ein lebensspendender Ernährer, der Vater unzähliger Menschen, unzähliger Tiere, Vögel, fabelhaft schön in seiner bunten Kleidung aus Wäldern, Blumen, Kräutern. Seine Nebel sind wie transparente Gedanken und fließen in alle Länder der Welt. Die Altai-Seen sind seine Augen, die das Universum betrachten. Seine Wasserfälle und Flüsse sind Gespräche und Lieder über das Leben, über die Schönheit der Erde und der Berge."

„Wenn zum ersten Mal etwas passiert, das größer ist als Worte, bedeutet das, dass das Leben an deine Tür geklopft hat", sagt man im Altai. Das Leben klopfte an meine Tür, als ich Grigori Tschoros-Gurkins Gemälde „See der Berggeister" erstmals betrachtete. Das Bild wurde zu meiner Obsession, weil es eine so beunruhigende Traurigkeit ausstrahlte. Es lag ein Rätsel darin.

Ich begann nach Büchern über den Künstler zu suchen, wollte wissen, wie und wo er dieses seltsame Bild gemalt hat. Und tatsächlich hatte ich Glück. Ich fand

einen Essay des Schriftstellers Iwan Jefremow (1908 bis 1972) über das Gemälde und über seine Begegnung mit dem Künstler im Altai.
Iwan Jefremow war nicht nur ein herausragender Erzähler und Science-Fiction Autor, aus dessen Feder „Das Mädchen aus dem All", „Andromedanebel", „Des Messers Schneide" und „Die Stunde des Stiers" stammten, sondern auch ein leidenschaftlicher Wissenschaftler und Archäologe, einer der erstaunlichen, universell begabten Menschen, die die seltsame, aber grandiose Ära der großen Utopien hervorgebracht hat.
Ich mag besonders seine fantastische Erzählung „Olgoi-Chorcho", ein Klassiker des russischen Thrillers. Dort wird eine Kreatur beschrieben, vielmehr keine Krea-

Grigori Tschoros-Gurkin „Jäger in den Bergen des Altai"

tur, sondern etwas Kreaturhaftes, ein Wesen ... Stellen Sie sich vor: eine Expedition in der Wüste Gobi, in der Mongolei. Die Forscher stehen im Kreis, und plötzlich wird der mongolische Expeditionsleiter blass und sagt: „Der Tod ist unter uns", und da fällt der jüngste Expeditionsteilnehmer tot um. Und am Horizont, in der Ferne, kriechen riesige Würmer, wie dicke graue Därme, die sich immer als Paar fortbewegen und durch eine Art Strahlung zu töten vermögen. Wie packend Jefremow das beschrieben hat! Sie werden sich nicht nur nicht vom Buch lösen können, Sie werden an die Realität dieser Wesen glauben. Jetzt möchte ich einen Auszug aus Iwan Jefremows Essay „Am See der Berggeister"

zitieren, in dem er nicht nur das Treffen mit Tschoros-Gurkin beschrieb, sondern auch das Geheimnis des tödlichen Sees löste.

„Am Mittag des nächsten Tages sah ich rechts ein breites Tal. Mehrere neue Häuser befanden sich auf einem von Lärchen bestandenen Hügel, ihr frisches Holz glänzte in der Sonne. Alles entsprach genau der Beschreibung des Lehrers, bei dem ich übernachtet hatte, und ich lenkte das Pferd zuversichtlich zum Haus des Künstlers Tschorosow (russifizierte Form von Tschoros – Anm. d. A.). Ich hatte erwartet, einen fettleibigen Alten anzutreffen und war überrascht, als ein agiler, sorgfältig rasierter Mann mit schnellen, präzisen Bewegungen auf der Veranda erschien. Ich vertiefte mich in sein ruhiges mongolisches Gesicht und gewahrte weiße Strähnen in seinem nach Igelart emporstehenden Haar. Scharfe Falten lagen auf den eingefallenen Wangen, den hervorstehenden Wangenknochen und der gewölbten Stirn. Ich wurde freundlich empfangen, aber ich würde nicht sagen, dass es herzlich war. Etwas verlegen folgte ich ihm. Wahrscheinlich wurde Tschorosow umgänglicher, weil er spürte, dass meine Bewunderung für die Schönheit des Altai aufrichtig war. Seine lakonischen Geschichten über einige besondere Orte im Altai behielt ich in klarer Erinnerung, so scharf war seine Beobachtungsgabe.

Das Atelier, ein geräumiges Zimmer mit rohen Wänden und großen Fenstern, nahm die Hälfte des Hauses ein. Unter den vielen Skizzen und kleinen Gemälden stach eines hervor, zu dem ich mich gleich hingezogen fühlte. Nach Tschorosows Erklärung war dies seine persönliche Version vom Deny-Der, dem See der Berggeister. Die große Version des Motivs befindet sich in einem sibirischen Museum.

Ich werde diese kleine Leinwand genauer beschreiben, weil sie wichtig ist, um das Folgende zu verstehen.

Das Gemälde leuchtete in den Strahlen der Abendsonne mit besonders satten Farben. Die glatte, bläulich-graue Oberfläche des Sees, die den mittleren Teil des Bildes einnimmt, atmet kalten, stillen Frieden. Im Vordergrund, in der Nähe der Steine an einem flachen Ufer, wo die grüne Grasdecke mit Flecken von reinem Schnee vermischt ist, liegt der Stamm einer Zeder.

Eine große blaue Eisscholle berührt das Ufer dort, wo die Wurzeln des umgestürzten Baumes aus der Erde ragen. Kleine Eisschollen und große graue Steine werfen grüne und graublaue Schatten auf die Wasseroberfläche. Zwei niedrige, vom Wind gequälte Zedern erheben dicke Äste wie Arme zum Himmel empor. Im Hintergrund scheinen schneebedeckte Felsbrocken von den violettfahlgelben, zerklüfteten Bergen unmittelbar in den See hineinzubrechen.

In der Mitte des Bildes senkt ein Gletschersporn einen blauen Firnschacht in den See, und darüber erhebt sich in schrecklicher Höhe eine dreiseitige Pyramide, aus der sich links ein Schleier von rosa Wolken windet. Den linken Rand des Tals bildet ein Berg in Form eines regelmäßigen Kegels, der ebenfalls fast vollständig in einen Mantel aus Schnee gekleidet ist. Nur seltene fahlgelbe Streifen weisen auf felsige Absätze hin. Der Berg steht auf einem breiten Fundament, dessen Steinstufen wie eine riesige Treppe zum anderen Ende des Sees hinabfallen.

Das Bild strahlt einen Zustand von geistiger Versenkung und Rückzug von allem Wirklichen aus, eine kalte, funkelnde Reinheit, wie ich sie selbst auf meinem Weg entlang des Katunski-Kamms erlebt hatte. Ich stand lange versunken vor dem Bild, vertiefte mich in die Farbstimmung der Altai-Landschaft und staunte über die subtile Beobachtung der Menschen, die dem See seinen Namen gaben: Deny-Der – See der Berggeister.

‚Wo haben Sie diesen See entdeckt?', fragte ich. ‚Gibt es ihn wirklich?'

‚Den See gibt es, er ist in Wirklichkeit noch schöner. Mein Verdienst liegt darin, dass ich vermochte, das Wesen des Eindrucks richtig wiederzugeben', antwortete Tschorosow. ‚Doch das ist mir teuer zu stehen gekommen. Nun, den See zu finden ist nicht einfach, obwohl es natürlich möglich wäre, aber warum brauchen Sie das? Wahrscheinlich wollen Sie ihn auf der Karte markieren? Ich kenne euch, Ingenieure!'

‚Nur um an einem so wunderbaren Ort gewesen zu sein. Es ist doch so, wenn man so etwas gesehen hat, wird man aufhören, Angst vor dem Tod zu haben.'

Der Künstler sah mich eindringlich an: ‚Das haben Sie richtig bemerkt: Man wird aufhören, Angst vor dem Tod zu haben. Sie wissen wahrscheinlich nicht, welche Legenden bei den Oiroten mit diesem See verbunden sind?'

‚Sie müssen interessant sein, da der See einen so poetischen Namen hat.'

Tschorosow lenkte seinen Blick auf das Bild: ‚Haben Sie nicht etwas in der Art bemerkt?'

‚Doch. Hier in der linken Ecke, an dem kegelförmigen Berg, entschuldigen Sie bitte, aber hier schienen mir die Farben völlig unmöglich zu sein.'

‚Und schauen Sie etwas genauer hin ...'

Ich betrachtete das Bild wieder aufmerksam. Die Subtilität des Künstlers war so groß, dass, je länger ich schaute, umso mehr Details aus den Tiefen des Bildes auftauchten.

Am Fuße des kegelförmigen Berges stieg eine grünlich-weiße Wolke auf, die ein schwaches Licht ausstrahlte. Die sich überschneidenden Reflexionen dieses Lichts und des Lichts von funkelndem Schnee auf dem Wasser ergaben aus irgendeinem Grund lange Schattenstreifen in Rottönen. Die gleichen, nur dichteren, blutigeren Flecken waren in den Brüchen jener Stellen zu sehen, an denen direktes Sonnenlicht hinter der weißen Wand des Bergkamms hervordrang. Lange Säulen aus bläulich-grünem Rauch oder Dampf, die riesigen menschlichen Figuren ähnelten, stiegen über Eis und Steinen empor und verliehen der Landschaft einen bedrohlichen und fantastischen Anblick.

‚Das hier verstehe ich nicht.' Ich zeigte auf die bläulich-grünen Säulen.
‚Das müssen Sie auch gar nicht erst versuchen', schmunzelte Tschorosow. ‚Sie kennen und lieben die Natur, aber Sie glauben ihr nicht.'
‚Und wie erklären Sie diese roten Lichter in den Felsen, die blaugrünen Säulen und die leuchtenden Wolken?'
‚Die Erklärung ist einfach – Berggeister', antwortete der Künstler ruhig.
Ich drehte mich zu ihm um, da lag kein Schatten eines Lächelns mehr auf seinem verschlossenen Gesicht.
‚Ich scherze nicht', fuhr er im gleichen Ton fort. ‚Glauben Sie, der Name des Sees hat nur mit seiner überirdischen Schönheit zu tun? Das mit der Schönheit ist eine Sache, aber der See hat eine schlechte Fama. Als ich das Bild malte, bin ich gerade noch davongekommen. Ich konnte kaum mehr meine Beine bewegen. Das Bild entstand im Sommer 1909, und bis ins Jahr 13 war ich krank.'
Ich bat den Künstler, die Legenden zu erzählen, die mit dem See verbunden sind. Wir setzten uns auf den Diwan, der in der Ecke seines Ateliers stand und mit einem rauen gelbblauen mongolischen Teppich bedeckt war. Von hier aus war der ‚See der Berggeister' zu sehen.
‚Die Schönheit dieses Ortes', begann Tschorosow, ‚hat seit langem Menschen angezogen, aber es gab dort seltsame Kräfte, die die Menschen oft zerstörten, die an den See kamen. Ich habe diese Kräfte selbst verspürt, doch dazu später. Der See ist an warmen Sommertagen am schönsten, doch ausgerechnet an solchen Tagen zeigt sich seine zerstörerische Kraft am stärksten.
Sobald die Menschen die blutroten Lichter in den Felsen sahen, das Flackern der blaugrünen transparenten Säulen, spürten sie seltsame Empfindungen. Die umliegenden Schneegipfel schienen eine monströse Schwere auf ihre Köpfe zu legen, als wollten sie sie zerquetschen. Ein unwiderstehlicher Tanz von Lichtstrahlen begann in ihren Augen. Die Menschen wurden von einem runden kegelförmigen Berg angezogen, wo die blaugrünen Schemen der Berggeister um eine grünlich leuchtende Wolke zu tanzen schienen.
Aber sobald die Menschen an diesen Ort kamen, verschwand alles, nur nackte Steine bewachten ihn düster. Keuchend, kaum noch in der Lage, die Beine zu bewegen, orientierungslos und von einem plötzlichen Verlust aller Kräfte betroffen verließen die Unglücklichen den tödlichen Ort, doch der Tod holte sie oft auf ihrem Weg ein. Nur wenige starke Jäger erreichten nach unglaublicher Qual die nächstgelegene Jurte. Einige von ihnen starben, andere waren lange krank, verloren ihre frühere Kraft und ihren Mut.
Seither hat sich der schlechte Ruf des Deny-Der weit verbreitet, und die Leute hörten auf, sich auf das Abenteuer einzulassen. Wozu auch. Es gibt dort weder

Wild, noch Vögel, und am linken Ufer, wo sich die Geister versammeln, wächst nichts, nicht einmal Gras. Ich hatte die Legende in meiner Kindheit gehört und war fasziniert von der Idee, die Besitztümer der Berggeister zu besuchen. Vor zwanzig Jahren habe ich dort zwei Tage ganz alleine verbracht.
Am ersten Tag bemerkte ich nichts Besonderes, arbeitete lange und machte Skizzen. Es zogen jedoch dicke Wolken über den Himmel, die das Licht veränderten, und ich konnte die Transparenz der Bergluft nicht erfassen. Ich beschloss, noch einen Tag zu bleiben und die Nacht im Wald zu verbringen, eine halbe Meile vom See entfernt. Gegen Abend spürte ich ein seltsames Brennen in meinem Mund, das mich die ganze Zeit Speichel spucken ließ, und leichte Übelkeit. Normalerweise vertrage ich die Höhenluft gut, ich fragte mich, warum mich diesmal die dünne Luft so beeinflusste.

Grigori Tschoros-Gurkin „Altai-Bewohner", 1907

Der wundervolle Morgen des nächsten Tages versprach klares Wetter. Ich stapfte mit schwerem Kopf zum See, spürte starke Schwäche, vertiefte mich jedoch bald in meine Arbeit und vergaß alles. Die Sonne wärmte einige Grade mehr; als ich mit der Skizze fertig war, die später als Grundlage für das Bild diente, zog ich die Staffelei weg, um einen letzten Blick auf den See zu werfen.

Ich war sehr müde, meine Hände zitterten, von Zeit zu Zeit schmerzte mein Kopf und mir wurde übel. Dann sah ich die Geister des Sees. Der Schatten einer niedrigen Wolke schwebte über dem klaren, glatten Wasser. Die schräg auf das Wasser fallenden Sonnenstrahlen schienen heller zu sein. An der zurückweichenden Grenze von Licht und Schatten bemerkte ich plötzlich mehrere Säulen von gespenstisch blaugrüner Farbe, ähnlich riesigen menschlichen Figuren in langen Mänteln. Sie standen entweder still oder bewegten sich schnell und verschmolzen mit der Luft. Ich betrachtete das beispiellose Schauspiel mit einem Gefühl bedrückender Angst.

Die stille Bewegung der Geister hielt noch einige Minuten an, dann flackerten blutrote Blitze und Reflektionen in den Felsen. Und über allem hing eine pilzförmige Wolke, die in einem schwachen grünen Licht leuchtete ...

Plötzlich spürte ich eine Kraftzunahme, mein Sehvermögen schärfte sich, die entfernten Felsen schienen sich mir zu nähern, ich erkannte alle Details ihrer steilen Hänge. Mit wilder Energie packte ich meinen Pinsel, nahm Farben auf und versuchte mit hastigen Strichen, das außergewöhnliche Bild zu erfassen.

Eine leichte Brise wehte über den See und sofort verschwanden die Wolken und die blaugrünen Geister. Nur die roten Lichter in den Felsen schimmerten noch düster, zersprangen über der Wasseroberfläche und wurden als fernes Leuchten auf die Felsen geworfen. Die Aufregung, die mich ergriffen hatte, schwächte sich ab, und das Unwohlsein nahm stark zu, als sei die Lebenskraft aus meinen Fingerspitzen geflossen. Eine Vorahnung von etwas Ungutem ließ mich eilen. Ich schloss das Skizzenbuch und sammelte meine Sachen ein. Ich spürte, wie sich ein schreckliches Gewicht auf meine Brust und meinen Kopf legte.

Der Wind über dem See verstärkte sich. Der transparente blaue Seespiegel verblasste. Wolken bedeckten die Berggipfel, und die hellen Farben der Umgebung verloren sich schnell. Die entrückte und reine Schönheit des Sees machte trauriger Düsternis Platz, die roten Reflexe am Ort der Geister waren verglommen, und nur die dunklen Felsen standen schwarz zwischen Flecken von Schnee. Ein Keuchen kam aus meiner Brust, mein Atem pfiff, als ich, mit einem Zusammenbruch kämpfend beinahe von der Schwere meines Kopfes zerdrückt wurde, dem See den Rücken zuwandte.

Den Weg zu dem Ort, an dem vereinbarungsgemäß meine Begleiter, die sich geweigert hatten, nach Deny-Der zu gehen, auf mich warteten, legte ich wie in einem schweren Traum zurück. Die Berge schwankten vor mir, ich litt unter Brechanfällen und war völlig erschöpft. Manchmal stürzte ich und lag eine Zeit lang da, ehe ich wieder auf die Beine kam. Wie ich es vermocht hatte, zu meinen Begleitern zu gelangen, weiß ich nicht mehr, und es spielt auch keine Rolle. Die Hauptsache ist, dass die auf meinen Rücken gebundene Schachtel mit den Skizzen überlebt hat. ... Ich bin nicht gestorben, wie Sie sehen, aber ich habe mich lange Zeit sehr schlecht gefühlt. Lethargie und Sehschwäche hinderten mich am Arbeiten. Erst ein Jahr später malte ich das große Bild Deny-Der, und dieses hier vollendete ich in kleinen Etappen, jedes Mal, wenn ich aufstehen konnte. Wie Sie sehen können, ist mir die Wahrheit über den See Deny-Der und seine Berggeister teuer zu stehen gekommen.'

Tschorosow verstummte. Durch das große Fenster war ein in die Dämmerung getauchtes Tal sichtbar. Ich war sehr an der Geschichte interessiert und hatte keinen Grund, dem Künstler nicht zu glauben, aber gleichzeitig konnte ich keine Erklärung für die Phänomene finden, die in den Farben seiner Arbeit festgehalten waren. Wir gingen ins Esszimmer. Eine helle Lampe über dem Tisch vertrieb den Schatten des Unwirklichen, die die seltsame Geschichte heraufbeschworen hatte. Ich war ungeduldig und fragte, wie ich den See finden könne, falls ich noch einmal die Gelegenheit hätte, diese Orte zu besuchen.

‚Ja, dieser See hat Sie gepackt!' Tschorosow lächelte. ‚Gehen Sie hin, wenn sie keine Angst haben. Schreiben Sie auf.' Ich nahm mein Notizbuch und einen Bleistift aus der Tasche.

‚Der Ort liegt am östlichen Ende des Katun-Kamms. Es ist eine tiefe Schlucht zwischen Tschuja und Katun. Etwa vierzig Kilometer von der Mündung des Argut entfernt, entspringt rechts in Fließrichtung der Fluss Juneur. Dieser Ort fällt auf, weil der Argut hier eine Krümmung macht, und die Mündung des Juneur tritt in eine weite, ebene Fläche heraus. Von der Mündung aus gehen Sie am linken Ufer den Argut entlang aufwärts, ungefähr sechs Kilometer, und hier rechts auf dem Weg gibt es eine kleine Quelle oder ein Flüsschen, wenn Sie so wollen. Der Fluss ist klein und das Tal ist sehr breit und führt tief in den Katun-Kamm hinein. In diesem Tal ist der Einstieg, folgen Sie ihm nach oben. Der Weg ist trocken, mit hohen Lärchen bewachsen. Wenn Sie ziemlich weit oben sind, treffen Sie auf eine steile Schwelle mit einem kleinen Wasserfall, und dann biegt das Tal nach rechts ab. Das Tal ist eben und breit und darauf liegen in einer Kette fünf Seen. Der letzte, der fünfte See, von dem aus es nicht weiter geht, ist Deny-Der. Das ist alles. Schauen Sie, machen Sie keinen Fehler mit den Schluchten, es gibt dort viele Täler und Seen. Ach ja, ich erinnere mich, da war ein gutes Wegzeichen! An der Mündung der Quelle, wo Sie vom Argut abbiegen, befindet sich ein kleiner Sumpf. Links am Rand stand eine riesige trockene Lärche ohne Äste, mit einer doppelten Spitze wie eine verhexte Heugabel. Wenn sie überlebt hat, werden Sie sie erkennen.'

Zum Abschied sagte er: ‚Ich habe gesehen, dass Sie mit dem Deny-Der liebäugeln, aber ich kann Ihnen das Bild nicht geben. Ich werde Ihnen eine Skizze geben, die ich am See gemacht habe. Aber', er schwieg einen Moment, ‚erst nach meinem Tod, jetzt kann ich mich nicht davon trennen. Nun, keine Sorge, das

wird bald sein. Man wird sie Ihnen schicken', fügte der Künstler ernst und mit verwirrender Leidenschaftslosigkeit hinzu.

Nachdem ich Tschorosow ein langes Leben gewünscht hatte und mir, ihn bald wiederzusehen, stieg ich auf mein Pferd, und das Schicksal trennte uns, wie sich herausstellte, für immer.

An einem der warmen Frühlingsabende, als ich bei mir zu Hause am Mikroskop saß, wurde mir ein Paket gebracht, das mich mehr traurig machte als erfreute. In einer flachen Schachtel aus glatten Zedernbrettern lag die Skizze ‚Deny-Der' als Zeichen dafür, dass der Künstler Tschorosow sein Arbeitsleben beendet hatte. Es genügte, den ‚See der Berggeister' wiederzusehen, dass die Erinnerungen hochkamen.

Um mich abzulenken und meine Trauer zu zerstreuen, legte ich unter das Mikroskop ein neues Präparat des Erzgesteins aus der Quecksilberlagerstätte Sefidkan. Wie gewohnt senkte ich den Tubus mit der Cremallera-Schraube, stellte den Fokus mit einem Mikrometer ein und vertiefte mich in die Untersuchung der Kristallisationssequenz von Quecksilbererz.

Der See der Berggeister stand weiterhin vor meinem inneren Auge, und ich war nicht überrascht, die blutroten Reflexionen auf bläulichem Stahl, die mich auf dem Gemälde des Künstlers so beeindruckt hatten, unter dem Mikroskop zu sehen. Einen Moment später wurde mir klar, dass ich nicht auf das Bild schaute, sondern die inneren Reflexe von Quecksilbererz betrachtete.

Ich drehte den Mikroskopteller herum und die blutroten Reflexe blinkten, verblassten oder verwandelten sich in einen tieferen bräunlich-roten Ton, während der größte Teil der Oberfläche des Minerals weiterhin wie aus kaltem Stahl gegossen wirkte. Aufgeregt von der Vorahnung einer nahen Erkenntnis schickte ich einen Lichtstrahl des Projektors zur Skizze ‚See der Berggeister' und sah Farbschattierungen in den Felsen am Fuße des kegelförmigen Berges, ähnlich denen, die ich gerade unter dem Mikroskop gesehen hatte. Das Geheimnis des Deny-Der-Sees wurde mir allmählich klar. Unklar war nur, warum mir diese Vermutung erst jetzt kam und nicht schon in den Bergen des Altai."

Jefremow eilte zu einem befreundeten Chemiker und zu seinem Arzt, um sich seine Vermutungen – könnte es Quecksilber sein – bestätigen zu lassen, und ließ sich daraufhin eine Forschungsreise in den Altai genehmigen. Darüber schreibt er:

„Mitte Mai war es bereits möglich, den See ohne Hindernisse zu erreichen. Zu dieser Zeit verließ ich mit Krassulin und zwei erfahrenen Taiga-Arbeitern das Dorf Inja am Tschuiski-Trakt.

Ich erinnerte mich an alle Anweisungen des verstorbenen Künstlers über den bevorstehenden Weg, und vor allem hatte ich mein altes, abgenutztes Feldta-

gebuch mit der Route dabei, die ich nach den Worten von Tschorosow aufgezeichnet hatte.
Als meine kleine Abteilung abends das Zelt auf einer Kuppe am Eingang des Tals gegenüber der trockenen Lärche aufschlug, fühlte ich meine Aufregung, denn morgen würde meine Vermutung bestätigt werden, morgen würde ich wissen, ob der Weg der Ratio gegenüber der Fantasie richtig ist oder ob ich mir

Grigori Tschoros-Gurkin „Der See der Berggeister", 1910

etwas noch Unglaublicheres ausgedacht hatte als die märchenhaften Geister eines Oirot-Künstlers.
Die Ereignisse des nächsten Tages haben sich mir in Bruchstücken eingeprägt. Der weite, völlig flache Talboden zwischen dem dritten und vierten See war mir klar in Erinnerung. In der Mitte des Tals lag ein gleichmäßiger grüner Teppich aus moosigem Sumpf ohne einen einzigen Baum, und an den Rändern erhoben sich große Zedern. Auf einer Seite der Zweige beraubt, streckten die Zedern mächtige Äste in Richtung See der Berggeister, wie düstere Fahnen auf hohen Säulen. Niedrige, düstere Wolken zogen schnell über die Zedern hinweg, als hätten sie es eilig auf ihrem Weg zu dem mysteriösen See.
Der vierte See war klein und rund. Aus dem bläulich-grauen Wasser, das mit einem staubigen Dunst bedeckt war, ragten scharfe Steinkämme empor. Nachdem wir sie durchquert hatten, gelangten wir in ein Dickicht aus Zwergkiefern,

und zehn Minuten später stand ich am Ufer des Sees der Berggeister. Eine aschfahle Farbe von Traurigkeit lag auf dem Wasser und den schneebedeckten Hängen der Berge. Trotzdem erkannte ich sofort den Tempel des Berggeistes, der vor einigen Jahren im Atelier von Tschorosow meine Fantasie angeregt hatte. Es war keine leichte Aufgabe, zu den stahlglänzenden Felsen am Fuße des kegelförmigen Berges vorzudringen. Aber alle Schwierigkeiten waren sofort vergessen, als der Geologenhammer mit einem hellen Klang das erste schwere Stück Zinnober von den Felsen abschlug. Weiter senkten sich die Felsen mit abgeschrägten Stufen zu einer kleinen Mulde herab, über der sich ein leichter Dunst kräuselte. Trübes dampfendes Wasser füllte die Mulde. Ringsum drangen Quellen aus tiefen Spalten empor und hüllten die Ränder der Mulde in Nebel. Ich betraute Krassulin mit der augenscheinlichen Untersuchung des Erzstandorts und ging selbst mit den beiden Arbeitern durch den Nebelschleier zum Fuß des Berges.

'Was ist das dort, Genosse Chef?' fragte ein Arbeiter plötzlich. Ich schaute in die angegebene Richtung. Halb verborgen von einem Felsenkamm leuchtete der Quecksilbersee in seiner dumpfen und bedrohlichen Brillanz – die Verkörperung meiner Fantasien. Die Oberfläche des Sees schien konvex zu sein. Mit unbeschreiblicher Erregung beugte ich mich über die elastische Fläche und dachte, während ich meine Hände in eine rutschige und zähe Flüssigkeit tauchte, an mehrere tausend Tonnen flüssiges Metall – mein Geschenk für mein Heimatland.

Krassulin, der auf meinen Ruf hin herbeigeeilt war, erstarrte in stiller Bewunderung. Ich musste jedoch die Begeisterung abschwächen und meine Gefährten antreiben, um die notwendigen Arbeiten zu erledigen. Ich fühlte bereits die Schwere in meinem Kopf und ein Brennen im Mund – bedrohliche Anzeichen einer beginnenden Vergiftung. Ich klickte nach rechts und links auf den Auslöser meiner Leica und ein Arbeiter füllte Gläser mit Quecksilber aus dem See. Krassulin und der zweite Arbeiter maßen hastig die Quecksilbervorkommen und die Größe des Sees aus.

Scheinbar waren wir blitzschnell mit der Arbeit fertig, dennoch gingen wir langsam und lustlos zurück und kämpften mit dem wachsenden Gefühl von Niedergeschlagenheit und Angst. Während wir mühsam den See am linken Ufer umrundeten, brach die Wolkendecke auf, und der Blick auf einen Berggipfel öffnete sich, der wie ein geschliffener Diamant wirkte. Schräge Sonnenstrahlen brachen durch die Tore einer fernen Schlucht, das gesamte Tal des Deny-Der war mit funkelndem transparentem Licht gefüllt. Als ich mich umdrehte, sah ich flackernde blaugrüne Geister an dem von uns kürzlich verlassenen Ort.

Glücklicherweise wurde das Ufer allmählich ebener und wir kamen bald zu den Pferden.
‚Beeilt euch, Jungs!', schrie ich und gab meinem Pferd die Zügel.
Am selben Tag gingen wir das Tal hinunter zum zweiten See. In der einbrechenden Abenddämmerung schienen sich die Zweige der Zedern uns drohend in den Weg zu stellen, als versuchten sie, uns zurückzuhalten.
Nachts fühlten wir uns unwohl, aber im Ganzen ist alles gut gegangen.
Es bleibt nur noch wenig zu sagen. Der magische See gab und gibt der Sowjetunion so viel Quecksilber, dass er alle Bedürfnisse unserer vielseitigen Industrie erfüllt.
Und ich habe für immer eine dankbare Erinnerung an einen wahrhaften Künstler bewahrt, der so furchtlos die Seele der Berge suchte."
So weit die Geschichte von Jefremow. Aber setzen wir unsere Reise fort. Ein neuer Bekannter, der Geschäftsmann Sascha, Schutzpatron der Altai-Bohème, die sich in einem Café im Dorf Askat versammelt, wo eine kleine Kolonie von Künstlern und Kunsthandwerkern lebt, versprach, uns – mich und meine Bekannte, eine Journalistin –, in das Dorf Karakokscha im Tschoiski-Bezirk mitzunehmen, wo er Geschäfte macht. Er kauft bei den Bewohnern Zedernnüsse, Felle von Zobel und Eichhörnchen, Pilze und Tannenöl. Saschas Vater ist Russe, seine Mutter aus dem Altai. Der Mann war voller Energie. Im Scherz sagte er von sich selbst, er sei „eine Mischung aus Katze und Nachtigall". In seiner Physiognomie lag tatsächlich etwas Listiges, Katzenhaftes. Aber insgesamt war er eine sehr sympathische Person. Manchmal jedoch war er unerträglich, das lag an seiner Unpünktlichkeit. Wenn er versprach, um 13.00 Uhr vorbeizukommen, erschien er um 17.00 Uhr. Und erklärte: „Eisen ist Eisen. Es fährt nicht!" Ich war da noch nicht an diese Formulierung gewöhnt, die man im Altai oft hört: „Berge sind Berge", „ein Bär ist ein Bär", „ein Fluss ist ein Fluss", „Altai ist Altai". Es ist eine universelle Erklärung für alles auf der Welt, eine Art Mantra, das Unpünktlichkeit, Unvorsicht und jedes Missgeschick erklären kann.
Und Sascha sprach immer in der dritten Person von mir: „Tatjana ist Tatjana. Sie trinkt keinen Wodka. Sie fällt von einem Geländewagen." Ich bin wirklich einmal von seinem Geländewagen gefallen, als der Geländewagen nämlich mit der Nase in einem Bach steckenblieb, der im hohen Gras verborgen war. Zum Glück bin ich ins Gras gefallen. Saschas Geländewagen ähnelte einem Transportfahrzeug der Armee, eine Art Zugmaschinen-Raupen-Traktor, mit dem man quer durch die Taiga fahren kann. Das Wichtigste ist, man muss lernen, oben zu bleiben und rechtzeitig Äste abzuwehren. Natürlich können Sie in das Cockpit klettern, das sogenannte Kung, aber dort ist es stickig. Also saß ich oben. Also bin ich gefallen. „Tatjana ist Tatjana", reagierte mein Freund Sascha.
Meine Bekannte, die Journalistin der Regionalzeitung, und ich hatten beschlossen, nach Karakokscha zu fahren. Sascha fragt: „Habt ihr nicht einmal ein Zelt da-

bei? Wir müssen die Nacht im Wald verbringen. Ich hatte euch gewarnt! Was soll das heißen, wir haben Schlafsäcke? Schlafsäcke sind Köder für den Bären. Der Bär geht zum Fluss, um Fische zu fangen, und ihr – so ein Leckerbissen – liegt direkt vor seinen Füßen!"

Kurz gesagt, wir haben dann im Kung des Geländewagens geschlafen und sahen Bären – sogar drei! – aus 300 Metern Entfernung, als sie vom Hügel zum Fluss hinabstiegen.

Wir kamen sicher in Karakokscha an. Das Dorf gehört zum Tschoiski-Kreis, in dem die indigene Völkerschaft der Tubalaren lebt, die zu den nördlichen Ethnien der Altaivölker gehören. Karakokscha ist nur eine halbe Stunde vom Telezkoje-See entfernt, aber hier herrscht ein völlig anderes Leben, ein anderer Alltag, ähnlich dem, dessen traurige und bittere Wahrheit Schukschin in seinen Geschichten gezeigt hat. Ich zitiere aus der Zeitung „Swesda Altaja" („Stern des Altai"), die Reportage heißt „Tuschken ist gefallen". Tuschken ist der Name eines stürmischen Windes, in Deutschland würde er Orkan genannt. „Tuschken ist gefallen", so sagen sie im Altai, wenn der Sturm abklingt.

„Am Dienstag, dem 21. August, ging ein solch starker Wind über die Taiga, stellenweise mit Hagel. Ein Teil der reifen Zedernzapfen fiel herab. ‚Tuschken ist vorübergezogen', lärmten sie im Dorf und machten sich hektisch auf den Weg in die Taiga.

Am nächsten Tag war es auf der Straße in Karakokscha ruhig. Nur die Kinder spielten geschäftig im Staub, und die Großmütter saßen auf Bänken im Schatten der Bäume. Wer nicht mit Arbeit ausgelastet war, und das war in Karakokscha die überwiegende Mehrheit, ging ‚in die Nüsse'. Der ‚Bienenschwarm somnambulischer Säufer', der üblicherweise durchs Dorf zog, war verschwunden. Nur diejenigen, die aus dem Tief ihrer Trunkenheit nicht herausgefunden hatten, blieben im Dorf zurück.

Dieses Jahr gibt es viele Nüsse. Und sie werden im Gegensatz zum vorletzten Jahr teurer angekauft. Bereits jetzt hat die Forstwirtschaft des Tschoisker Kreises für das Kilogramm Zedernnüsse 15 Rubel bezahlt. Die privaten Ankäufer zahlen sogar einen noch höheren Preis.

‚Die Taiga ernährt uns', sagen sie in Karakokscha, ‚sie hat uns Nüsse geschenkt.' Es wird also etwas Geld geben dieses Jahr, und die Kinder können zur Schule gebracht werden.

Zu Beginn des 3. Jahrtausends sind sie hier zu ihren Ursprüngen zurückgekehrt. Wie vor hundert Jahren leben sie in Karakokscha vom Nüsse sammeln und von der Jagd.

Auf mehr kann man nicht hoffen."

Der Schriftsteller Wassili Schukschin, der aus eben einem solchen Altai-Dorf stammte, schrieb sein ganzes Leben lang, dass trotz aller deklarativen Liebe zu den Menschen hier niemand diese Menschen wirklich kennt und niemand sie verstehen will. Davon handelt „Petschki-Lawotschki", eine wunderbare grotesk-satirische Komödie über das Altai-Dorf und mein Lieblingsfilm von Schukschin.
Am Kilometer 29 des Tschemal-Trakts beginnt das Dorf Elekmonar. Hier ist ein Dorf wie jedes andere, aber hier beginnt die Straße zu den Karakol-Seen.
Wir fuhren mit einem Geländewagen, andere Autos kommen hier nicht durch, nach Ust-Tura – einer Unterkunft in den Bergen am Zusammenfluss der Tura und des Ogoi, die ab hier den Fluss Karakol bilden. Hier finden Sie Pferde und einen Führer für die Tour zu den Seen und in sehr schöne Gebirgslandschaften. Der Reitweg führt zu den Schlössern der Berggeister und dann von einem zum anderen See. Insgesamt sind es sieben Seen.
Alle Altaier, die ich unterwegs in den Dörfern getroffen habe, waren von Natur aus freundlich und verhielten sich zu allen gleichermaßen herzlich. In der russischen Provinz dagegen gibt es keine solche Gleichmäßigkeit. In den Geschäften sind Sie entweder ein „Töchterchen" oder eine „Scher dich hin, woher du gekommen bist."
Tschemal mit seinen 4000 Einwohnern liegt an Kilometer 35 des Tschemal-Trakts. Es ist das Kreiszentrum, das inmitten riesiger Herden von Schafen und Ziegen liegt, so dass es aus der Höhe wie ein Ameisenhaufen aussieht. Daher auch der Name „Tschemal" von altaiisch „tschumaalu" – „Ameisenhaufen". Das Dorf liegt auf einer Höhe von 430 Metern.
Die Hauptattraktionen sind neben dem Überfluss an Sonne, sauberer Luft und Bergen, darunter die beiden schönsten, der Krestowaja (1136 Meter) und der Werbljud („Kamel", 928 Meter), nicht zahlreich, genauer gesagt, sind es nur drei. Die erste ist die Kirche des Heiligen Johannes des Evangelisten auf der Insel Patmos. Ja, es gibt eine solche Insel Patmos im Fluss Katun. Auf diese Insel wurde im Jahre 1915 die Missionskirche von Tschemal verlegt, die im Bürgerkrieg im Jahr 1920 völlig zerstört wurde. Im Jahr 2000 wurde die Kirche wiederaufgebaut, sie und die Skite (Einsiedelei) sind jetzt Teil des Snamenski-Frauenklosters in Barnaul, das die Insel Patmos übernommen hat. Manchmal kann man sehen, wie junge Nonnen in flatternden Gewändern von der hohen Terrasse der Kirche gleich schwarzen Vögeln in den Garten fliegen, und es scheint, die Zeit sei hier stehen geblieben. Das Kirchengebäude auf der Insel Patmos wirkt überraschend harmonisch und verschmilzt vollständig mit seiner Umgebung. Es ist eine Besonderheit, die ich an vielen Orten festgestellt habe: In verschiedenen Ländern und zu allen Zeiten vermochten es die Erbauer von Kirchen, die Bauwerke perfekt in die Landschaft zu integrieren.
Die zweite Attraktion ist das Wasserkraftwerk Tschemal. Von der Insel Patmos bis zum Zusammenfluss von Tschemal und Katun führt der so genannte Zie-

genweg. Er bietet herrliche Aussichten auf den Katun, der sich zwischen den Bergen hindurchschlängelt. Wenn Sie dem Ziegenweg etwas weiter folgen, sehen Sie das Wasserkraftwerk Tschemal. Es wurde 1935 mit einer Leistung von 400 Kilowatt gebaut. Die Fallhöhe des Wassers beträgt zehn Meter.

Über eine Hängebrücke gelangt man auf die Insel Patmos mit der Kirche des Heiligen Johannes des Evangelisten im Fluss Katun

Ich erlaube mir eine kleine Abschweifung. In einem Altai-Wasserkraftwerk wie diesem, nur ein Stückchen entfernt, beendete ein Mann seine politische Karriere, der den Parteiausweis der KPdSU Nummer drei besaß. Der mit der Nummer eins war auf Lenin ausgestellt, der zweite auf Stalin, der dritte auf ihn. Zu Lebzeiten Stalins war er Stellvertretender Regierungschef und wurde als zweiter Mann nach Stalin wahrgenommen. Nach dem Tod Stalins galt Georgi Malenkow kurzzeitig als oberster Herr der Sowjetunion.

Er war ein aufgedunsener, fülliger Mann, dessen bewegungsloses Gesicht ohne jegliche Emotionen und dessen anhaltender Händedruck später von allen seinen Mitstreitern in ihren Memoiren erwähnt wurden. Und er trug immer eine von Stalin erfundene Fantasieuniform. Doch dann war seine Zeit vorbei, und er wurde von Nikita Chruschtschow bereits im September 1953 als 1. Sekretär des ZK der KPdSU verdrängt. Nach dem Plenum des Zentralkomitees im Jahr 1955, auf dem Chruschtschow eine Rede gegen Malenkow hielt und ihn beschuldigte, die Grundprinzipien der sowjetischen Politik aufgegeben zu haben, verlor er auch sein Amt als Vorsitzender des Ministerrates. Malenkows politische Karriere war vorbei.

„Wie dieser Mann innerhalb einer halben Stunde verwelkte", schrieb der Dichter Alexander Twardowski über seine Eindrücke vom KPdSU-Plenum, „es verschwand jegliches Zeichen seiner Bedeutung, er war nur noch ein dicker Mann auf dem Podium, auf den die Zeigefinger der ausgestreckten Hände der Präsidiumsmitglieder gerichtet waren, er stammelte, wiederholte sich, war verwirrt, er tat einem beinahe leid. Es ist seltsam, dass er nicht genug Verstand besaß, rechtzeitig ein wenig beiseite zu treten, der Zweite zu werden. Hatte er wirklich diesen starken Wunsch nach Macht? Sein zukünftiges Schicksal ist mitleiderregend und hoffnungslos."

Zunächst wurde Malenkow von seinem Nachfolger Nikolai Bulganin zum Minister für Kraftwerke und Elektroindustrie ernannt. 1957 trat er gegen Chruschtschow auf, verlor den Kampf jedoch. Der ehemalige Regierungschef wurde in den Altai verbannt, als Direktor des Wasserkraftwerks Ust-Kamenogorsk in der Kasachischen SSR. Später versetzte man ihn in die kasachische Bergbaustadt Ekibastus, wo er Direktor eines Wärmekraftwerks wurde.

1968 erlaubte man ihm die Rückkehr nach Moskau, wo er 1973 eine Zweiraum-Genossenschaftswohnung in der 2. Sinitschkina-Straße bezog. Memoiren hat er nicht geschrieben. Historiker schätzen ihn so ein: „Malenkow hatte nicht den Willen, die Kraft und die List, um seine Macht zu sichern. Er war nicht selbstsicher und von Natur aus formbar, zu unerwarteten und unabhängigen Handlungen war er nicht in der Lage."

Immer, wenn ich im Altai unterwegs war und zufällig zu einem Wasserkraftwerk gelangte, dachte ich aus irgendeinem Grund an das Schicksal dieser Person mit dem Parteiausweis Nummer drei. „Sic transit gloria mundi." („So vergeht weltlicher Ruhm.").

Es gibt eine weitere Attraktion in Tschemal. Das ist das A. Bardin-Kulturzentrum Aga-Saissan (das ältere Saissan) des Altaivolkes. Es besteht aus drei Jurten, von denen jede ein einzigartiges Aussehen hat. Die Hauptjurte ist eine Wohnjurte, die nach den Entwürfen des Künstlers Grigori Tschoros-Gurkin errichtet wurde. Die beiden anderen Jurten sind Orte für Ausstellungen, die von der Kultur und den Traditionen der Altaier berichten.

Die Chanten und Mansen, zwei in Sibirien lebende finno-ugrische Völker, glaubten, dass der Mensch vom Fisch abstammt. Die Kumandinen, ein indigenes Turkvolk, das hauptsächlich im russischen Altai lebt, betrachten zum Beispiel ihre Vorfahren als Schwäne. Und es gibt Völker, die sich als Nachfahren der Himmelsbären sehen ... Vielleicht liegt der Sinn all dieser Naturparks und Naturschutzgebiete, in denen Menschen und Tiere friedlich miteinander leben, darin, den Menschen an die Verwandtschaft mit allem, was auf der Erde lebt, zu erinnern. So dass der Mensch sich erinnert und darüber nachdenkt, was ursprünglich das Wort Paradies bedeutet. Garten der Tiere!

Mir wurde gesagt, dass sich die Altai-Saissanen (sie werden auch als Älteste des Geschlechts bezeichnet – es sind weise alte Menschen, deren Meinung und Autorität große Bedeutung in Konfliktsituationen haben) einmal im Jahr treffen, um verschiedene Fragen zu erörtern. Dafür werden eigens zwei große Jurten aufgestellt. So ruhen ein halbes Dutzend Saissanen auf den Teppichen und trinken schwarzen Altai-Tee mit Milch. Neben der zweiten Jurte wird in der Regel Mjun – gekochtes Fleisch mit Brühe – zubereitet und frisches Fleisch – Tschekdyrme – gebraten. Zu einem dieser Treffen wurde ein Mitarbeiter des Naturschutzgebiets eingeladen, der sich über ansässige Jäger beschwerte, die außerhalb der Jagdsaison gejagt hatten. Wegen Wilderei saßen bereits mehrere im Gefängnis, und die Saissanen waren alarmiert. Nachdem sie den Vertreter des Naturparks angehört hatten, versprachen sie, dass kein Jäger mehr auch nur in die Nähe des Reservats kommen werde, und zwei junge Jäger sollten noch heute bestraft werden. Die Strafe sah so aus. Die Saissanen kamen aus der Jurte. An ihren rechten Händen hing die „kamtscha" – eine kurze Peitsche aus dünnen Lederstreifen. Die Ältesten umringten die Jungen. Und dann schlug es Worte. Nach einigen Minuten waren die Ohren der Bestraften rot wie Tomaten. Wilderer tauchten im Naturschutzgebiet nicht mehr auf. Das Wort der Saissanen zählte.

Mich interessierte der Brauch der Altai-Frauen, ihr Haar zu zwei Zöpfen zu flechten. Mädchen trugen drei, fünf oder sieben Zöpfe. Wenn eine Frau im Altai einen Gast begrüßt oder ihn bewirtet, so berührt sie, statt sich zu verbeugen, ihren Zopf. Wenn ein Gast in einem Altai-Haus empfangen wird, ist es Brauch, ihn zunächst mit Tschegen, eine Art Kefir, zu bewirten.

Mir gefielen auch die Sprichwörter, von denen ich einige aufschrieb:

Bereite dich nicht auf Kummer vor, sondern bereite dich vor, ihn nicht zu verdienen.

Ein lahmes Pferd, das auf einer geraden Straße humpelt, wird einem verirrten Pferd immer voraus sein.

Kluge Lügen sind besser als dumme Wahrheiten.
Von einem Hasen erschreckt, stößt du auf einen Bären.
So wie wachsendes Gras Regen braucht, braucht ein kleines Kind Zuneigung.
Beeil dich nicht beim Essen, und bleib nicht stehen, wenn du auf einem Pferd sitzt.

Bei Kilometer 58 des Tschemal-Trakts liegt am Ufer des Katun das Dorf Eladna (buchstäblich „mit Schlangen" oder „hat eine Schlange"). Die Geschichte des Dorfes reicht in das Jahr 1836 zurück. Berühmt ist es jedoch, weil es in seiner Umgebung von archäologischen Stätten aus allen Epochen der Geschichte nur so wimmelt. Hier sind nur einige davon:

„Airydasch-1 – hier wurden Kurgane (Hügelgräber) aus der frühen Eisenzeit und aus sarmatischer Zeit ausgegraben. „Kysyl-Telan-1" – eine archäologische Stätte mit 119 Kurganen, außerdem Petroglyphen (Steinzeichnungen) aus verschiedenen Epochen, die „Höhlendenkmäler von Biik I-VI", Petroglyphen in der Kujus-Grotte und vieles mehr.

Den deutschen Archäologieprofessor und Spezialisten für die mit den Sarmaten verwandten Skythen Hermann Parzinger interessierten die Hügelgräber im Altai. Und so berichtete er über seine erste Expedition und sein Interesse an den Skythen:

„Für den Altai hatten wir keine Sensationen erwartet. Die erste Expedition im Jahr 1996 erinnerte am ehesten an ein Abenteuer. Es schneite im Juni und sogar im Juli! Nachts gab es Frost. Unten in den Tälern fanden wir in den Hügelgräbern hauptsächlich Knochen. Nun, und das Übliche: eiserne Dolche zum Beispiel. Aber die gab es in der ganzen skythischen Welt. Pferdeschmuck, Zaumzeug, Tongefäße! All dies gab es bereits – und in Hülle und Fülle. Doch dann gelangten wir zu einem Hügelgrab im Permafrost. Und dort fanden wir einen Pelzmantel! Eine Pelzmütze! Schmuck aus Holzperlen, Ledersachen ... Alle organischen Stoffe waren konserviert, auch der Bestattete, mit Tätowierungen am ganzen Körper. Ein wahrer Reichtum! Nach dieser Entdeckung warf ich einen neuen Blick auf die ‚armen' Hügelgräber – sie bargen höchstwahrscheinlich ähnliche Funde! So entstand ein kleines, aber wahrhaftiges Fenster in die riesige Welt der Skythen.

Warum ich mich für die Skythen entschieden habe?

Die Archäologie in Deutschland beschäftigt sich mit verschiedenen Epochen und Kulturen vorwiegend in Europa. Aber wir waren immer interessiert: Was ist dort passiert, im Osten, in den Steppen? Und das ist ja ein ganz natürliches Interesse, denn die Skythen kamen aus den Weiten der Großen Steppe und erreichten Zentraleuropa. In Polen, in Tschechien, in Ungarn und im östlichen Deutschland gibt es Funde im Zusammenhang mit den Skythen. Das war sozusagen das Ende ihres Weges. Doch wo war der Anfang? Wo lag ihre ursprüngliche Herkunft? Bei Ihnen, in Russland. Um die Geschichte Europas zu verste-

hen, muss man auch die Geschichte der Großen Steppe und des Altai verstehen."

Wir kehren auf unsere Straße zurück – den Tschemal-Trakt. Es ist nicht zu übersehen, dass der Katun seinen Charakter verändert hat. Aufgrund der riesigen Felsblöcke, die als Teldekpen-Schwellen bezeichnet werden, stürmt er nun wild und reißend. Dies ist einer der gefährlichsten Abschnitte für Rafting. Der Fluss verengt sich manchmal auf eine Breite von zwanzig Metern bei einer Tiefe von siebzig Metern. Starke Strudel und Wirbel begleiten Wassersportler bis in das Dorf Oroktoi.

Wir setzen unseren Weg entlang der Straße fort, die zum Dorf Edigan führt (87 Kilometer von Ust-Sema entfernt). Nicht weit von Edigan, an der Mündung des Baltyrok in den Katun, befindet sich ein schöner Wasserfall mit zwei Kaskaden.

Touristen nächtigen in Edigan normalerweise im Touristenkomplex „Albagan", das Sommerhäuschen für jeweils zwei Personen bietet. Hier beginnen viele Pferde-, Wander-, Angel- und Jagdtouren.

Der letzte Punkt unserer Reise ist das kleine Dorf Kujus, das bei Kilometer 88 des Tschemal-Trakts liegt. Es gibt dort einen Campingplatz „Airy-Tasch" direkt am Fluss gelegen. Man kann Zelte mieten, Ausflüge werden angeboten.

Was mich in kleinen Dörfern wie Kujus oder Edigan beeindruckt, ist die Freundlichkeit und Gastfreundschaft. Wenn man die Straße entlang geht und die Einwohner sehen, dass man nicht von hier ist, grüßen sie und fragen: „Schwester, wie geht es Ihnen? Haben Sie zu Mittag gegessen? Haben Sie einen Platz zum Schlafen?" Wenn Sie sagen, dass Sie keinen Schlafplatz haben, werden sie sich darum kümmern und etwas arrangieren.

Früher sagten wir, je schlimmer das System, desto besser die Menschen. Das war ein tröstlicher Irrtum neben all den anderen Banalitäten, die auf dem Kompensationsmechanismus beruhen: Wer schön ist, ist dumm; wer reich ist, ist gierig; wer arm ist, besitzt besondere Spiritualität. Je schlimmer das System ... Diese Stereotypen werden vom realen Leben nicht bestätigt – ich habe mich durch unzählige Beispiele davon überzeugt.

Ich zum Beispiel dachte früher, dass es einen bestimmten Menschenschlag gibt, Menschen, die sich in die Taiga oder in tiefe Wälder zurückziehen und alles hinter sich lassen. Doch weder die starken Persönlichkeiten von Alexander Solschenizyn noch die anpassungsfähigen Helden von Wladimir Woinowitsch noch die überzeugenden Figuren von Fasil Iskander würden alles hinwerfen, die Gesellschaft verlassen und in der Einsamkeit leben können. Aussteiger sind die Verrückten und die an den Rand Gedrängten, die Helden des Alkoholikers und Ästheten Wenedikt Jerofejew.

Ich dachte: Wie viele Enttäuschungen muss man erlebt, wie viele Schläge ertragen, wie oft den inneren Rückzug angetreten haben, um sich von den Traditionen, der Familie, den Menschen zu lösen und in die Wildnis zu gehen, um in Einsamkeit zu leben? An den entlegenen Orten des Altai gibt es viele solcher Menschen. Wer sind sie? Hier ist die Geschichte einer Familie – Menschen, die unabhängig, originell, mit wichtigen Dingen beschäftigt und völlig abseits der Gesellschaft leben. Sie werden das Salz der Erde und nicht ihr Staub sein.

Die Familie Sarjanow wohnt allein in einem abgelegenen Tal der Altai-Taiga. Da, wo kein Weg hinführt, wo es keine Straßen gibt und selbst Hubschrauber nicht landen. Von der letzten Siedlung vor den Bergen, das ist Ust-Koksa, bis zu ihrem Haus sind es 55 Kilometer. Vor ihrem Haus finden Sie morgens manchmal Spuren von Bären

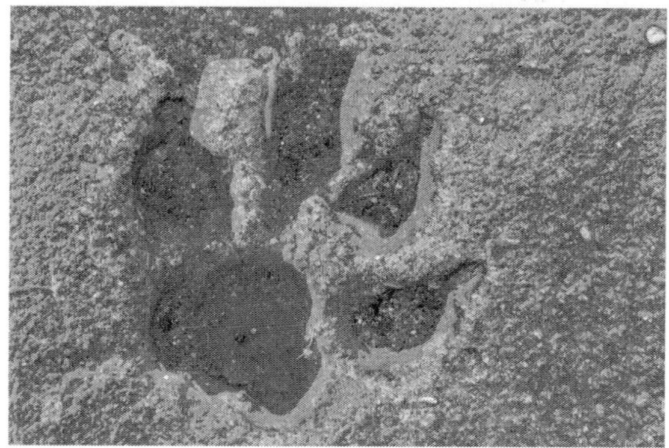

Aus den Fenstern des Holzhauses von Natalia und Grigori Sarjanow sind ein Fluss, ein Berg, eine Banja und eine Scheune zu sehen. Ein gewöhnliches Anwesen, von denen es viele gibt. Bloß lebt diese Familie in einem abgelegenen Tal der Altai-Taiga. Da, wo kein Weg hinführt, wo es keine Straßen gibt und

selbst Hubschrauber nicht landen, verbringen sie gemeinsam ihre gesamte Zeit. Von der letzten Siedlung vor den Bergen, das ist Ust-Koksa, bis zu ihrem Haus sind es 55 Kilometer, und man gelangt nur mit dem Boot oder im Winter auf Skiern dorthin. Außer ihnen lebt dort niemand. Doch die Sarjanows sind glücklich und versichern, dass sie sich erst hier selbst gefunden haben.

Die Familie hat eine ziemlich große Wirtschaft: neben Bienen auch Hühner, Schafe, Kühe und Pferde. Im Fluss, der als Kühlschrank dient, liegen durch Steine gesicherte Päckchen mit Quark und Fleisch.

Die Gastgeberin holt knuspriges Brot mit goldener Kruste aus dem Ofen und stellt Honig auf den Tisch. Auf ihren Honig ist sie besonders stolz. Honig, der in der Sonne leuchtet. Pimenytsch, wie Grigori hier genannt wird, zieht an seiner Papirossa, seine Geschichte beginnt tief in der Vergangenheit:

Sibirischer Met

Zutaten: 300 Gramm Honig, am besten eignet sich aromatischer Honig, zum Beispiel Lindenhonig, 2 Liter Wasser, 25 Gramm Presshefe, 5 Gramm Hopfenzapfen (aus der Apotheke), 1 Prise Zimt aus dem Reformhaus, 1 Prise Muskatnuss

Zubereitung: Wasser in einen emaillierten Topf geben, zum Kochen bringen, nach und nach unter ständigem Rühren Honig hinzufügen. Nach 5 Minuten Kochen bildet sich weißer Schaum auf der Oberfläche. Nehmen Sie ihn vorsichtig mit einem Schaumlöffel ab und entsorgen Sie ihn. Fügen Sie Hopfen, Zimt und Muskatnuss zur Flüssigkeit hinzu. Gut umrühren und den Topf vom Herd nehmen. Stellen Sie den Topf an einen dunklen, aber warmen Ort (Lufttemperatur 25 Grad Celsius). Decken Sie ihn jedoch nicht mit einem Deckel ab, sondern binden Sie Gaze (dünnes Baumwolltuch) darüber. Nach ein bis zwei Tagen beginnt die Gärung, es bildet sich Schaum auf der Oberfläche, und Sie hören ein leichtes Zischen. Gießen Sie den Inhalt des Topfes in einen großen Glasbehälter, zum Beispiel eine große Flasche, dann einen einfachen medizinischen Gummihandschuh über den Flaschenhals ziehen, der fest anliegen muss. Vergessen Sie nicht, mit einer Nadel in jeden „Finger" des Handschuhs ein kleines Loch zu stechen. Der Gärungsprozess sollte vier bis sechs Tage dauern. Der Handschuh soll dabei anschwellen. Nach vier bis sechs Tagen den Inhalt der Flasche durch eine mehrschichtige Mullschicht filtern. Entfernen Sie den Bodensatz. Die Flüssigkeit vorsichtig in Glasflaschen füllen. Fest verschließen und für drei bis fünf Tage in den Kühlschrank stellen. Der Alkoholgehalt des Getränks beträgt fünf bis zehn Prozent.

„Meine Vorfahren stammten aus dem Altai, aber sie wurden enteignet und in die kasachische Steppe verbannt, wo ich geboren wurde. Nachdem ich herangewachsen war, fuhr ich zur See. Ich probierte es als Traktorfahrer und als Pferdehirte. Aber alles ohne Freude. Der Gedanke, zu den Wurzeln im Altai zurückzukehren und ein Bienenhaus zu bauen, kam plötzlich. Viele rieten mir natürlich davon ab, aber ich habe nur auf mein Herz gehört. 1989 kam ich mit einem Pferd hierher, sah mich um und beschloss, ein Blockhaus zu bauen. Weil mir die Worte meines Vaters einfielen: ‚Am Katun ist der Honig überall wunderbar, aber an der Selenka ist er hervorragend.' Wie durch ein Wunder konnte ich das Land günstig kaufen."

„Wenn man Ihnen zuhört, ist es einfach, hier zu leben."

„Sagen Sie das nicht. Einmal hatte ich einen Herzinfarkt, lag einen Tag lang mitten in der Taiga, wie durch ein Wunder fand mich ein Jäger, der vorbeikam. Er schleppte mich zu seinem Boot und brachte mich bei Frost ins Dorf. Als ich wieder zu mir kam, lag ich im Krankenhaus."

„Ist es unheimlich in der Taiga zu leben?"

„Ich habe keine Angst, ich habe sie in der Kindheit verloren: Einmal ertrank ich fast, einmal kam ein Bär auf mich zu. Hier ist das Leben nichts für schwache Nerven. Man muss dem Ort genügen, an dem man lebt."

„Und wie haben Sie Ihre Frau getroffen?"

„Das werde ich Ihnen erklären", lächelte Natalia. „Ich habe in einer kleinen Stadt in der Nähe von Tscheljabinsk (Großstadt im Ural - Anm. d. A.) gelebt. Einmal schlug ich den Atlas auf, steckte den Finger auf den Altai und sagte mir: ‚Dorthin muss ich gehen.' Aber ich ging nicht. Ich hatte einen Arbeitsplatz, eine Familie, Freunde. Zwei Jahre lang schaute ich auf die Karte, packte dann meinen Rucksack zusammen, kündigte meine Stelle und machte mich auf den Weg, ohne mir vorzustellen, wohin und warum. Ich reiste per Anhalter, wanderte durch die Berge, hatte oft kein Essen, ernährte mich von dem, was ich in der Natur fand. Ich erfuhr, dass es an der Selenka ein Bienenhaus gibt, und beschloss, ein paar Monate lang dort zu arbeiten. So traf ich Grischa, und es zeigte sich, dass ich direkt zu mir nach Hause gekommen war. Das geschah vor 15 Jahren."

„Ist es schwierig für eine Frau in der Wildnis und ganz ohne Unterhaltung?"

„Wenn Sie mit sich allein sind, ist es viel einfacher, dies herauszufinden. Mehrmals blieb ich allein am Bienenhaus und lebte einmal vier Monate lang hier draußen. Ich schaltete nicht einmal das Radio ein, ich hatte vergessen, wie man mit anderen Menschen spricht."

„Haben Sie keine Angst vor Bären?"

„Einmal sah ich durchs Fernglas ein märchenhaftes Bild. Eine Bärin mit drei Jungen kam zum Gletscher auf dem Berg, und die kleinen Bären rollten wie Kinder von einem Schlittenhügel. Wie können Sie danach Angst vor ihnen haben? Ich habe nur Angst vor Schwäche. Einmal ging ich auf Skiern aus dem Dorf ent-

lang des Katun zum Bienenhaus. Ich hatte Angst, dass mein Körper versagen würde, meine Kraft nicht reicht. Ich ging vier Tage lang und versuchte, meine Kräfte einzuteilen. 200 Meter fehlten bis zum Haus. Ich stürzte und schrie: ‚Grischa, Grischa!'. Dann wurde unser Sohn Jura geboren, und seither gehe ich nicht mehr alleine in die Taiga. Vor kurzem sind wir drei mit dem Boot ins Dorf gefahren, und das Boot kenterte. Es herrschte eisige Kälte, und wir erstarrten bis auf die Knochen."

„Lebt Jura die ganze Zeit bei Ihnen am Bienenhaus?"

„Jetzt geht unser Sohn schon zur Schule und wohnt während des Schuljahres im Dorf."

„Haben Sie nicht vor, zurückzugehen?

„Wo denken Sie hin? Der Altai ist ein besonderer Ort. Das kann man nicht erklären. Das muss man selbst fühlen."

Einmal, erzählt sie, kam eine kleine Gruppe zufällig beim Bienenhaus der Sarjanows vorbei. Ein französischer Bärenforscher, der Bären in der Wildnis studiert, sein Übersetzer und ein einheimischer Biologe, der sie begleitete.

Der Franzose wirkte ziemlich frustriert, weil es ihm trotz des großen Aufwands seiner Expedition nicht gelungen war, das Material zu sammeln, das er für seine Forschung benötigte. Er beklagte sich, dass die Leitung seines Instituts die Betäubung von Bären grundsätzlich verboten habe, aber ohne Betäubung ginge nichts! Da schlugen die Sarjanows vor, eine alte, auf einem Eimer selbstgemachten Mets basierende Methode anzuwenden. Den Met hatten sie eigentlich für den Hausgebrauch hergestellt. Sie stellten also einen Eimer Met an den Pfad, den die Bären benutzen, et voila! Ein Bär war bald bereit für die französische medizinisch-wissenschaftliche Untersuchung. Der Wissenschaftler war hocherfreut, dass es doch gelungen war, den Bären einzuschläfern.

Es gibt einen Dokumentarfilm „Russland von oben – 11 Zeitzonen – Ein Land – Ein Film" (Film von Petra Höfer und Freddie Röckenhaus, Deutschland 2018/19). Aus der Vogelperspektive sah ich grenzenlose Weite und die atemberaubenden Kontraste Russlands mit seinen Wüstenlandschaften, wilden Tieren und der Taiga.

Ist es möglich, aus der Vogelperspektive das Eckchen des Planeten zu erkennen, das einst Ihr Leben berührt hat? Ja, das ist möglich! Auf der Leinwand sah ich den Altai! Ich würde ihn mit nichts auf der Welt verwechseln! Mehr noch – ich sah die winzigen weißen Bienenstockhäuser mit ihren roten Dächern, ein in der Taiga verlorenes Holzhaus und zwei winzige Menschenfiguren. Menschen, die unsere geschäftige Welt verlassen haben und niemals zurückkehren werden.

Von Ust-Sema nach Aktasch

Ust-Sema – Kamlak – Tscherga – Schebalino – Sema-Pass – Berg Sarlyk – Utsch-Enmek – Karakol-Tal – Ongudai – Fluss Ursul – Tschiki-Taman-Pass – „Kur ketschu" – Bolschoi Jaloman-Inja – „Tschui Oosy" – Kalbak-Tasch – Belyj Bom – Tschibit – Aktasch

Bevor wir diese Reise beginnen, tauchen wir noch einmal in die Gemälde des genialen Altai-Malers Grigori Tschoros-Gurkin ein. Je länger man sie betrachtet, umso besser versteht man den Altai, und umso unweigerlicher fällt man seinem Zauber anheim. Seine Bilder strahlen eine Art von Besessenheit aus, und man gerät restlos in den Bann der traumrealen Wirklichkeit dieses kraftvollen Künstlers, was, wenn man wieder Abstand gewonnen hat, beinahe unglaublich erscheint. Und doch möchte man das Wunder begreifen, verstehen, wie das

Grigori Tschoros-Gurkin „Khan Altai", 1910

künstlerische Verfahren wirkt. Doch es gelingt nicht. Bei allen Erfolgsformeln, zu denen der wenig verständliche Mechanismus der Inspiration und der verständliche Mechanismus der Arbeit gehören, gibt es einen irrationalen Kern oder einfach – ein Geheimnis.

Die Gemälde von Tschoros-Gurkin strahlen Maß, Ruhe und Harmonie aus, jedoch immer auch die Rätselhaftigkeit der Welt, die sie ergründen möchten.

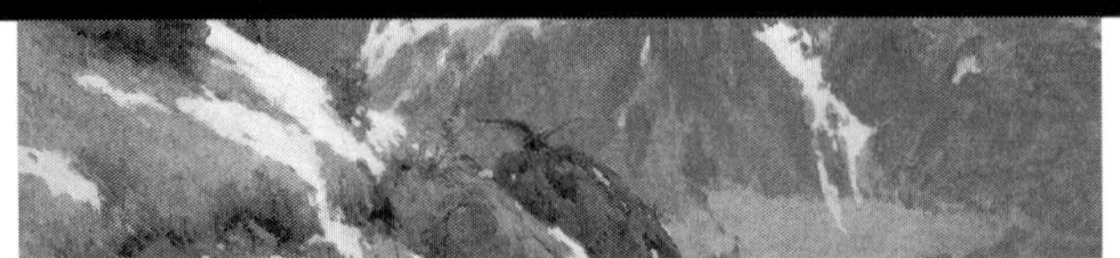

Wenn ich mir seine „Krone Katun", den „See der Berggeister", „Landschaft mit Adlern", „Khan Altai", „Nomaden in den Bergen", „Altai-Jäger in den Bergen" und andere ansehe, spüre ich die Ohnmacht meiner Worte und bin verwirrt, wenn ich versuche, sie zu beschreiben. Worum geht es in diesen Bildern? „Die Bilder handeln von uns", sagte mir ein alter Altaier. Tschoros-Gurkin besaß wirklich eine zugespitzte Kraft der Vision, Talent und die Seele des Altai. Er liebte die Orte, zu denen wir heute reisen, bannte sie auf Leinwand, und wenn wir heute die Besonderheiten des Altai verstehen wollen und bestrebt sind, uns dem Altai behutsam und mit all unseren Sinnen zu nähern, helfen seine Gemälde.
Tschoros-Gurkin ist ein Künstler mit großem Selbstwertgefühl und einem bewegenden Sendungsbewusstsein, das seine Bildsprache prägt. Die Altaier kommentierten seine Bilder von ihren Festen und Bräuchen mit Rührung und einem feinen ironischen Lächeln. Es ist, als würde man ein Foto von sich selbst betrachten, das leicht retuschiert wurde und nun schöner aussieht als man selbst. Aber Tschoros-Gurkin hat mit seiner Meisterhaftigkeit nicht nur das Leben der Altaier auf dem Höhepunkt seines nationalen Selbstvertrauens „umrissen", sondern der damaligen und den nachfolgenden Generationen ein solches Bild auch vorgegeben.

Und nun gehen wir von den Bildern einer großen nebligen Vergangenheit und einer großen nebligen Zukunft in die fassbare und uns umgebende Gegenwart über.

„Wie lange fahren wir von Ust-Sema nach Aktasch?", fragt unser Fahrer einen Anwohner. „Ja, das ist nicht weit", antwortet der bedächtig. „Nun, wie viele Kilometer? Zumindest ungefähr", hake ich nach. „Ungefähr? 500, würde ich sagen. Ich sagte bereits, es ist nicht weit!" Wir fuhren los. Es waren genau 294 Kilometer, wie sich herausstellte.

Der Fluss Sema, ein Nebenfluss des Katun, gab dem Dorf seinen Namen, das im Altai aufgrund des jährlichen „Wasserfestes" bei Touristen und Wassersportlern bekannt ist. Mit diesem Fest beginnt für Rafting- und Wildwassersportler die Saison. Hier in Ust-Sema finden außerdem die offenen Wassersportmeisterschaften der Republik Altai im Mehrkampf und Slalom in Kanus statt.

Von Ust-Sema gelangen wir über die Katun-Brücke wieder auf den Tschuiski-Trakt. Meine „Führer" waren zwei dicke, alte Bücher: „Der Altai, das zukünftige Kalifornien Russlands, und die herrschende Ordnung im Altai", herausgegeben 1882 von einem gewissen W. Otpety. Das zweite Buch „Wege über den russischen Altai" schrieb der Professor der Tomsker Universität W. Saposchnikow, es wurde 1912 veröffentlicht. Diese beiden dicken Bücher schleppte ich nun in meinem Rucksack mit mir herum, las häufig die Anmerkungen, die

tatsächlichen Fakten aus der Geschichte und der Archäologie, denn der Text selbst enthielt viele veraltete Ansichten.
Diese Bücher waren meine Führer. Aber ich habe sie schlecht behandelt: Oft ließ ich sie im Rucksack schmachten. Jeder Reiseführer verlangt strenge Beachtung seiner selbst, dann jedoch frisst er Sie und das Denkmal, das Sie gerade betrachten. Diesen Appetit habe ich häufig in Italien beobachtet, wo die Touristen an den Sehenswürdigkeiten vorbeilaufen, ohne den Blick von ihrem Reiseführer abzuwenden.
Bei Kilometer 504 liegt das Dorf Kamlak. Der Name bedeutet übersetzt „ein Ort, an dem es viele Schamanen gibt". Es heißt, Tschoros-Gurkin fand hier das Mo-

Von Ust-Sema gelangen wir über die Katun-Brücke wieder auf den Tschuiski-Trakt

tiv für sein berühmtes Gemälde „Die Opfernacht". Die Schamanen im Altai wurden Kam genannt, was vom Wort Kamlanje stammt.
Der Altai-Schriftsteller und Historiker F. Kowaleski hat einen kurzen Aufsatz „Über das Kamlanje" geschrieben, aus dem ich einen Auszug zitieren möchte: „Dann hüllte sich der Schamane in ein besonderes Gewand: Eine Jacke aus Kaninchenfell, die unten mit Chintzschnüren (in Schlangenform) geschmückt war. Die Jacke ist überall mit Glöckchen (Lieder der Paradiesmädchen) behängt. Anschließend griff er nach dem Tamburin, das für ihn bereitgelegt war, und begann, sich mit Schlägen begleitend, eine traurige Melodie mit einem Rezitativ zu singen. Zuerst sang er zögernd, schwach, aber je länger er sang, desto stärker wurde er mitgerissen. Die Klänge der Melodie trugen souverän und hallten weit in den Bergen wider. Er geriet immer mehr in Ekstase. Seine Stimme klang mal wild,

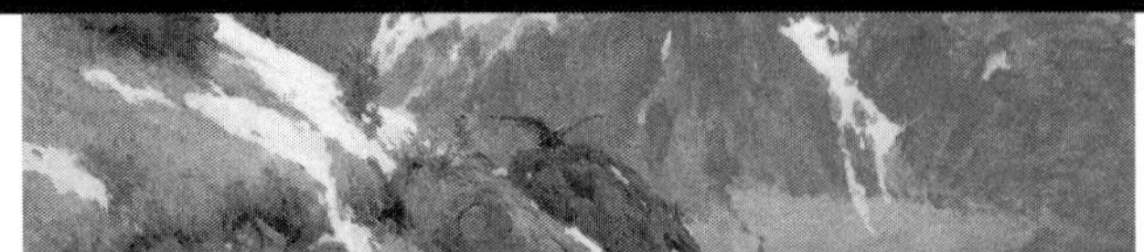

ließ dann wieder nach oder verwandelte sich in ein gutturales Schluchzen, bis sie schließlich vollständig verstummte. Der Schamane schien lange und intensiv auf ein Geräusch zu lauschen, aber bald begann das Tamburin wieder laut und trotzig zu klingen, und wieder waren mächtige Schamanen-Beschwörungen zu hören. Es war eine gewaltige Herausforderung, bei der manchmal die Angst eines furchtsamen Mannes vor der allmächtigen Gottheit Erlik ertönte. Schließlich zeigte der Schamane, dass sich die Geister auf seinen Ruf hin versammelt hatten. Zuerst drängten sie sich in Massen um die Jurte, dann drangen sie hinein und begannen mit wilden Stimmen zu sprechen.

Grigori Tschoros-Gurkin „Die Nacht des Opfers Kamlanje", 1895

Das Angstgefühl unter den Zuschauern erreichte eine unglaubliche Spannung, sie saßen da und wagten kaum, sich zu bewegen. Dies ist der wichtigste Moment der Kamlanje. Der Schamane befragt jetzt die bösen Geister und erhält von ihnen die notwendigen Antworten. Danach ist es die Aufgabe des Schamanen, die versammelten Geister zu vertreiben. Aber die Geister, die durch solch mächtigen Zauber beschworen werden, zögern, sich der Bitte des Schamanen zu unterwerfen und protestieren. Der Schamane beginnt sie zu vertreiben. Er treibt sie aus allen Ecken der Jurte. Mit wütenden Blicken und Schreien rennt er hin und her und schlägt bedrohlich mit den Händen.

Er sucht die Geister im Feuer und nimmt die Kohlen in denen sie sich versteckt haben könnten, in die Hände. Das Feuer verbrennt seine Finger, aber in seiner starken Erregung bemerkt er dies nicht. Schließlich fliehen die Geister hinaus, der Schamane jagt ihnen nach und treibt sie weiter von der Jurte weg. Danach kehrt er zurück und beginnt eine lustigere Melodie zu singen. Er drückt große Freude aus und dreht sich ungefähr fünfzehn Minuten lang um sich selbst. Dann fällt er erschöpft zu Boden. Er wiederholte die Melodie und diese Technik mehrmals und beendete schließlich sein Ritual."

Um den Schamanismus und das spirituelle Leben des alten Ostens zu verstehen, muss man das Buch „Altai – Himalaya", das Reisetagebuch von Nikolai Rerich (dt. Nicholas Roerich) erneut lesen. Das Buch geht inhaltlich viel tiefer als ein normales Reisetagebuch. Es enthält viele interessante Fakten aus der Geschichte und Kultur der Altaier und der esoterisch-geistigen Kultur des Ostens. Die Altaier glaubten, dass das Universum in drei Teile geteilt ist: Oberwelt, Erde und Unterwelt. In der Oberwelt, im Himmel, scheinen Sonne und Mond, hier wohnen die Gottheiten und Geister. Die Geister bestrafen die Menschen manchmal, aber nur, wenn es einen Anlass dafür gibt wie zum Beispiel eine respektlose Haltung ihnen gegenüber. Die Geister der Oberwelt werden von Ulgen regiert, dem Schöpfer des Universums, einer wohltätigen Gottheit und einem reinen Geist. Er hat sieben Söhne und neun Töchter, sie sind reine Jungfrauen. Der Weg zu Ulgen führt über sieben bis neun Hindernisse. Die Hallen von Ulgen kann nur ein sehr starker Kam erreichen. Die Schamanen, die zu Ulgen reisen und mit ihm in Kontakt treten, nennen sich „weiße Kam". Frauen können das nicht.

Auf der Erde gibt es keine Hauptgottheit, hier leben verschiedene kleine Gottheiten und Geister der umgebenden Natur: die Geister von Feuer und Wind, die Geister von Krankheiten und sogar die Geister der verstorbenen Kam. Die Geister dieser Sphäre sind den Menschen am nächsten. Jeder kann sie ohne die Hilfe eines Kam kontaktieren. Berge, Flüsse, Bäume – sie alle sind Gottheiten, die Zorn und Barmherzigkeit zeigen und auf die Gebete eines Menschen antworten können.

Jeder Berg hatte seinen besonderen Geist, seinen Herrn und Besitzer. Auf Bergen sollte der Mensch nicht schreien, schimpfen oder Lärm machen. Auf den Berggipfeln häuften die Wanderer Steine an, eigentlich soll jeder, der vorbeikommt, einen Stein dalassen, ist er ein Jäger, dann eine Kugel. An ausgewählten Bäumen in der Nähe wurden Bänder aufgehängt und Münzen geworfen, der Baum mit Milchwodka oder Tee besprenkelt. Wenn Sie im Altai sind, denken Sie daran, dass die Namen der Berge nicht nur geografische Namen sind, sondern auch die Namen der hier lebenden Geister.

In der Unterwelt, der Hölle, gibt es entweder gar keine Sonne und keinen Mond oder sie scheinen nur schwach. Dort leben Gottheiten und Geister, die Personen bestrafen und Unglück senden. Der Herr der Unterwelt ist Erlik. Er sendet Katastrophen und Pest und nimmt sich die Seelen der Toten. Erliks gusseiser-

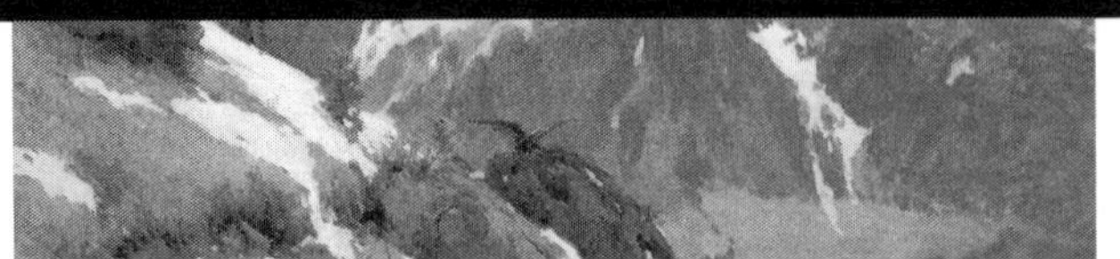

ner Palast mit gusseisernem Zaun wird von alles verzehrenden Monstern bewacht, der Weg dorthin führt durch sieben Schichten von Sümpfen und Mooren. Nur Schamanen haben die Möglichkeit, diesen Weg kampflos zu gehen,

Die Schamanen beschwören, begleitet vom Tamburin, mit ihren Melodien die Geister

aber sie sind dabei in großer Gefahr. Erlik hat sieben Söhne und zwei Töchter. Die Söhne wachen in der Unterwelt, und Erlik schickt sie manchmal auf die Erde, um die bösen Geister zu regieren. Es ist wahr, dass die Söhne manchmal auch menschliche Häuser schützen, so dass die Menschen, obwohl sie ihren Zorn fürchten, sie respektieren und ihnen Opfer bringen. Verschiedene Altai-Stämme verehren verschiedene Söhne Erliks.

Böse Geister können die Seele, den Doppelgänger eines Menschen, stehlen, und dann wird der Mensch krank. Dann muss ein Schamane zu Erlik reisen und ihn auffordern, den bösen Geistern zu befehlen, die Seele freizulassen.

Am gefährlichsten und heimtückischsten jedoch sind Erliks Töchter. Sie versuchen, Schamanen, die in der Unterwelt unterwegs sind, auf ihr Lager zu locken und in den Besitz der Opfergaben zu gelangen, die für Erlik bestimmt sind. Wenn ein Schamane nicht stark genug ist, wird er in den Armen von Erliks Töchtern sterben.

Erlik und seine Söhne werden nur von dunklen Schamanen angerufen, nachts am Feuer, notwendigerweise mit einem Tamburin und mit einem Manjak bekleidet, so heißen die Ritualgewänder, die mit Gürtelbündeln und Riemen unterschiedlicher Dicke verziert sind. Für Erlik wird oft ein Tier, meistens ein Pferd, geopfert, das mit einem gewissen Makel behaftet ist.

Als die Schamanen des Altai im August 2019 begannen, Regen heraufzubeschwören, um die brennenden sibirischen Wälder zu löschen, hielten viele Bewohner Zentralrusslands dies für lächerlich und naiv. Für diejenigen, die die tiefe Bedeutung dieses Rituals verstehen, das nur auf den ersten Blick absurd erscheint, war hingegen alles verständlich. Für uns, die wir auf Logik bauen, war der aufkommende Regen nichts als ein Zufall, für die Schamanen die Folge der Arbeit geheimer Kräfte.

Im Dorf Kamlak müssen Sie unbedingt den Botanischen Garten besuchen, in dem 500 Arten von Altai-Pflanzen vertreten sind. Viele von ihnen sind im Roten Buch der gefährdeten oder vom Aussterben bedrohten Arten der Altai-Republik aufgeführt.

Ich war überrascht, aus der Erzählung des Exkursionsleiters im Botanischen Garten zu erfahren, dass in Polen beispielsweise 30 000 Hektar mit Heilpflanzen bestellt sein sollen, während es im ganzen riesigen Russland nur 9 000 Hektar sind. Was hindert unsere Bauern daran, Millionen Rubel mit dem Anbau von Gesundheitsprodukten zu erwirtschaften? Die wichtigste Region für medizinische Nutzpflanzen in Russland ist der Altai. Mitte Juli beginnt hier das Sammeln von Kamille, Origanum (Dost), Echtem Herzgespann und Johanniskraut. Besonderes Augenmerk wird auf die Kräuter gelegt, aus denen Extrakte für Naturkosmetik hergestellt werden. Französische Kosmetikhersteller behaupten, dass es im Altai die besten Kräuter gibt.

Außerdem wachsen hier exotische Kräuter, die in der traditionellen chinesischen Medizin verwendet werden. Die Wirkstoffkonzentration in den Altai-Pflanzen ist deutlich höher als in den chinesischen. Pflanzenwilderei gibt es für den Hausgebrauch, für den Eigenbedarf und zum Verkauf, wenn es um den Unterhalt der Familie geht. Heimlich werden in der Taiga wertvolle sibirische Ginsengwurzeln und Goldwurzeln ausgegraben. Alles wird in das Reich der Mitte geliefert. Das war schon zu Sowjetzeiten so, aber jetzt ist der Umfang enorm gewachsen. Ein Journalist berichtete mir von einer Fahrt mit einem Geschäftsmann mit dessen Geländewagen zu einer Ginsengplantage mitten in der Taiga. Ginseng ist ein Erzeugnis, das weltweit Respekt genießt und große Gewinne einbringt.

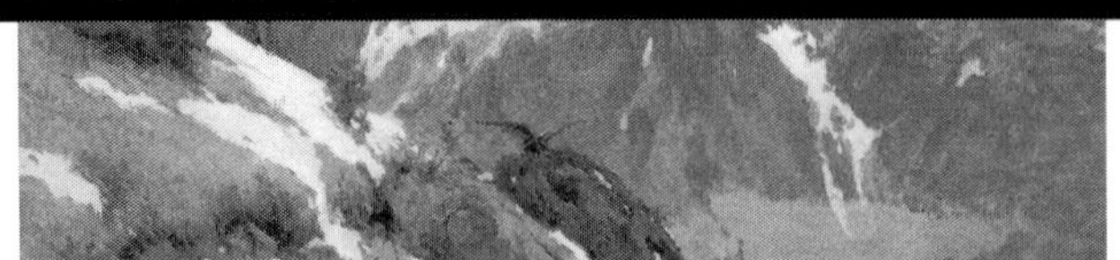

Die russische Regierung hat sich das Ziel gesetzt, bis 2035 300 000 Landwirte in die Produktion medizinisch wirksamer Pflanzen einzubeziehen. Nach der unverständlichen bürokratischen Logik haben auf Kräuter spezialisierte Farmbetriebe allerdings nicht den Status eines landwirtschaftlichen Erzeugers und damit kein Recht auf Zuschüsse und andere Förderungen.

Ungefähr 17 Kilometer vom Dorf Kamlak entfernt befindet sich im Oberlauf des Kamyschla ein Abschnitt mit zahlreichen interessanten Höhlen: Sie tragen Namen wie Ökologische Höhle, Geophysikalische Höhle, Altai-Höhle und Duetthöhle. Andere Höhlen sind nach Altai-Höhlenforschern benannt. Die Höhle

Das Dorf Tscherga liegt auf einer Höhe von 500 Metern über dem Meeresspiegel. Es ist eine der ältesten Siedlungen im Altai

mit dem Namen Altai-Höhle nimmt den ersten Platz im Altai und den sechsten Platz in Sibirien nach der Länge ihrer Gänge ein, 4 175 Meter! Die Tiefe beträgt 240 Meter, und auf der Skala der Komplexität hat sie den Status 4A-4B.

Bei Kilometer 515 des Tschuiski-Trakts liegt das Dorf Tscherga auf einer Höhe von 500 Metern über dem Meeresspiegel. Es ist eine der ältesten Siedlungen im Altai, früher war hier ein Kurort.

Die Landschaft um Tscherga ist vielfältig: Taiga, Almwiesen und Gebirgstundra. Die Winter sind mild und sonnig. Dank der günstigen natürlichen Bedingungen entstand hier 1980 eine landwirtschaftliche Versuchsstation der Sibirischen Filiale der Russischen Akademie der Wissenschaften. Der Park besitzt eine einzigartige Sammlung von Pflanzen, Kräutern und Blumen. Er wirkt wie ein Paradiesgarten, wo auf außergewöhnlichen Bäumen außergewöhnliche Vögel sitzen und singen.

Bei Ischerga leben in der einzigen Wisent-Zucht in Sibirien mehr als drei Dutzend Wisente in einem Gehege, das ihren natürlichen Lebensbedingungen entspricht

Wenn ich mich nicht beeilen muss, gelange ich in einem Zustand von Glückseligkeit. Erst recht, wenn ich mich in einem wunderbaren Park mit interessanten Leuten unterhalten kann. Die Mitarbeiter führten mich zu seltenen Pflanzen und zeigten mir auch die Wisent-Zucht, die einzige in Sibirien. Hier leben mehr als drei Dutzend Wisente in einem Gehege, das ihren natürlichen Lebensbedingungen entspricht. Anfang des 20. Jahrhunderts war diese uralte Tierart so gut wie ausgerottet, auf dem ganzen Planeten gab es weniger als fünfzig Wisente. Inzwischen ist ihr Bestand auf mehrere Tausend weltweit gestiegen. Bei Kilometer 528 des Tschuiski-Trakts befindet sich das Café Irbis, das seinen Namen nach dem legendären Schneeleoparden erhalten hat. Dieses Café ist insofern interessant, als es im Stil einer Altai-Jurte (Ail) eingerichtet ist und nationale Speisen anbietet. Ich hatte kein Glück bei meiner Wahl, das „Tschekdyrme", was „in Stücke geschnittenes Fleisch" bedeutet, war kein Hochgenuss. Das Fleisch war etwas zäh. Die kulinarische Welt lässt sich damit kaum erobern. Zwanzig Kilometer weiter, bei Kilometer 548, liegt der Ort Schebalino (4 700 Einwohner). Er wurde 1833 gegründet und war einst der erste größere Punkt

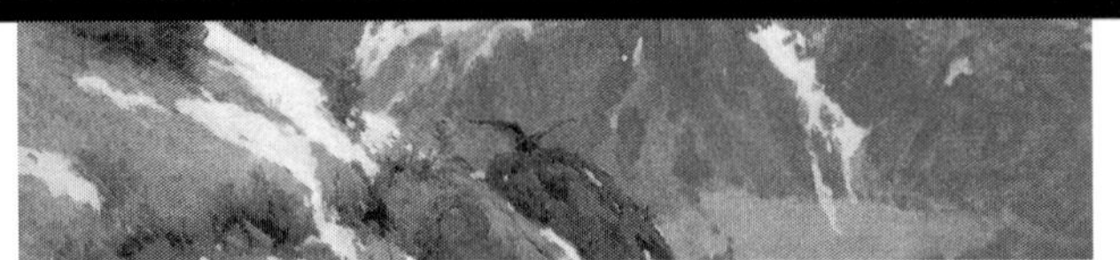

auf dem Handelsweg in die Mongolei. Die Basis der örtlichen Wirtschaft sind Pelze, Zedernnüsse und Pferde.
Nach zwei weiteren kleinen Dörfern, Kumalyr und Toputschaja, beginnt der Anstieg zum Sema-Pass. Die Passhöhe „Doll Menku" („Ewiger Berg") befindet sich bei Kilometer 582 des Tschuiski-Trakts.
Hier ein Auszug aus Wjatscheslaw Schischkows Essay über den Tschuiski-Trakt, den er 1910 schrieb, als er die technische Erkundung des Straßenbauprojekts leitete.
„Der sanfte Aufstieg zum Sema-Kamm beginnt in Toputschaja. Er zieht sich auf eine Länge von etwa neun Werst (altes russisches Längenmaß, 1 Werst = 1,067 Kilometer) zunächst durch ein Waldgebiet zu einer kleinen baumlosen Fläche. Von hier bietet sich ein herrlicher Blick auf die Gebirgskämme, die blau in der Ferne leuchten. Ein überwältigender Anblick, wenn man aus dem dichten Wald endlich heraus in die Weite bricht. Das ist eine Erschütterung, diese Sicht von der Passhöhe, all die Schleier aus Schneekämmen. Man möchte einfach stehen bleiben. Die Abfahrt erstreckt sich über neun Werst zur Poststation Pestschany, wo der Kutscher wohnt.

Dann folgt noch ein Aufstieg zum Pass, durch den sogenannten Steinsattel und der Abstieg zum See, der auf einer weiten Wiesenebene liegt, die von baumlosen Berggraten umgeben ist.
Der See ist klein, vier Werst im Umfang, ruhig, blau. Ein kleines Boot liegt am Ufer, ein weißes Zelt ist zu sehen: Der Besitzer geht dem Fischfang nach.
Die Kalmücken erzählen sich viele Legenden über den See. Am Grund dieses Sees lebt ein großer Zauberer – eine Seekuh. Sie schadet niemandem, aber sie erschreckt die Menschen gern. Wenn sich der Herbst einstellt, und Eis das Wasser versiegelt, beginnt die Seekuh, ein schreckliches Gebrüll auszustoßen. Es ist dann schwer, am See zu leben. Die Nächte sind sehr dunkel, der Wind scheuert die Steppe auf, und von einer Schlucht in die nächste tobt die Seekuh und heult ihr höllisches Heulen.
‚Wir haben eine Regel festgestellt', sagen die Kalmücken, ‚wenn der See sehr stöhnt, wird es ein gutes Jahr für das Vieh, das Futter wird einfach zu finden sein. Wenn der See still ist, wird das Jahr schwierig.'
Die russischen Bauern sagen: ‚Was für eine Kuh soll da sein, das ist doch Quatsch. Der See stöhnt aus dem einfachen Grund, dass Luft von unten austritt, aus dem Wasser steigt, das Eis bricht, und durch die Lücke kommt es von unten durch das Eis und heult. Es ist wahr, dass sich das ungewohnt anhört und Gänsehaut macht.' Doch Wunderdinge über den See erzählen die Kalmücken wie Russen gleicherweise.

Der See, erzählen sie, hat keinen Grund. Einmal sollte seine Tiefe gemessen werden, doch die Leine war nicht lang genug. Und in den Tiefen scheint sich das Wasser im Strudel zu drehen, wie durch eine Schraube. Einmal trieb ein Kalmücke Wildpferde zum See. Zwei fing er ein und band sie zusammen, damit sie nicht weglaufen, damit es bequemer ist, sie später zu holen, dann machte er sich erneut auf die Jagd. Die Pferde erschraken und liefen vor Angst in den See. Der See ist tief, und unten ist eine Schraube, die Pferde wurden gepackt und nach unten gezogen. Sie starben. Hinter dem Bergkamm, ungefähr fünfzig Werst von hier entfernt, befindet sich ein weiterer See, der Elban. Und in diesem See fand man einen Monat später zwei tote Pferde, aneinander gebunden. Ist es denkbar, dass diese beiden Seen miteinander verbunden sind?
Nach dem Abstieg in die Steppe am See wird die Straße glatt und fest wie Asphalt. Die müden Pferde werden plötzlich lebendig, beißen in ihr Zaumzeug

Der Berg Sarlyk ist der Hauptgipfel des Sema-Kamms, der sich in einem 150 Kilometer langen Bogen erstreckt

und tragen uns weiter in das kleine Dorf Tenge, die Hauptstadt des Kalmückischen Königreichs."
Der Berg Sarlyk (2 506 Meter) ist eine Kultstätte für die Altaier. Sarlyk ist der Name eines mit dem Yak verwandten Tieres. Der Berg Sarlyk ist der Hauptgipfel des Sema-Kamms, der sich in einem 150 Kilometer langen Bogen erstreckt. Der Berg Babyrgan gehört ebenfalls zum Sema-Kammsystem. Der gleichnami-

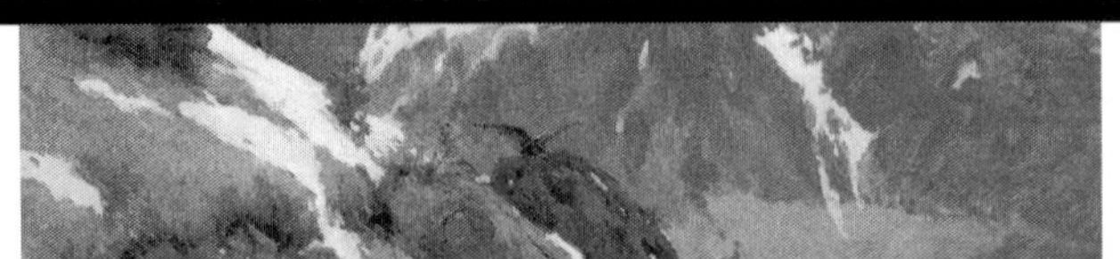

ge Fluss fließt den Berg herab und mündet in den Fluss Sema. Ab einer Höhe von 2 000 Metern weicht die spärliche Vegetation Geröll, und die Spitze ist eine reine Steinwüste. Der Osthang endet in steil herabfallenden Felsen, an deren Fuß sich mehrere Seen befinden. Diese Seengruppe heißt Tujuk. Von der Spitze des Berges bietet sich ein grandioser Blick auf fast den gesamten Altai Bei Kilometer 605 des Tschuiski-Trakts treffen wir auf ein Hinweisschild zu einer Bauernwirtschaft mit Namen „Nadeschda" („Hoffnung"). Es heißt, hier werden die besten Erzeugnisse aus der Maralzucht hergestellt, es gibt ein großes Maralgehege.

Weiter entlang der Trasse befindet sich der Karakol-Naturpark Utsch-Enmek. Das Schutzgebiet erstreckt sich auf 4 777 Hektar. Hier werden überaus interessante Exkursionen angeboten, besonders spannend sind die kulturell-ethnologischen: In Utsch-Enmek haben Besucher die seltene Gelegenheit, ethnische Musik und vor allem den berühmten Kehlkopfgesang zu hören. Das war für mich der bleibendste Klangeindruck aus dem Altai. Zu den Altai-Musikinstrumenten zählen Wargan und Komus, das sind Maultrommeln, sowie die Topschur, eine zweisaitige Laute, dann Amyrgy, ein Horn, das für die Jagd genutzt wurde, Tünür, das Tamburin, das die Schamanen nutzen, die Schoor, eine Flöte aus einem hohlen glatten Ast, die Scharta, eine Art Ratsche aus Holz, und zudem die Ikili, eine Saiteninstrument mit vier Saiten.

Die Komus, die ich im Altai gekauft habe, liegt jetzt auf meinem Bücherregal, sie sieht aus wie eine Krawattenklammer, und ich habe lange und hart geübt, um das Instrument zu spielen. Man muss sie an die Zähne drücken, und das federnde Eisen wird mit dem Daumen geschlagen. Eine scharfe und aufregende Vibration entsteht dabei. Doch wirklich überwältigend ist der Kehlkopfgesang! Dabei entstehen so ungewöhnliche Abfolgen von Tönen, Obertönen und Dissonanzen oder einfach seltsamen, verstörenden, keuchenden und rumpelnden Geräuschen in einem geschmeidigen Rhythmus, der verzaubert und eine besondere Kraft auf die Zuhörer ausübt.

Die Texte der Lieder, die in dieser Art dargeboten werden, sind in der Regel sehr alt. Ich hörte einmal in der traditionellen Darbietung des Kaitschi, so wird der Sänger genannt, den Ausschnitt „Klagelied der kleinen Götter" aus dem Heldenepos der Altaier „Maadai Kara":

Wir kleinen Götter lebten einst hier mit euch –
Götter des Waldes, des Baches, Götter der Berge und Höhlen,
Götter der Jagd, des Feuers, des Herdes und des Araki.
Aber einmal kamen die Riesen mit leeren Gesichtern
Und warfen uns in eine tiefe Schlucht.

Und jetzt bringt uns niemand ein Opfer dar.
Und niemand bittet uns um Schutz.
Und in der Vergangenheit haben wir euch bestraft,
Wie ein Vater dumme Kinder bestraft.
Wir haben euch kleine Menschen bestraft.
Aus irgendeinem Grund waren wir wütend auf euch.
Und jetzt weinen wir bitter darüber.
Die Riesen haben uns in das Dickicht des Waldes gejagt.
Die Riesen haben uns unter die Erde getrieben.
Das Blut der Erde wird freigesetzt.
Die Knochen der Erde werden ständig zerquetscht ...
Ihr tut uns leid, unsere kleinen Kinder,
Wir weinen mit euch, wir weinen zusammen,
Aber eines Tages werden sich die Riesen gegenseitig töten.
Ihre Häuser werden überwachsen, ihre Straßen werden überwuchert,
Und in leeren Wohnungen werden sich Wölfe niederlassen ...
Und nur wir bleiben zurück, die kleinen Götter,
Wo wir immer waren und immer sein werden.
Götter des Waldes, des Baches, Götter der Berge und Höhlen,
Götter der Jagd, des Feuers, des Herdes und des Araki.
Und niemand wird uns mehr berühren,
Und niemand wird Opfer bringen.

Erinnert Sie dieser Text an irgendetwas? Ich muss jedes Mal, wenn ich dieses alte Klagelied höre, an H. G. Wells, denken, der vor 120 Jahren seine brillante Erzählung „Die Zeitmaschine" veröffentlicht hat. Darin geht es um die Aufteilung der Menschheit in zwei Klassen, auf der Erdoberfläche leben die Eloi in einer freundlichen Umgebung, wo sie sich sorgenfrei mit angenehmen Dingen beschäftigen, während die Morlocks in unterirdischen Höhlen bleiben und die Eloi mit allem Notwendigen versorgen. Allerdings hielten sich bei Wells die Morlocks die Eloi wie Vieh, das sie als Menschenfresser als Nahrung brauchten. Der Kehlkopfgesang im Altai und Tuwa wurde an der McGill University im kanadischen Montreal erforscht. Den Schlüssel zur Annäherung an die alte Musik glaubte man, dank „fortgeschrittener" Gehirnforschungstechnologien zu finden. Als Wissenschaftler Freiwillige einem funktionellen MRT unterzogen, um die Aktivität verschiedener Gehirnareale festzustellen, zeigte sich, dass das Gehirn der Probanden auf die Klänge des Kehlkopfgesangs genauso reagierte wie auf Essen, Sex oder kaltes Wasser an einem heißen Tag. Das heißt, die Menschen spürten Vergnügen. Jedoch nicht alle. Diejenigen, die eher unprätentiöse Melodien mögen, nahmen den Kehlgesang ruhig auf, diejenigen, die von ihrem Charakter her, ständig auf der Suche nach neuen Empfindungen sind,

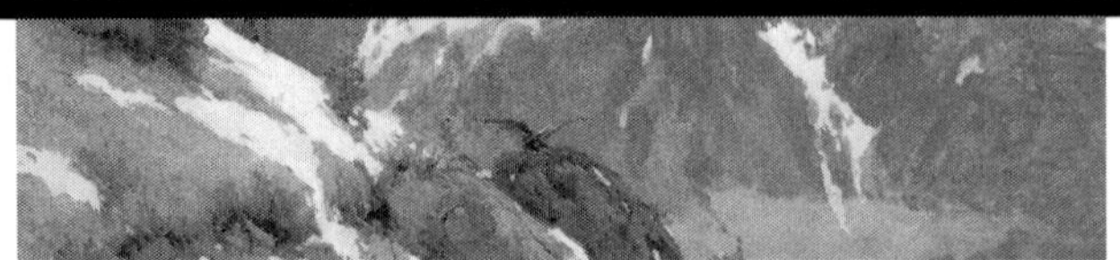

und Liebhaber komplexer Musik, die offen für neue Hörerfahrungen sind, empfanden Freude.

In einem Archäologischen Museen sah ich einst eine Flöte aus einem Mammutstoßzahn, die bei Ausgrabungen in einer Altai-Höhle gefunden worden war. Und ich hatte ein Bild im Kopf: Höhepunkt der Eiszeit, vor Tausenden und Abertausenden von Jahren. Vereiste Erde, Schnee, Tiere, die sich in den Höhlen dräng-

Die „Karakol-Galerie" ist eine steile Felsmauer mit Inschriften und Zeichnungen. Dies ist die monumentalste Malerei im Altai. Auf beinahe allen Felsflächen sind Zeichnungen zu finden

ten, Hunger, ein Lagerfeuer, das die Höhle kaum wärmt. Aber statt auf die Jagd zu gehen, sitzt ein Mann da und bohrt mit einem Steinmesser ein Loch in einen Mammutstoßzahn. Diese harte Arbeit dauert viele Stunden und Tage. Und endlich ist die Flöte fertig! Das heißt, bereits unsere Vorfahren brauchten Musik, auch wenn das Überleben immens schwierig war. Und diese Tatsache hat die Forschung lange in eine Sackgasse geführt. Manchmal scheint es mir, dass der so alte Kehlkopfgesang immer eine mysteriöse Macht über die Menschen hatte, ihnen so viel Vergnügen bereitete, wie „Essen oder kaltes Wasser an einem heißen Tag".

Aber zurück zu unserer Reise. Vor uns liegt das Karakol-Tal mit seiner berühmten „Karakol-Galerie", die die Altaier „Bitschiktu-Katsch-Boi" nennen, eine steile Steinmauer mit Inschriften und Zeichnungen. Dies ist die monumentalste Malerei im Altai. Ein schmaler Weg führt an glatten braunen Felsen von vier Metern Höhe mit einer roten Patina vorbei. Auf beinahe allen Felsflächen sind Zeichnungen zu finden. Eine unglaubliche Bildergalerie!

Das Dorf Ongudai (5 700 Einwohner) ist Zentrum des Rayon Ongudai und liegt bei Kilometer 635 des Trakts am Fluss Ursul, auf einer Höhe von 800 Metern über dem Meeresspiegel. Das Dorf wurde 1626 gegründet. Im Verwaltungsgebäude befindet sich ein kleines Hotel, am Dorfrand lädt das Café „Flora" ein, und eine Tankstelle gibt es auch.

Der Rayon Ongudai ist im gesamten Altai-Gebirge als Austragungsort eines der beliebtesten Volksfeste namens El-Oijn bekannt. Es fand hier erstmals im Jahr 1988 statt. Früher wanderte es durch die Republik, aber dann wurde beschlossen, Ongudai zum dauerhaften Veranstaltungsort für das Fest zu machen.

Seinen Ursprung hat El-Oijn im Dorf Elo im Ongudaisker Rayon. Hier haben im Jahre 1756 zwölf Sippenhäupter einen Brief an Zarin Elisaweta geschrieben, mit der Bitte die Altai-Bevölkerung angesichts der Bedrohung durch China unter ihren Schutz zu nehmen. Zweck des Feiertages ist, die Traditionen, Sitten und Bräuche der Altai-Völker zu bewahren, die nationale Volkskunst zu entwickeln und zur Bereicherung und Durchdringung der Kulturen der Völker beizutragen. Das Fest geht über drei Tage mit einem Kulturprogramm, in dem Folkloreensemble ihre Kunst darbieten und theatralisierte Aufführungen geboten werden. Zudem werden Wettkämpfe in den traditionellen Sportarten der Altai-Völker durchgeführt: Kuresch (Ringkampf mit Gürteln), Kodürge Tasch (Felsblöcke heben), Ok-jaa-adysch (Bogenschießen), Pferderennen, Kok-boru (Pferdemannschaftssport mit einem toten Ziegenkörper), Herauflaufen auf den Berg, Huckepack (ein Läufer trägt einen Reiter über eine bestimmte Strecke), nationales Schachspiel und andere. „Emdik Uredisch" ist der absolute Höhepunkt des Fests – hier treten Mannschaften gegeneinander an, die jeweils ein Wildpferd fangen, zäumen, satteln und reiten müssen. Sieger ist die Mannschaft, die am schnellsten ist. Die Siegermannschaft erhält als Preis – ein Auto.

Dank dem ehemaligen kirgisischen Präsidenten Almasbek Atambajew werden seit 2014 alle zwei Jahre die Weltnomadenspiele durchgeführt, bislang fanden sie drei Male in Tscholpan Ata am Issyk-Kul und einmal in der Türkei statt. Die Wettbewerbe in den nationalen Sportarten der Nomadenvölker wie Kok-Boru, Gürtelringen und Togyz Kumalak werden Sie im Altai bei allen Folklorefestivals zu sehen bekommen.

Bei dem Logikspiel Togyz Kumalak (Neun Kugeln) habe ich in Zentralasien oft zugesehen. Da beugen sich graubärtige Aksakale oder auch junge Menschen hier und da oft über einen „Kassenlöffel". Nur zählen sie nicht Münzen, son-

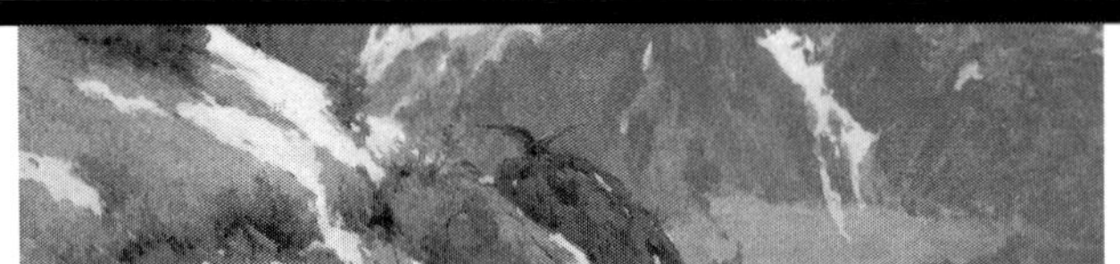

dern Kugeln. Auf die Frage, womit diese Männer beschäftigt sind, werden die Kasachen „Togyz Kumalak" antworten und die Kirgisen „Toguz Korgool". In beiden Ländern gilt das Spiel der „neun Kugeln" als nationale Errungenschaft. Man nennt es auch Hirtenalgebra. Auf den ersten Blick ist dies nur ein Spiel, aber in Wirklichkeit ist es reine Mathematik und strategischer als Schach.

Das Dorf Ongudai wurde in der russischen Presse aufgrund von zwei Amateurwissenschaftlern bekannt. Die beiden geschichtsbegeisterten jungen Männer, Boris Kindikow und Aibek Tschekuraschek aus Ongudai, fanden ein Felsstück mit einer ungewöhnlichen Inschrift und entschlüsselten sie: „Ich schreibe auf den ewigen Felsen, ich bitte die Herrn des Orts um Gesundheit und ein langes Leben." Die altturkischen Runen wurden von Stämmen im 8. bis 10. Jahrhundert verwendet.

In Ongudai wurde 1947 der bedeutende Dichter und Schriftsteller Brontoi Bedjurow geboren. Er absolvierte die Pädagogische Hochschule in Gorno-Altaisk und das Literaturinstitut in Moskau. Bedjurow schreibt in Altaiisch. Meiner Meinung nach ist „Altai-Chantschai" („Ewige Heimat") sein bestes Werk. Er erzählt darin über den Altai und seine Geschichte. Bedjurow übersetzt auch Werke der Weltliteratur ins Altaiische, darunter Saint-Exupérys „Der Kleine Prinz". „Lesen Sie Bedjurow", forderte mich einmal ein Lehrer aus dem Altai auf, „und Ihnen wird klar, warum man lebt."

Wir reisen weiter auf unserer Route und gelangen zum Bergpass „Tschike-Taman" („Schlechte Sohle"). Er gilt als Naturdenkmal von nationaler Bedeutung. Das ist der schwierigste und gefährlichste Abschnitt des Tschuiski-Trakts. Die Straße verläuft auf einer Höhe von 1 295 Metern. Hohe Felsen ragen rechts steil auf, links fallen steile Felsen herab. Die Menschen nannten diesen Pass früher Tschort-Ataman (Teufels-Ataman). Wjatscheslaw Schischkow schreibt in seinem Aufsatz „Der Teufels-Ataman":

„Tschike-Taman. Vor allem ein Spruch, von der Hand eines verzweifelten Kutschers an eine Wegsäule am Straßenrand ganz oben auf dem Pass eingekratzt: ‚Das ist nicht Tschike-Taman, sondern Tschort-Ataman, achtundvierzig Sünden.", sagt alles aus, die ganze Galle eines wütenden Mannes, der viel zu viel geflucht hat, während er sich selbst quälte und antrieb, wahrscheinlich mehr als sein Pferd. Tschike-Taman ist eine riesige Bergkette, die den Weg zum Ilgumen-Tal blockiert, in das der Trakt führt.

Sie fahren dicht an den Berg heran, steigen aus der Kutsche und gehen die endlosen Mäander des Trakts hinauf, wie ein Betrunkener, der Gedanken über den steilen Hang des Berges wälzt und völlig erschöpft, aber sicher die Passhöhe erreicht. Und die Pferde zerreißen sich währenddessen mit ihrem Wagen. Sie sind auf 160 Saschen (2,1336 Meter) geklettert und müssen nun die gleiche

Anzahl Saschen wieder hinabsteigen. Dabei ist der horizontale Abstand zwischen den äußersten Auf- und Abstiegspunkten nur einen Werst weit voneinander entfernt. Alle diese einzelnen Zickzacklinien des Pfades sind sehr kurz und schmal, die Krümmungsradien sind klein und die Steigungen dabei sehr groß. Manche Kutschen schaffen die Biegung nicht richtig, dann hängen die Räder über dem ungeschützten Abgrund. Noch ein ungeschickter Tritt des Pferdes, und es stürzt zusammen mit der Fracht in die Tiefe."

Nach dem Tschike-Taman steigen wir ins Ilgumen-Tal ab. Zwei Flüsse, der Maly und der Bolschoi Ilgumen, fließen parallel nach Osten. Dann dreht der Maly Ilgumen ab und fließt in den Fluss Ursul, der Bolschoi Ilgumen mündet in den Katun. Auf dem Weg ins Tal gibt es Geröllberge, die im Mai mit blühendem Rhododendron bedeckt sind, ein riesiger blühender Raum! Als hätte ein fröhlicher Künstler im Winter die leuchtenden Farben vermisst, sich dann einen Pinsel geschnappt und mit lila-rosa Aquarellstrichen große Flecken auf die steinigen Hänge aufgetragen.

Die ersten Knospen sind noch nicht geöffnet, die Blätter an den Bäumen noch nicht ausgetrieben, doch es gibt einen standhaften Strauch, der den Menschen ein freudiges Frühlingsgefühl schenkt. Das ist der Maralnik, wissenschaftlich als Rhododendron ledebourii bezeichnet, nach dem deutschen Botaniker Carl Friedrich von Ledebour (1785 bis 1851), der als Staatsrat im russischen Staatsdienst stand und 1826 eine Expedition in den Altai unternahm. Dieser Rhododendron ist endemisch in den Bergen des Altai- und Sajangebirges. Stadtbewohner kennen in der Regel den Verwandten des Strauchs, den Rhododendron Daurski (der hier auch Ledum oder Bagulnik genannt wird). Im zeitigen Frühjahr werden auf den Straßen seltsame Blumensträuße verkauft, die eher Besen ähneln. Aber wenn Sie sie in Wasser stellen, blühen schöne rosa Blüten auf nackten Zweigen

Bei Kilometer 680 befindet sich der sogenannte Kordon Kur-Ketschu, in dem Sie übernachten können. Es sind Häuschen mit Mansarde, Dampfbad und Zugang zum Fluss. Touristen kommen mit ihren Zelten auf die dafür vorgesehenen Stellplätze.

Wenn wir jedoch nicht zum Kur-Ketschu-Kordon abbiegen, sondern weiterfahren, gelangen wir zum „Bom Kur-Ketschu" (übersetzt „Tödlicher Übergang"). Riesige Felsklippen hängen über der Straße und dem Katun, an einigen Stellen führt der Weg durch Felsentore, enge Schluchten, in denen nur ein Auto fahren kann. Die Straße zieht sich hoch über den Felsen entlang, während unten der Katun tobt und braust.

Die Straße zum Dorf Bolschoi Jaloman ist überaus malerisch und das Dorf selbst liegt am Zusammenfluss der Flüsse Jaloman und Bolschoi Jaloman. An dessen Oberlauf befindet sich der Wasserfall Kür-Kür-Küre (der ein Klingelgeräusch macht), die Höhe des Wasserfalls beträgt 16 Meter.

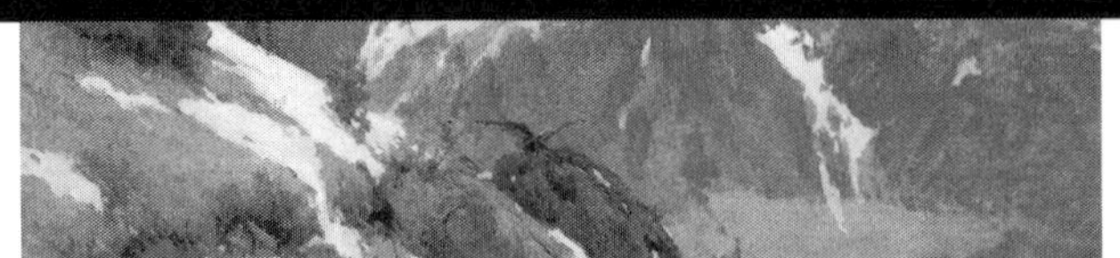

Am Kilometer 703 des Tschuiski-Trakts erwartet uns das Dorf Inja (ijn – Schulter). Es wurde im Jahre 1900 gegründet. Es gibt hier ein Krankenhaus, Geschäfte, eine Tankstelle. Quert man den Katun über die neue Brücke, lohnt es sich, auf die alte Ininski-Brücke, auch Tsaplin-Brücke genannt, zu achten, die seit 1970 nicht mehr genutzt wird, doch als Brückenbaudenkmal Bedeutung hat. 1936 nach einem Entwurf von Sergej Tsaplin erbaut, ist es die weltweit erste Zweikabel-Hängebrücke. Am Rande des Dorfes Inja erheben sich vier, etwa zwei Me-

Zusammenfluss von Tschuja und Katun

ter hohe Steinmauern. Niemand weiß, was sie bedeuten. Es gibt alte Kurgane in der Umgebung.

Inja wurde zusammen mit der benachbarten Siedlung Inegen (Kilometer 708 des Tschuiski-Trakts) im Jahr 2006 in allen russischen Zeitungen erwähnt. Der Nowosibirsker Klub „Off Road Master“, eine nichtkommerzielle Organisation, gegründet 1998 für den Extremautosport in Sibirien und im Fernen Osten, richtete für seine Mitglieder eine Rallye auf einer ehemaligen Viehtreiber-Straße aus. Dort gab es einen solchen Engpass, den die Autos nicht passieren konnten. Die Fahrer haben dann die Straße erweitert, indem sie eine Plattform über dem Abgrund erbauten.

Bei Kilometer 712 des Tschuiski-Trakts, am Zusammenfluss von Tschuja und Katun, befindet sich der 9 538 Hektar große Naturpark Tschui-Oozi („Mündung der Tschuja"). Der Park wurde 2002 zur Bewahrung von Flora und Fauna eingerichtet. Etwas weiter entfernt befindet sich ein kleines Hotel und das Café Tschui-Oozi. Anfang Mai sind alle kleinen Hotels in der Region überfüllt: Zu dieser Zeit findet jedes Jahr die Tschuja-Ralley statt, ein vielseitiger Wassersport-Wettbewerb sowohl für einzelne Sportler und wie auch für Mannschaften, mit Wettkämpfen auf Flößen, Katamaranen und Kajaks. Die Ralley findet seit mehr als 25 Jahren statt, ihre höchste Popularität erreichte sie jedoch 1989, als sich Athleten aus zehn Ländern zum ersten internationalen Wasserslalom-Wettkampf hier versammelten. So gab es viele Zeitungsbilder von der berühmten Begemoth-Schwelle und von der Brücke über die Tschuja, wo sich die Athleten nach den Wettkämpfen trafen.

Der Kalbak-Tasch-Höhenzug („Hängender Stein") am Ufer der Tschuja (Kilometer 723) weist eine einzigartige Galerie von Petroglyphen auf, mehr als 5 000 Zeichnungen und Runen-Texte. Sie stammen aus der Mitte des 2. Jahrtausends vor unserer Zeitrechnung. Es heißt, dass diese Altai-Altertümer durch die Arbeit von Sklaven geschaffen wurden. Tausende von Menschen haben vermutlich hier gearbeitet, und kein Führer wird vermitteln, was Sie fühlen, wenn Sie die Spuren von Hammerschlägen auf den steilen Felsen erkennen.

Die Felsen sind übersät mit Zeichnungen und mysteriösen, nicht entschlüsselten Texten. Die Menschen haben Steine bearbeitet und erzählen uns etwas damit: Wie sie gekämpft haben, wie sie lebten und gestorben sind. Sie haben an ihren steinernen „Büchern" gearbeitet, wer immer sie gewesen sind, Sklaven, Künstler. Doch von Zeit zu Zeit vermochten sie dem Sog der Tiefe nicht zu widerstehen und stürzten sich in den Abgrund. Oder wurden sie vielleicht vom Aufseher für einen falschen Schlag in die Tiefe gestoßen? Wir können die Felsen mit unserer Hand, die es gewohnt ist, auf Papier zu schreiben, berühren. Aber was wird in drei Jahrtausenden mit unseren Büchern passiert sein? Werden sie zu Staub geworden sein? Diese Steinbücher hier haben drei Jahrtausende überdauert und werden gewiss noch viele Jahre überleben. Sehen Sie sich diese Zeichnungen an, vertiefen Sie sich! Dann eröffnet sich plötzlich der Weg in die graue Vorzeit, die Steine beginnen zu sprechen.

Hier sind Darstellungen menschlicher Figuren in ungewöhnlichen Kostümen zu sehen: Menschen in großen Kopfbedeckungen mit Tierschwänzen, bewaffnet mit Speeren, Pfeil und Bogen. Oft sind Streitwagen abgebildet, Lastochsen, exotische Tiere, tanzende Frauen.

Am Trakt Kalbak-Tasch werden Führungen zu den Petroglyphen angeboten. Nach einigen Kilometern (Kilometer 728) steht in einer offenen Lichtung eine alte Steinstatue des Kriegers Keser-Tasch mit einem Schwert in der Hand. Und nicht weit davon ist ein Felsen, der mit alten Zeichen und Zeichnungen bedeckt

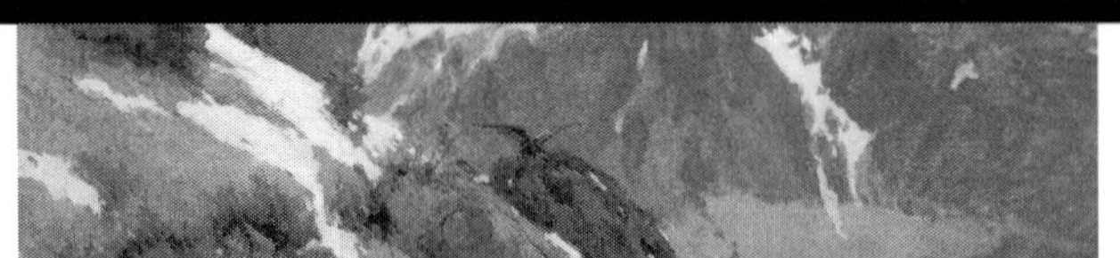

ist. Die mysteriösen Zeichen wurden noch nicht entschlüsselt. Man vermutet, dass dies die Geschichte eines Königreichs ist und dass der Krieger vierzehn Mal für sein Königreich gekämpft hat.

Am 742. Kilometer liegt wieder ein gefährlicher Ort namens Ak-Bom. Früher sind dort nicht einmal zwei Pferde aneinander vorbeigekommen. Nicht weit von hier gibt es heute mehrere Häuser für Touristen, und es werden mehrtägige Pferdewanderungen organisiert.

Touren auf Pferden werden auch an der Touristenbasis „Nadeschda" im Dorf Tschibit („Gelbe Farbe") angeboten, das sich am Kilometer 783 des Tschuiski-Trakts befindet. Dort kann man in Zelten wohnen, und es gibt einen Parkplatz.

Der letzte Punkt unserer Route ist das Dorf Aktasch („Weißer Stein"). Es liegt am Kilometer 791 und ist ein ehemaliges Bergbaudorf, das in der Nähe einer Quecksilberlagerstätte entstanden ist. Die einzige Sehenswürdigkeit ist das Memorialmonument, das die Einheit der Altaivölker beschwört. Im Dorf leben hauptsächlich Russischstämmige, es gibt Geschäfte und das Hotel „Altes Motel". Man erzählte mir, dass in Aktasch ein Tourist anfing, Fotos zu machen von allem, was ihm unter die Augen kam, anscheinend war er gut gelaunt, nachdem er die Bar im „Alten Motel" besucht hatte. Plötzlich kam ein Leutnant auf ihn zu: „Geben Sie den Film her. Sie haben ein Gebäude fotografiert, das zu fotografieren verboten ist." Es stellte sich heraus, dass es sich um ein bescheidenes Grenzkontrollgebäude handelte, in welchem Dokumente und Voucher für die Grenzzone Kosch-Agatsch ausgestellt werden.

Die hohe Wachsamkeit erinnert mich immer an eines meiner Lieblingsbücher in meiner Kindheit, die Geschichte von Alexander Awdejenko „Über der Tissa". Sie handelt von Grenzschützern und Spionen und war Vorlage für einen Abenteuerfilm, der lange Zeit auf Platz 1 im sowjetischen Filmverleih stand.

Die Handlung entwickelt sich nach den Gesetzen des Spionagekriminalromans. Es gibt einen Feind, der heimtückisch ist, aber die Heimtücke ist schwächer als die Wahrheit. Die These „Die Macht liegt in der Wahrheit" ist das Hauptthema. Ich habe im Alter von vier Jahren Lesen gelernt. Es gab etliche Bücher im Haus, besonders Reihen mit gesammelten Werken, und es war notwendig, sie Band für Band im Buchladen abzuholen. Ich erinnere mich an die dunkelgrüne Charles-Dickens-Ausgabe mit dreißig Bänden, 1957 in der UdSSR erschienen. Ich nahm zufällig Band 8 aus der Reihe heraus – es war der Barnaby Rudge-Roman. Mit großer Mühe kämpfte ich mich da durch. Und meine Literaturlehrerin sagte: „Meiner Meinung nach haben nur Dickens und du diesen Roman gelesen." Und sie fügte mit einem Lächeln hinzu: „Aber wofür brauchst du so viel unnötiges Wissen, Tatjana?"

Das Plateau Ukok

Kosch-Agatsch – Siedlung Dschasator – Dschumalinsker Thermalquellen – Bertek

Die Strecke zwischen Kosch-Agatsch und Bertek, dem Ort, der als Herz des Plateaus Ukok gilt, ist mit 180 Kilometern nicht sehr lang, aber sie kann nur mit einem Allrad-Fahrzeug bewältigt werden. Allein wegen des Plateaus lohnt sich jede Anstrengung, die Reise anzutreten, aber Massentourismus gibt es hier nicht. Man muss sich darauf einstellen, dass es ein mühsamer Weg ist. Das Plateau Ukok wird auch „Altar Eurasiens" oder „Tibet des Altai" genannt. Jeder, der das Plateau Ukok einmal besucht hat, wird sich für den Rest seines Lebens an das Gefühl erinnern, von etwas Außergewöhnlichem und Heiligem, das eine respektvolle Haltung einfordert, berührt worden zu sein.

Allein wegen des Plateaus Ukok lohnt sich jede Anstrengung, die Reise anzutreten, aber Massentourismus gibt es hier nicht

Es gibt drei Versionen der Übersetzung des Wortes „ukok": Aus der mongolischen Sprache – „großer Hügel mit flacher Spitze", aus der türkischen – „blaue Himmelsfamilie", aus dem Altaiischen – „klirrender Frost".

Das Plateau Ukok ist von seiner Lage her einzigartig, abgelegen und gleichsam verloren an den Grenzen von vier Staaten: Russland, China, der Mongolei und Kasachstan. Seit dem Altertum ist es Teil historischer und kultureller Prozesse und ein Ort der Verbindung und Überschneidung von drei Weltreligionen: Buddhismus, Christentum und Islam.

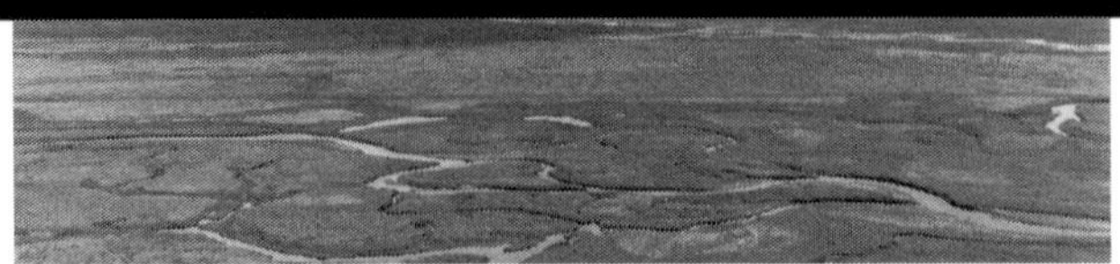

Im August 1994 führte die Regierung der Republik Altai ein zehnjähriges Moratorium für Ausgrabungsarbeiten auf dem Territorium von Ukok ein und erklärte das Gebiet zur „Zone der Stille". Hier befindet sich heute der Naturpark „Zone der Stille Ukok" mit einer Fläche von 254 204 Hektar, in dem nur nachhaltige touristische Aktivitäten erlaubt sind.

Die beste Zeit für einen Besuch auf dem Plateau Ukok ist August bis Anfang September. Man sollte sich einer geführten Gruppe anschließen. Man gelangt aus dem Dorf Kosch-Agatsch hierher, jedoch benötigt man eine Genehmigung

Die beste Zeit für einen Besuch auf dem Plateau Ukok ist August bis Anfang September. Man sollte sich einer geführten Gruppe anschließen

für die Region, da sie an der Grenze liegt. Diese wird am Grenzposten im Dorf Aktasch ausgestellt.

Von Kosch-Agatsch sind es 140 Kilometer bis zur Siedlung Dschasator. Die Fahrt mit dem Auto dauert etwa fünf Stunden. Dschasator mit seinen 1 800 Einwohner ist das abgelegenste Dorf im Altai-Gebirge. Hier leben Altaier, Russen und Kasachen. Sie nutzen die Winterweiden von Ukok für ihr Vieh. Es gibt ein kleines Hotel im Dorf.

Im örtlichen Krankenhaus machte ich mich mit den Methoden der östlichen Medizin bekannt. Was unterscheidet die östliche Medizin von der europäischen? Zum Beispiel: Ihre Schulter schmerzt. In Europa gehen Sie zum Arzt, der die Schulter röntgt, alle möglichen Analysen macht, Wärmebehandlung und Massagen verordnet sowie Medikamente verschreibt. Und das Verfahren der breiten Anwendung wird ein gewünschtes Ergebnis bringen, auch wenn der Arzt nur ein Dreier-Kandidat war, irgendetwas wird helfen. Das heißt, im Westen werden Sie als Mechanismus betrachtet, der geheilt und repariert werden muss. Im Osten aber sind Sie Teil des Kosmos. Und diesem Teil muss geholfen werden, in den Zustand der Harmonie zurückzukehren. Ihre Schulter schmerzt? Ziehen Sie den rechten Schuh aus. Denken Sie an den Steppenadler am blauen Himmel über Steppe und See. Nun drei Nadeln. Alles. Aber der hiesige Arzt darf nicht nur „befriedigend", sondern er muss von höchster Professionalität sein, nur ein halber Millimeter daneben, und der Schlag geht auf das Schlüsselbein, wenn der Schlag zu schwach oder zu stark ist, ist dies auch schlecht. Es bedarf absoluter Präzision. Beide Methoden, die östliche wie die europäisch, helfen. Aber was für ein Unterschied.

Dschasator liegt am Zusammenfluss der Flüsse Ak-Alacha und Dschasator, die einen der schönsten und wildesten Flüsse des Altaigebirges bilden, den Argut, was übersetzt etwa heißt: „Ledersack für die Herstellung von Kumys". Die Umgebung von Dschasator wird von der Bergkette des Südlichen Tschuja-Kamms, insbesondere durch den Iiktu-Berg (3 942 Meter) dominiert, das ist einer der höchsten Berge in der Region. Die Einheimischen lesen an ihm die Wetterentwicklung ab. Eine weitere interessante Gegend ist die Samachinskaja-Bergsteppe auf einer Höhe von 1 600 Metern.

Bis zum kleinen Dorf Argut kann man gut mit dem Auto gelangen, aber dann beginnt ein Bergpfad. Er führt über den Bugymu-Pass und entlang der Bertek-Flur, dem Herzstück von Ukok. Auf unserem Weg stoßen wir auf den Fluss Usai, der aus einem der höchsten Bergseen des Altai – Tschembak-Kul (2 643 Meter) – abfließt. Der Dschumalinski-Pass liegt auf einer Höhe von 2 750 Metern. Auf dem Pass befinden sich mehrere Oboo von beeindruckender Größe. Oboo sind mit Stöcken befestigte Steinaufschüttungen, die mit bunten Stoffbändern geschmückt werden, ein Brauch zur Verehrung der örtlichen Geister.

Vom Pass geht es hinab ins Tal, wo es eine kleine Bergbau- und Aufbereitungsanlage gibt. Wir befinden uns auf dem Weg zur Dschumalinski-Thermalquelle.

Die Thermalquelle befinden sich 100 Kilometer von Kosch-Agatsch entfernt auf einer Höhe von 2 405 Metern am rechten Ufer des Flusses Dschumal. Im Winter gefriert die Quelle nicht, die Wassertemperatur beträgt +21 Grad Celsius. Ihr Wasser gleicht in seiner Zusammensetzung dem Mineralwasser in Belokuricha. Es gibt hier drei Badehütten, in denen in fließendem Thermalwasser gebadet werden kann. In jeder der Badehütten werden bestimmte Krankheiten behandelt: in der ersten Rückenerkrankungen, in der zweiten Magenerkrankungen, in der dritten Kopfschmerzen. Es gibt ein Außenbecken mit sprudelndem Springbrunnen und einen Bach mit kaltem Heilwasser, das man trinken soll. Letzteres soll Augenkrankheiten heilen.

Bei den Dschumalinski-Thermalquellen gibt es mehrere besondere Heilsteine, von denen einer, wie die Einheimischen sagen, ein „Herzstein" ist. Wenn man

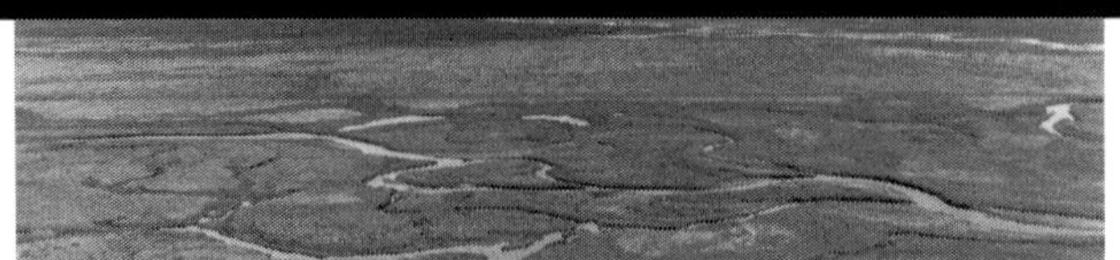

sich an diesen Stein anlehnt oder darauf liegt, wird man von Herzkrankheiten befreit.

Nicht weit von der Quelle entfernt befindet sich eine weitere Bergbau- und Anreicherungsanlage, sechs Kilometer entfernt liegt die „Kalguta-Mine", in der Geologen Cäsium- und Berylliumvorkommen fanden. Heute leben und arbei-

Hier befindet sich heute der Naturpark „Zone der Stille Ukok" mit einer Fläche von 254 204 Hektar, in dem nur nachhaltige touristische Aktivitäten erlaubt sind

ten zwanzig Menschen dort, doch einst war es ein großer Betrieb, in dem Wolfram und Molybdän abgebaut wurden.

In der Umgebung des Bergwerks hat man interessante Felsmalereien entdeckt. Wilde, mächtige Fantasien eines Urmenschen-Volkes. Der gesamte Felsen stellt ein einheitliches künstlerisches Ganzes dar, in dem Menschenwerk und Natur verschmelzen, wenngleich es eine beabsichtigte – archaische – Unvollständigkeit in den Abbildungen von Pferden, Hirschen, Wisenten und anderen Tieren gibt. Doch was stellt es dar? War es ein Heiligtum frühzeitlicher Menschen, ein Altar? Was waren das für Menschen, die hierher gingen, in Andacht versanken, und zu wem beteten sie? Leider sind die Petroglyphen schlecht erhalten und verwittert. Wissenschaftler aus Nowosibirsk datierten sie auf die Endphase der Altsteinzeit.

An anderen Orten des Altai sah ich nicht nur Zeichnungen, sondern auch Runenschriften. Welche Geheimnisse sind dort verborgen! Was erzählen sie uns? Welche bisher nicht entschlüsselten Texte haben sie hinterlassen? Vielleicht ist dies die Geschichte eines unbekannten Königreichs, die Geschichte von Kriegen, Siegen und Niederlagen. Die Arbeit lässt an Juweliere denken. Die Festigkeit des Steins gleicht einem Adamant (fiktives, sehr hartes Metall, Mineral, Kristall oder Edelstein): Bis heute sind die Kanten der Klingenbuchstaben frisch und scharf. An Seilen hängende Menschen formten mit unbekannten Werkzeugen den Stein, um ihre Geschichten für die Jahrhunderte zu erzählen. Ich stelle mir gerade vor, dass mich diese unbekannten Vorfahren der Altai-Völker jetzt anlächeln würden, wenn sie erführen, dass ich sie lobpreise. Das ist ein unaussprechliches Gefühl.

Hinter der Dschumalinski-Quelle beginnt der Aufstieg zum Tjoply Kljutsch-Pass (2 900 Meter). Bis zur Bertek-Flur bleiben noch 80 Kilometer. Der Pass ist nur von Juli bis August passierbar, und so müssen die russischen Grenzschutzbeamten die übrigen Monate von Ukok durch die Mongolei nach Aktasch reisen. Wir steigen ins Tal der Kalguta herab. Der Fluss entspringt in den schneebedeckten Bergen von Tabyn-Bogdo-Ola. Der Name des Flusses kommt von „chaalgat" – „Tor", im Allgemeinen gilt das Tal als Beginn des Ukok-Plateaus. Über Jahrhunderte wurde Tee aus China auf dieser Straße transportiert, und Maralhörner gelangten in entgegengesetzter Richtung aus dem Altai nach China, dieses Exportgut wurde häufig von Altgläubigen beschafft.

Als nächstes gelangen wir zum Grenzaußenposten „Argamadschi" („Warmer Fluss"), dem höchstgelegenen in Russland. Und dann verläuft die Straße 40 Kilometer entlang der Grenze zu China. Weiter geht es vorbei am Tschusinoje-See und mehreren kleinen Flüssen. Vor uns liegt Bertek („ein kleiner, schwer erreichbarer Ort").

Und schließlich sind wir angelangt im Herzen von Ukok. Dies war bis vor kurzem der am wenigsten erforschte Ort im Altai-Gebirge. Dabei ist das Hochplateau das reichste Freilichtmuseum der Welt.

Von den zahlreichen Entdeckungen auf dem Gebiet von Ukok erlangte das Grab der „Altai Prinzessin" oder „Prinzessin von Ukok" den größten Ruhm. Die Grablegung ist 2 500 Jahre alt.

Stellen Sie sich folgende Szene vor: Entlang der Schlucht bewegt sich zwischen den roten Felsen eine Karawane – Kamele schnauben, Pferde wiehern. Aber weder hohe Warenpakete noch bunt gekleidete Händler oder lebhafte Diener sind zu sehen. Auf dem langen Weg über die Gebirgspässe wurde nicht darüber gesprochen, wieviel die Seide heute im Reich der Mitte kostet oder wie viele Stuten mit einem chinesischen Jademesser bezahlt werden können. Die Reiter ritten schweigend. An ihrer reichen Kleidung konnte man sie als die besten Krieger eines großen Stammes erkennen, dessen Herden in dem weitläufigen grünen

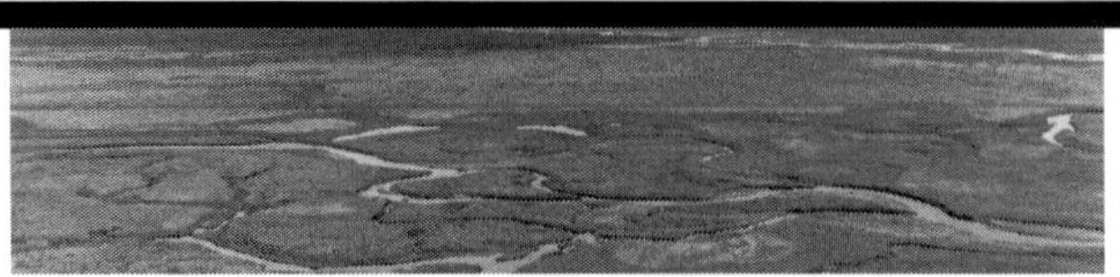

Tal zwischen den Bergen und der Taiga weideten. Abends erklangen an den Feuern durchdringende, bittere Lieder, die das Herz ergriffen. Für die Nacht wurde eine Wache aufgestellt: Sie hatte die sechs ausgezeichneten Pferde zu bewachen, die auf dem ganzen Weg niemand geritten hatte, sowie das massive Stück vom Stamm einer jahrhundertealten Lärche, das auf einem Wagen befestigt war. Der Stamm ist innen ausgehöhlt, darin gebettet der Körper ihrer schönen Herrscherin. Sie war die einzige Tochter des letzten Stammesfürsten. Als der Vater in das Land der Ahnen ging, wurde die junge Frau seine Erbin. So viel Größe war in ihren Taten, so viel Weisheit in ihren Reden, dass tapfere Krieger sich gerne ihrer Führung unterwarfen. Die Anführer fremder Stämme machten ihr Heiratsanträge, aber sie lehnte alle Freier ab. Schließlich schickte der Herrscher eines fernen Landes, das hinter den Wüstenländern östlich der hohen Berge, seine Hochzeitswerber zu ihr. Doch bevor die Fürstin zustimmen konnte, starb sie plötzlich.

Die Karawane zieht von den bergigen Ausläufern des Tals auf die Ebene der Stille. Dort wachsen zwischen den schneeweißen Gipfeln keine Bäume, auch im Sommer taut die Erde nicht auf. Keine lebende Seele wird den ewigen Schlaf der Herrscherin stören. Eine schwere Steinplatte wird das Grab vor Raubtieren schützen, ein Steinhügel wird den Ort der Erinnerung anzeigen.

Im Jahr 1993 kamen Archäologen aus Nowosibirsk auf das Plateau Ukok, das sich auf einer Höhe von 2 200 bis 2 500 Metern über dem Meeresspiegel erstreckt. Die Leiterin der Expedition, Natalja Polosmak, begann mit den Grabungen am Grabhügel von Ak-Alacha. Es hatte bereits im Altertum Versuche von Grabräubern gegeben, ihn zu öffnen, doch anscheinend sind sie an den riesigen Steinplatten gescheitert.

Der Hügel sah halb zerstört aus, und die Archäologen waren der Meinung, dass sie versuchen sollten, zumindest die kulturellen Werte, die unberührt geblieben waren, zu retten.

Zunächst entdeckte Natalja Polosmak eine Grablegung aus der Eisenzeit, doch ihr Instinkt sagte ihr, dass sich tief im Kurgan noch etwas anderes befand. Unter einer Steinplatte stieß ihre Gruppe auf eine Schicht Eis. Die Wissenschaftlerin hielt den Atem an: Im Eis bleiben organische Materialien, Leder, Stoffe konserviert. Sie gingen nun sehr vorsichtig vor, die Grabkammer wurde im Verlauf mehrerer Tage geöffnet, das Eis allmählich abgeschmolzen, ohne den Inhalt der Grabkammer zu beschädigen. Nach und nach wurde klar, dass sich Pferde im Eis verbargen! Sechs Pferde mit Sätteln und Geschirr waren um einen Stamm aus Lärchenholz angeordnet. Es war klar, dass nur eine sehr hochstehende Person mit solchen Ehren begraben wurde! Die Pferde wurden untersucht, der Fund aufgezeichnet und fotografiert, ehe der Lärchenstamm an die Reihe kam.

Die Spannung der Forscher steigt ... Der Deckel ist mit Bronzenägeln im Stamm befestigt. Der Deckel wird geöffnet, doch die Forscher erhalten keine schnelle Antwort auf ihre Fragen. Der Lärchenklotz ist mit Eis gefüllt. Als das Eis ge-

Rekonstruktion der Grabanlage der „Prinzessin von Ukok", die vor 2 500 Jahren bestattet worden war

schmolzen war, entdeckten die Forscher den einbalsamierten Körper einer offensichtlich jungen Frau, die vor 2 500 Jahren gestorben war. Der mumifizierte Körper lag mit leicht angewinkelten Beinen auf der Seite. Die Arme waren mit Tätowierungen bedeckt. Die Frau trug ein Seidenhemd, einen Wollrock, Socken aus Filz, einen Pelzmantel und eine Perücke. Alle Kleidungsstücke schienen von sehr hoher Qualität zu sein.

Wer war diese Frau, die so früh aus dem Leben ging? Wir können es nur vermuten. Sie hat ihr Geheimnis über die Jahrhunderte bewahrt.

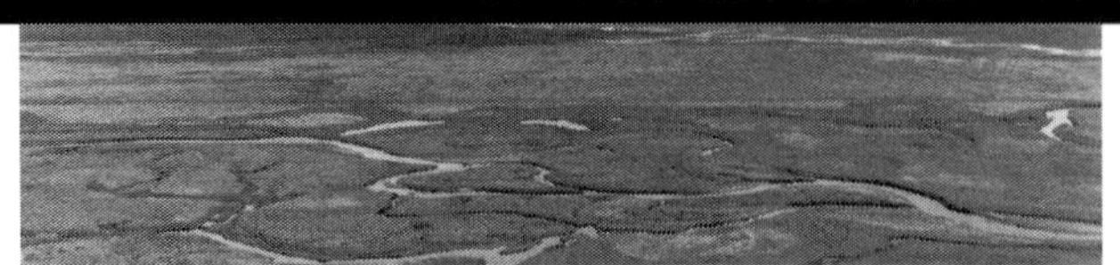

Die Mumie wurde „Altai-Prinzessin" oder „Prinzessin von Ukok" genannt. Sie wurde zunächst zur Erforschung und Konservierung nach Nowosibirsk in das Museum des Instituts für Archäologie und Ethnografie der Sibirischen Filiale der

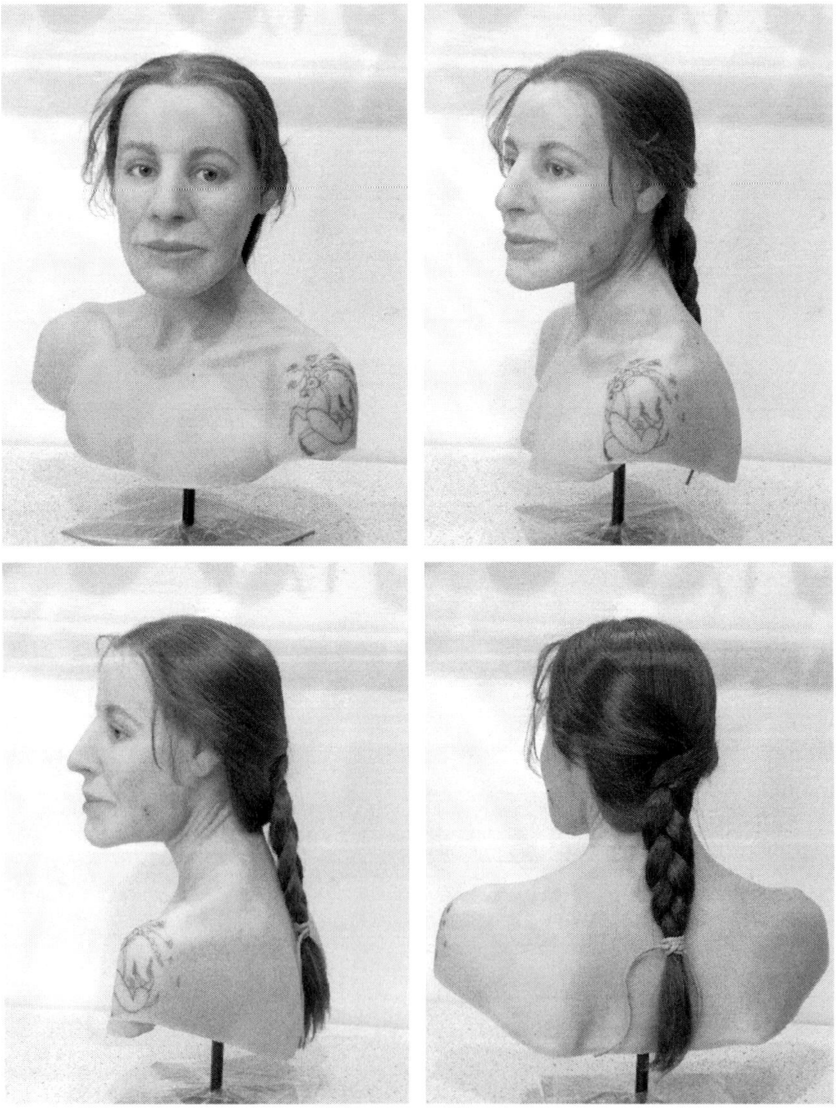

Anthropologen haben versucht, das Aussehen dieser Frau wiederherzustellen, danach lässt sich vermuten, dass sie der europäiden Rasse angehörte

Akademie der Wissenschaften überführt. Nach der Methode von Professor Michail Gerassimow – er war Archäologe, Anthropologe und Bildhauer und hat eine forensische Gesichtsrekonstruktion entwickelt – haben Anthropologen versucht, das Aussehen dieser Frau wiederherzustellen. Danach lässt sich vermuten, dass sie nicht der mongolischen, sondern der europäiden Rasse angehörte.

Die Altaier, insbesondere die Bewohner von Kosch-Agatsch, sind besorgt über das Schicksal der Prinzessin von Ukok. Zehn Jahre nachdem sie aus ihrem mehr als 2 000-jährigen Schlaf gerissen worden war, bebte die Erde im Altai. Es war das heftigste Erdbeben seit hundert Jahren, und die Region Kosch-Agatsch litt am meisten.

Zur Beruhigung der Gemüter wurde in Gorno-Altaisk am Hauptgebäude des Nationalmuseums ein spezielles Gebäude in Form eines Grabhügels zur Aufbewahrung der Mumie errichtet. Aber die Emotionen um die „Fürstin Kadyn", wie die Altaier die Prinzessin von Ukok nennen, schlugen im Laufe der Jahre noch höhere Wellen. Einige Anhänger der Altai-Kultur forderten sogar, die Mumie zu begraben und den skythischen Hügel in seiner ursprünglichen Gestalt wiederherzustellen, weil der Frieden der Ahnen nicht gestört werden darf. Die lokale Bevölkerung beschuldigt die Behörden und Archäologen immer noch, dass das Erdbeben von 2003 eine Folge ihres Vorgehens ist. Man kann das glauben oder nicht, aber ein wenig irrational ist es wohl.

Es gab in der Sowjetunion einen großen Wissenschaftler, der eine Methode entwickelte, um Gesichter aus Schädeln und Schädelfragmenten zu rekonstruieren und die Vergangenheit zu visualisieren. Das war Michail Gerassimow. Zusätzlich zu der von ihm entwickelten Methode der Gesichtsrekonstruktion hatte er einen ausgeprägten Sinn für Übersinnliches. In einem Interview berichtet er darüber, wie er an der Rekonstruktion der Gesichter von Iwan Grosny, Friedrich Schiller und des Begründers des Timuridenreiches Amur Timur gearbeitet hat. Mit Amur Timur war eine dramatische Geschichte verbunden. Es hieß, dass jeder, der Timurs Ruhe stört, den Geist des Krieges heraufbeschwören würde. Gerassimow erhielt die Erlaubnis, das Grab von Timur im Mausoleum Gur-e-Amir im usbekischen Samarkand zu öffnen. Doch just in dem Moment, als er Timurs Schädelknochen der Grabstelle enthob, liefen Menschen mit dem Schrei „Es ist Krieg!" in das Mausoleum. Das geschah am 22. Juni 1941.

Im Altai heißt es: Das Interessante ist umstritten, das Unbestreitbare ist uninteressant.

Stellen Sie sich vor, dass irgendwann nach dem Ende der Menschheit Außerirdische aus fernen Zivilisationen auf der Erde auftauchen. Zu welchem Schluss werden sie kommen, nachdem sie ihre Untersuchungen beendet haben? Womöglich zu dem, dass die führenden Persönlichkeiten der verschwundenen Zivilisation die Prinzessin Ukok mit ihrem großen Grab und die Pharaonen mit ihren Pyramiden gewesen sind.

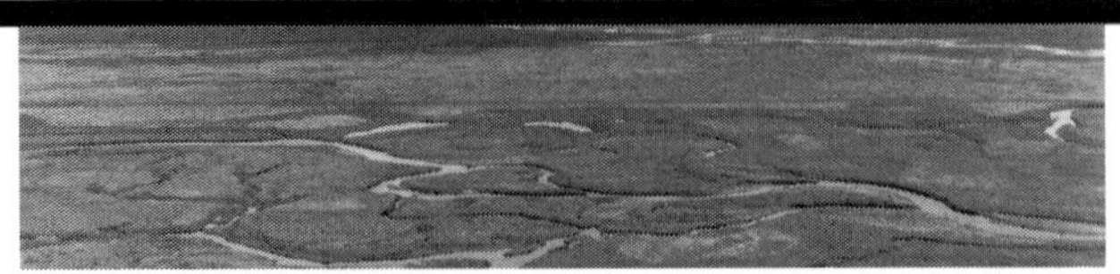

Und wenn die Außerirdischen über Schriftsteller der verschwundenen Zivilisation urteilen, müssen sie annehmen, der wichtigste Autor sei der Dichter und Schriftsteller Gabriele d'Annunzio gewesen. Schauen Sie sich die Gräber von Tolstoi, Shakespeare oder Dante an! Sie sind völlig unscheinbar. Dagegen der Panzerkreuzer Puglia, den d'Annunzio fest im Felsen über seiner Villa in Gardone am Gardasee verankern ließ, und sein Mausoleum, das nicht nur als Grabstätte, sondern auch der Heldenverehrung der sogenannten Helden von Fiume dient und dreimal so groß wie das Mausoleum auf dem Roten Platz in Moskau ist. Der Dichter und Mussolini-Gegenspieler und -Ideengeber starb 1938. Ein Jahr nach d'Annunzios Tod entwarf der Architekt Giancarlo Moroni die Pläne für das Mausoleum, das 1955 errichtet wurde. Moroni war 1921 von d'Annunzio beauftragt worden, seinen Wohnsitz in einen Museumskomplex „Vittoriale degli italiani" („Siegesdenkmal der Italiener") zu verwandeln. So weit hat mich nun der Weg der Geschichte von Ukok weggeführt. Es ist Zeit zurückzukommen.

Ukok birgt viele Geheimnisse. Der Mumienfund war eine Weltsensation. Wir sind gewohnt zu denken, dass Europäer in Europa und Asiaten in Asien leben, mit ihren charakteristischen Gesichtszügen. Der Altai zählt geografisch zu Asien und grenzt an die Mongolei, Kasachstan und China. Aber woher stammen dann die archäologischen Kulturdenkmäler, die als Afanassjew-Kultur bezeichnet werden? Bei der Untersuchung der Grabstätten machten Wissenschaftler eine Entdeckung: Es stellte sich heraus, dass die Afanassjew-Menschen hochgewachsen waren, im Schnitt 180 Zentimeter. Außerdem waren sie keine Mongoliden, sondern Europäiden.

Und sie zählten zur Elite! Sie lebten hier im Altai in der Zeit des Übergangs von der Steinzeit zur Bronzezeit, befassten sich mit Viehzucht und wussten bereits, wie man Werkzeuge, Waffen und Schmuck herstellt. Sie waren nicht nur in der Lage, Kupfer und Zinn zu bearbeiten, sondern wussten auch, wie man es gewinnt. Und in Gefäßen aus Ton trugen sie Wasser und lagerten Lebensmittel. Diese Menschen beteten ihre Götter an – warum sonst sollten sie Rauchvasen für aromatische Substanzen benötigen? Vasen dieser Art fand man in den Grabstätten der Afanassjew-Kultur im Altai.

Dann folgt die Eisenzeit, und vor 3 000 Jahren, im 1. Jahrtausend vor unserer Zeitrechnung, erscheinen die Skythen im Altai. Archäologen führen die Funde aus dieser Zeit auf die Pasyryk-Kultur zurück. Anscheinend kamen auch die Skythen der Schwarzmeerregion aus dem Altai. Die Skythen im Altai waren ausgezeichnete Jäger. Vielleicht, um die Jagd erfolgreich zu machen, zeichneten sie Leoparden, Hirsche, Adler auf Felsen und Steine, stellten sich fantastische Tiere vor und malten sie. Die Skythen hinterließen viele Siedlungen, Bestat-

tungsorte und Ritualobjekte, Steinstelen, Höhlenmalereien (Petroglyphen) und natürlich die Grabhügel im Altai: In den kleineren sind gewöhnliche Krieger begraben, in den großen – Anführer und Edle.
Schauen Sie auf dem Plateau Ukok auf die ruhige Schönheit, auf die Berge, die Taiga, für die es keine Worte gibt, nur dankbare Erinnerungen. An den Rändern des Plateaus liegen die Sommer- und Winterweiden der Hirten. Hier können Sie auch die traditionelle Behausung der Altaier sehen, die Jurte. Im Altai nennt man die Jurte Ail, es gibt verschiedene Jurten, aus Filz (kijis ail) oder konisch geformte Jurten aus Holzstämmen (tschadyr ail). Im Inneren ist die Jurte rela-

Schauen Sie auf dem Plateau Ukok auf die ruhige Schönheit, auf die Berge, die Taiga

tiv klein. In der Mitte, direkt auf dem Boden, befindet sich die Feuerstelle, auf der in einem großen Kessel gekocht wird. Die Feuerstelle gilt als heiliger Ort. Um ihn herum darf man sich nur gegen den Uhrzeigersinn bewegen. In den oft großen Familien, in denen mehrere Generationen zusammenleben, ist jedem klar, wo er seinen Platz zum Schlafen hat, dafür ist die Jurte in zwei Hälften unterteilt, eine männliche (links vom Eingang) und eine weibliche (rechts vom Eingang).
Im Bezirkszentrum von Kosch-Agatsch hatte ich einen Bekannten, einen Tierarzt, im Allgemeinen eine sehr nette Person. Trotz seiner äußerlichen Ruhe und asiatischen Leidenschaftslosigkeit wurde er sehr lebhaft, wenn die Rede auf Tiere kam, auf seine geliebten Patienten. Ich glaube, ich habe seine Sympathie geweckt, als ich bei unserer Bekanntschaft (wir fuhren im selben Bus und saßen nebeneinander), zu ihm sagte: „Ich mag sehr gern Geschichten über Tiere. Und

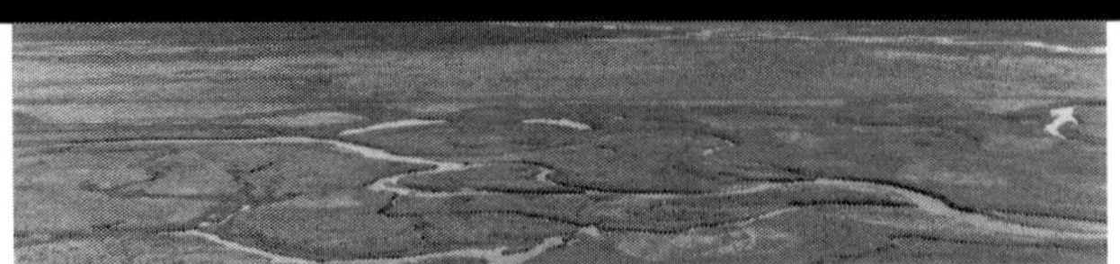

ich schreibe selbst welche. Und ich liebe den Roman ‚Der Junge und das Meer', auch bekannt unter dem Titel ‚Scheckiger Hund, der am Meer entlang läuft', von Tschingis Aitmatow. Ich denke, dass ich als Autorin aus diesem Werk gewachsen bin. Es ist eine dramatische Geschichte über das Leben des indigenen Volkes der Niwchen an der Küste des Ochotskischen Meeres. Viele Passagen kenne ich auswendig. ‚In dieser Nacht begriff er den Sinn seines vergangenen Lebens, das sich in dieser Nacht vollendete. Er war geboren worden, und er starb, um alles zu tun, damit er im Sohn weiterlebte. Daran dachte er in jener Stunde, da er schweigend Abschied nahm vom Sohn. Emraijin machte die Entdeckung, dass er sein Leben lang der gewesen war, der er war, damit er – bis zum letzten Atemzug – in seinem Sohn fortlebte.'"

Die traditionelle Behausung der Altaier, die Jurte, nennt man Ail

Und plötzlich sprachen wir über Hunde. Und der Tierarzt erzählte mir seine äußerst interessante Hundegeschichte:

„Im Herbst und Winter fliege ich manchmal mit einem Hubschrauber in Veterinärangelegenheiten auf das Plateau Ukok, wo in dieser Jahreszeit nur etwa zwanzig Hirtenfamilien leben. Jede von ihnen besitzt Hunderte von Tieren, Schafe, Pferde, Kühe und Yaks. Die Herden weiden auf dem offenen Gelände von Ukok, wo es gutes Gras und reiche Salzwiesen gibt. Es sind wundervolle Winterweiden. Auf der offenen Hochlandebene fällt kaum Schnee, und wenn, wird er bald vom Wind weggeweht. Die Hirten überwintern an den Rändern des Tals an den nördlichen und südlichen Sohlen der Berghänge, wo es Schutz vor Wind und schlechtem Wetter gibt. Ich bin gern in Ukok. Im Frühling gibt es eine so himmlische Fülle an Farben, dass ich manchmal denke, es ist zu viel für ein irdisches Leben. Außerdem habe ich mich immer für die wilden Kamele in Ukok interessiert. Können Sie sich das vorstellen? Sibirien und wilde Kamele! Und solche Schönheiten! Kurz und gut, so lange ich noch Leben in mir spüre, werde ich immer wieder nach Ukok gehen.

Die Hunde der Altai-Hirten sind aufmerksam, sehr klug, stark und schön. Eines Tages wollte auch ich so einen Hund. Ich beschloss, einen Welpen mitzunehmen, vielleicht hatte ich ja Glück, und eine Hündin hatte gerade geworfen. Und was denken Sie?

Als ich im Frühjahr meinen Freund auf der Bertek-Flur auf Ukok besuchte, erfuhr ich, dass eine Hündin fünf Welpen geworfen hatte. Mein Hirtenfreund und ich gingen zu dem Besitzer. Der war sehr freundlich und sagte, dass er den besten Welpen für mich auswählen würde. Und sie waren alle so klein, so tapsig, sie zitterten, ihre Köpfe schaukelten hin und her. ‚Der Welpe kann erst in einem Monat abgeholt und vom Wurf getrennt werden', sagte der Besitzer, ‚doch man kann schon jetzt den Besten wählen. Aber nicht ich werde wählen, sondern die Mutter selbst.'

Die Hündin wurde hinter einer Jurte angebunden und die fünf kleinen Welpen etwas weiter von der Jurte entfernt ins Gras gelegt. Der Besitzer nahm einen Benzinkanister und zog damit einen ziemlich weiten Kreis um die Hunde herum. Auf der anderen Seite der Jurte heulte und riss die Mutter an der Leine. Dann entzündete der Hirte ein Streichholz, und das Gras um die Welpen flammte sofort auf. ‚Lass den Hund los', rief der Besitzer seinem Sohn zu, ‚jetzt!' Um die Welpen herum schlugen schon ziemlich hohe Flammen empor. Die Hündin sprang über die Flammen und stürmte in den Ring. Sie schnüffelte schnell an allen fünf Welpen, packte einen von ihnen mit den Zähnen am Nacken und sprang mit ihm aus dem Feuerring heraus.

Der Besitzer nahm einen Feuerlöscher zur Hand, den er vorsorglich bereit gestellt hatte, und löschte das Feuer, und sein Sohn trug die Welpen zu ihrer Mutter zurück, die sie intensiv zu lecken begann. Der Besitzer markierte ‚meinen' Welpen mit wasserfester Farbe und sagte: ‚Also, der hier ist es, er ist der Beste. Sie haben selbst gesehen, dass seine Mutter ihn ausgewählt hat. Und Sie können ihn in einem Monat bei mir abholen.' Ja, das ist die Geschichte."

Aber zurück zum heutigen Ukok. Hier leben Altai-Bergschafe, Schneeleoparden, Marale und sibirische Bergziegen. Hier nisten Steinadler, Steppenadler, Sakerfalken, Schwarzgeier und einige andere seltene Vögel. Die Jagd ist strengstens verboten. Von Zeit zu Zeit kommen Gerüchte auf, dass hohe russische Beamte hier Wilderei organisieren. Einmal sah ich selbst Touristenhäuser in der Nähe des Telezkoje-Sees mit einem einladenden Werbeplakat: „Jagd. Ucha. Banja". Die russische Triade des Glücks.

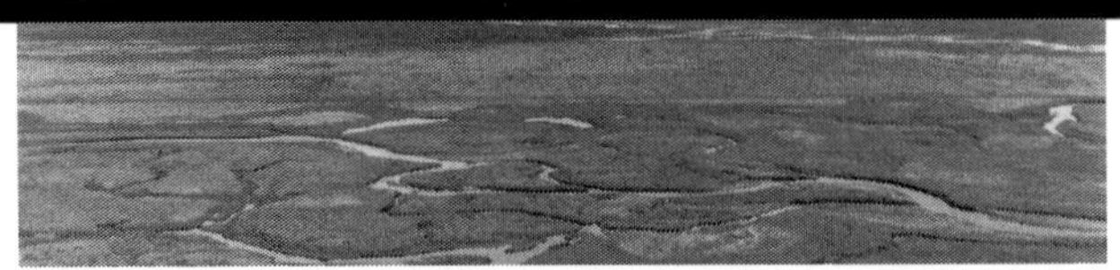

In der Wochenzeitung „Argumente und Fakten" (Nr. 4, Januar 2009, internationale Ausgabe) wurde berichtet, dass ein Hubschrauber mit hochrangigen Beamten im Altai abgestürzt war. Direkt nach Veröffentlichung der ersten Fotos vom Unfallort war von Wilderei die Rede. Unter den Trümmern des Hubschraubers war ein toter Widder mit wundervollen Hörnern, ein Argali, zu sehen, eine Art, die im Roten Buch der vom Aussterben bedrohten Tiere aufgeführt ist. Von elf Personen starben sieben bei diesem Unglück, darunter Alexander Kosopkin, der Bevollmächtigte des russischen Präsidenten in der Staatsduma, sowie hohe Beamte des Altai-Gebiets ...

Vergebens zitieren die russischen Patrioten Fjodor Tjutschew so häufig und mit Begeisterung: „Mit dem Verstand kann man Russland nicht begreifen ...". In dieser Gedichtzeile steckt weniger Stolz als Verzweiflung.

Von allen hochrangigen Altai-Beamten kannte ich nur einen näher, meinen Moskauer Schauspielerfreund, den blauäugigen, gutaussehenden Michail Jewdokimow (1957 bis 2005). Er wurde im Altai geboren und war der Erste, der mir von Ukok, Belucha, dem weißen Burchan und dessen Freund Oirot erzählte. Nachdem er ein berühmter Schauspieler geworden war, half er seinen Landsleuten in den Altai-Dörfern. Er sorgte dafür, dass Straßen asphaltiert wurden, er baute auf eigene Kosten ein Stadion, er organisierte ein jährliches Festival, das 2019 von 27 000 Menschen besucht wurde.

Im April 2004 rief mich ein bekannter Moskauer Schauspieler an und fragte: „Erinnerst du dich an Mischa Jewdokimow? Also. Wir sitzen zu dritt im Restaurant im Haus des Kinos. Mischa Jewdokimow kommt herein, geht an unserem Tisch vorbei, grüßt und sagt: ‚Ich bin jetzt Gouverneur des Altai Krai.' Wir tauschten Blicke aus und flüsterten miteinander: Einer dachte, er hätte sich verhört, der andere, dass Mischa scherzte, und der dritte, dass Mischa verrückt geworden war.

Doch Mischa Jewdokimow war im Frühjahr 2004 tatsächlich Gouverneur des Krai Altai geworden. Da ich ihn persönlich kenne, kann ich bezeugen, dass er ein sehr ausgeglichenes Wesen besaß – eine Kombination aus Pathetik und Ironie, Ernsthaftigkeit und Demut, Nachdenklichkeit und Frivolität, Tränen und Lächeln. Und er machte einen zuverlässigen und aufrichtigen Eindruck. Nein, das war nicht nur ein Eindruck, so war er wirklich. Ich kann mir Michail Jewdokimow nicht unter Wilderern vorstellen, die aus einem Hubschrauber jagen. So ein Mann war er nicht. Er starb in seinem Gouverneurs-Mercedes auf tragische Weise, durch einen Verkehrsunfall. Er hatte es eilig, auf ein Fest zum 70. Geburtstag des Kosmonauten German Titow zu gelangen. „Das Leben hat seine Glückskinder", sagte mir Michail Jewdokimow einmal, „und ich bin eines von ihnen." Wäre es doch so.

Das Uimon-Tal

Tuekta – Elo – Jabogan-Pass – Ust-Kan – Kyrlyk-Pass – Ust-Koksa – Uimon-Tal – Dorf Werchni Uimon

Wir reisen in ein Land, in dem die russischen Altgläubigen nach Glück suchten. Im Altai wurden sie Kerschaken oder Altritualisten genannt. Die Altgläubigen verließen Russland, um ihr „Belowodje" zu finden, das „Land des weißen Wassers", ein Land der alten Frömmigkeit, und so kamen sie an die Ufer der weißschäumenden Gewässer des Katun, der Bija und der Tschuja. Die Orte hier sind aus der Zeit gefallen und in ein Gewebe aus Legenden gehüllt, die direkt aus der Erde zu wachsen scheinen. Mal geht es um das Gold der Skythen, mal um die Altai-Braut aus den Pasyryk-Grabhügeln, mal um das Silber der Demidow-Minen.

„Wie viele Kilometer sind es bis zum Uimon-Tal?", fragen wir in Tuekta die Fahrer, die, am Straßenrand stehend, ihre Zigarette rauchen, und alle machen, wie immer, unterschiedliche Angaben. Kurzum: Die zweite Abbiegung rechts und dann – immer weiter bis zum Morgen.

Die Altgläubigen kamen nicht grundlos in diese Region. Sie waren vor Gewalttätigkeit und Verfolgung nach dem Schisma der Russischen Orthodoxen Kirche geflohen und bewahrten hier in der Abgeschiedenheit ihren Glauben. Die Verfolgungen hörten erst 1792 auf Befehl von Zarin Katharina der Großen auf, aber die Familien der Altgläubigen kehrten nicht nach Zentralrussland zurück. Von Natur aus arbeitsam, siedelten sie sich hier im fruchtbaren Uimon-Tal an, bestellten den Boden, säten Getreide, und sie tun das noch immer. Roggen, Hafer, Gerste, Flachs und Weizen gedeihen hier. Sie halten Vieh, jagen Pelztiere, fischen, und ihr Honig ist besonders gut. Und immer noch befindet sich eines der besten Maralgehege auf ihren Ländereien. Mit der Maral-Zucht haben sie sich seit Anfang des 19. Jahrhunderts befasst, die Geweihe wurden in die Mongolei und nach China geliefert und brachten viel Geld ein.

Doch bis heute haben sie ihren Glauben bewahrt und ihre strengen Alltagsregeln: Sie rauchen nicht, trinken keinen Alkohol, fluchen nicht. Jetzt denke ich oft, dass es solche Orte gar nicht mehr gibt und auch nicht solche Menschen, die sich im 21. Jahrhundert mit Sitten und Bräuchen, die zu Beginn des 19. Jahrhunderts herrschten, vom Rest der Welt abgrenzen. Fotografieren ist hier nicht direkt verboten, aber unangemessen. Wahrscheinlich gibt es irgendwo in Australien, den USA oder in Südamerika Orte, an denen Menschen nach ihrem strengen Glauben und ihren strengen Traditionen leben, aber das ist weit weg. Das Leben der Altgläubigen hat mich immer besonders berührt, weil es für mich keine Fremden sind, sondern russische Menschen, Menschen wie ich.

Die Altgläubigen haben Wohlstand immer als Tugend angesehen, sie sind unfassbar fleißig und gewissenhaft, gesetzestreu und friedliebend. Hier im Ui-

mon-Tal kann sich keiner der Altgläubigen daran erinnern, dass je ein Mord geschah, nur einmal starb ein Mann nach einer Schlägerei, aber vorsätzliches Töten gab es nie. Und wo finden Sie sonst in Russland kompakt lebende Gemeinschaften, die aus Russen bestehen, die seit 300 Jahren nicht mehr getrunken haben?

Die Sitten der Altgläubigen sind im Laufe der Jahre eher strenger geworden, und das ist verständlich. Das moderne Leben mit seinen alltäglichen Versuchungen droht, die Regeln aufzuweichen und die alte Lebensweise zu zerstören. Um mit ihrem Glauben zu überleben, grenzen sich die Altgläubigen noch strikter ab. Für sie gilt: Je höher der Zivilisationsgrad, desto größer ist die Wahrscheinlichkeit des Verschwindens. Das Erhalten solch einer einzigartigen menschlichen Spezies ist mit einer Herausstreichung des Eigenen und der Ablehnung von allem Fremden verbunden.

Ehescheidungen gibt es hier nicht. Eine Art Bestrafung ist das Verbot, an den religiösen Ritualen teilzunehmen, das kommt gleichsam dem Ausschluss aus der Gemeinschaft gleich. Einmal gab es einen Fall, dass ein Mann es wagte, sich von seiner Frau scheiden zu lassen. Er ist jetzt für sein ganzes Leben ein „Schwerenöter und Ehebrecher".

Erstaunlich ist auch der Dialekt, der hier gesprochen wird. Es ist, als habe sich hier die russische Sprache des 19. Jahrhunderts erhalten! Nicht jeder Russe wird die Sprache der russischen Altgläubigen verstehen. Es gibt sogar eigene Wörterbücher. In jedem anderen Land der Welt würden Feldforscher und Ethnologen das Uimon-Tal nicht verlassen, solange sie diese ausgefallene Sprache, die lebendigen Traditionen, die Weisheit der Älteren und ihre Erzählungen und Gleichnisse nicht niedergeschrieben haben. Denn wie lange diese Einzigartigkeit Bestand haben wird, ist schwer einzuschätzen.

Die Altgläubigen suchten ihr Glück im Altai, und so kamen sie an die Ufer der weißschäumenden Gewässer des Katun, der Bija und der Tschuja

Die Kinder der Altgläubigen sind sehr schön. In der Schule wirken sie unter den dunkleren Altai-Kindern wie Außerirdische aus einer anderen Welt. Ja, sie sind Ankömmlinge, auch im Russischen hört man das Wort „kommen" heraus, sie kamen tatsächlich von weit her, aus den Gebieten Zentralrusslands. Und weil sie sich nicht mit den Einheimischen vermischten, verschwanden sie nicht. Nach dem Schulabschluss bleiben fast alle Kinder der Altgläubigen in der Region, sehr wenige gehen fort, um zu studieren.
Der Begriff Altgläubige umfasst viele verschiedene Schattierungen und Glaubensrichtungen. In Armenien, im Dorf Fioletowo, leben die Molokanen, die Milchtrinker. In der zweiten Hälfte des 18. Jahrhunderts galten sie als eine Art orthodoxe Protestanten. Die Anhänger dieser Glaubensrichtung trinken während der Fastenzeit Milch, moloko auf russisch, und wurden daher als Molokanen

Viele Altgläubige siedelten sie sich im fruchtbaren Uimon-Tal an, bestellten den Boden, säten Getreide, und sie tun das noch heute

bezeichnet. Zu ihren Riten zählt, dass sie ohne Priester, Geistliche oder andere Glaubensvermittler die Bibel lesen und interpretieren. Sie verweigern die Taufe durch Wasser, wobei sie sich auf die Worte Johannes des Täufers beziehen: „Ich taufe euch mit Wasser zur Buße; der aber nach mir kommt, ist stärker denn ich, dem ich nicht genüge, seine Schuhe zu tragen, der wird euch mit dem Heiligen Geist taufen."
Aus den Molokanen ging eine erstaunliche Glaubensrichtung hervor, deren Anhänger als „pryguni" („Aufspringer") bezeichnet werden. Wenn sie in Gebets-

ekstase eintreten, springen sie auf, heben ihre Hände und reden in einer unbekannten Sprache. Anhänger dieser Sekte habe ich ebenfalls in Fioletowo getroffen. Ihre drei wichtigsten Bücher liegen immer offen auf dem Tisch. Dies bedeutet nicht, dass sie jeden Tag gelesen werden, aber sie müssen immer offen bereit liegen. Es sind das Alte Testament, das Neue Testament und die „Geistlichen Sprüche von Maxim Gawrilowitsch Rudometkin. Aufgeschrieben in der Zeit seines schweren Leidens während der klösterlichen Gefangenschaft in Solowezki und Susdal in der Zeit von 1858 bis 1877".

Doch verglichen mit den Molokanen sind „unsere" Altgläubigen, zu denen wir ins Uimon-Tal reisen, sozusagen klassische Altgläubige. Unter ihnen gibt es solche, die die Region verlassen haben, die einen nur vorübergehend, um Geld zu verdienen, andere für immer. Diejenigen, die endgültig gegangen sind, „treten die Spuren ihrer Vorfahren mit Füßen", sagen die Altgläubigen. Aber gegen die Zeit kannst du nicht angehen, es werden zunehmend mehr, die weggehen und die Spuren zertreten. Jedes Mal, wenn ich davon höre, denke ich: Wie lange

werden sie hier in ihrer Einzigartigkeit noch überdauern? Wir müssen uns beeilen, diese Menschen zu besuchen, um ihren Alltag und ihren Glauben kennenzulernen.

Die Strecke vom Dorf Tuekta ins Uimon-Tal beträgt 275 Kilometer. Das Dorf liegt am Kilometer 611 des Tschuiski-Trakts. Nach wenigen Kilometern gelangen wir zum kleinen Dorf Tenga, was „geräumig" bedeutet. Es ist berühmt für den Tenga-See. Der See liegt auf einer Höhe von 1106 Metern. Er ist 1650 Meter lang, 1300 Meter breit und gerade fünf Meter tief. Rund um den See erheben sich Bergkämme, bedeckt von Wäldern, hauptsächlich Lärchenwäldern. Direkt am See gibt es einen Zeltplatz, auf dem Sie übernachten und Angelru-

ten mieten können. Im See findet man Quappen, Karauschen und Äschen. Ein Bekannter, ein leidenschaftlicher Angler, der im Winter hier am See weilte, erzählte mir:
„Ich ging ins Dorf Tenga unweit des Sees und fragte einen der Bewohner: ‚Wie ist es, kann man hier im Winter gut angeln?'
‚Ganz gut', nickte der Altaier. ‚Meine Schwiegermutter ist die größte Meisterin, niemand fängt mehr als sie.' Auf meine Bitte hin gingen wir zu ihr. Die Alte klagte über Knochenschmerzen und erklärte, dass die Fische im Tenga-See bei diesem Wetter auch Schmerzen hätten und sich daher nicht fangen lassen.
‚Ach, lassen Sie es uns doch zusammen versuchen', schlug ich vor, ‚schon morgen muss ich weiter auf meinem Weg, und es ist mein größter Traum, hier im Winter zu angeln!'

Schließlich konnte ich die Alte überreden. Der Tenga-See befindet sich ein Stück oberhalb des Dorfes, man erreicht ihn, wenn man dem Ufer des Flusses Tenga folgt. Die Alte benötigte nicht viel Zeit, um sich für den Weg zu rüsten. Sie nahm zwei Angelruten mit Kugelblinkern, einen Lappen mit eingewickelten Hirschfleischstücken und zwei Pappkartons, um sie auf das Eis zu legen.
Wir erreichten den See. Das Eis war mehr als einen Meter dick, aber wir mussten nicht lange mit dem Eismeißel arbeiten, denn wir hackten alte Löcher wieder frei und ließen uns auf den Pappen nieder, so wie die Usbeken in Teehäusern sitzen. Endlich kam ich dazu, die Ausrüstung zu prüfen.
Die Großmutter besaß eine eigenartige Angelrute – einen kochlöffellangen Stock aus Tannenholz und daran eine aus Seidenfaden gedrehte blaue Schnur. Und ein Blinker. Meiner war grau, der der Alten war gelb. Sie zeigte mir, wie man ein Stück Fleisch am Haken befestigt. Und jetzt – der Herr segne uns! Wir begannen zu angeln. Die Knochen taten den Fischen anscheinend wirklich weh, bei mir biss keiner an. Ich beobachtete, dass die alte Frau irgendwie besonders an ihrer Angelschnur zog, und versuchte es ihr gleich zu tun. Dann ersetzte sie ein aufgeweichtes Stück Fleisch durch ein neues. Und ich tat das Gleiche. Und wieder nichts.
Plötzlich stieß die Alte ein krächzendes ‚Ä-äch!' aus – und direkt neben ihr auf dem Eis schlug ein Hecht hin und her. Sie riet mir, den Köder noch einmal zu wechseln. Während ich noch dabei war, hörte ich wieder das ‚Ä-äch', und tatsächlich – wieder lag da ein großer Hecht neben ihr auf dem Eis. Die alte Frau schwang ihre Angelrute so geschickt, dass ich aus dem Staunen nicht heraus kam! Schließlich bot sie an, die Plätze zu tauschen. Ich wollte unbedingt einen Fang, und sei es nur symbolisch! Ich stimmte bescheiden zu. Sie wechselte an mein Eisloch und krächzte sofort wieder ‚Ä-äch!' ... Dann schlug sie vor, die An-

gelruten zu tauschen. Und wieder fing die Alte einen Hecht, und ich ging leer aus. ‚Ich verstehe', sagte ich, ‚Angeln ist im Altai Sache der Frauen!' Und die rekordverdächtige Babuschka und ich lachten herzlich."

Am Kilometer 26 liegt das Dorf Elo. Dieses geschichtsträchtige Dorf ist dafür bekannt, dass sich hier vor mehr als 250 Jahren zwölf Saissanen (Saissan – der Älteste einer hoch angesehenen Sippe) versammelten und beschlossen, einen Brief an Zarin Elisabeth zu schreiben. Dieser Brief enthielt den Wunsch des freiwilligen Beitritts des Altai-Volkes in das russische Zarenreich.

Altgläubige in festlicher Tracht

Wenn wir von Elo aus dem Fluss Elo hinauf folgen, kommen wir auf den Jabogan-Pass. Der Anstieg erfolgt allmählich und erst auf den letzten 2,5 Kilometern in Serpentinen. In jüngerer Zeit wurde hier eine gute Asphaltstraße angelegt. Hinter dem Pass führt die Straße in die Steppe von Ust-Kansk.

Am Kilometer 95 liegt das Dorf Ust-Kan, auf Altaiisch Kan-Oozi, das heißt Flussmündung. Es gibt ein Hotel, Geschäfte, ein Café und auch eine Sehenswürdigkeit, die Ust-Kansker Höhle am rechten Flussufer. Auch heute noch stoßen Archäologen auf Funde, die die Anwesenheit von Menschen aus der frühen Altsteinzeit vor etwa 600 000 Jahren belegen.

Am Kilometer 134 erreicht die Straße nach einem allmählichen Anstieg den Gipfel des Karlyk-Passes, es folgt ein steiler Serpentinenabstieg von 3,5 Kilometern Länge.

Am Kilometer 211 liegt auf einer Höhe von 998 Metern am Zusammenfluss der Flüsse Katun und Koksa das Dorf Ust-Koksa (4 000 Einwohner).

Viele Wanderwege beginnen hier. Das Ortsbild prägt die orthodoxe Kirche der Allerheiligen Gottesmutter mit ihren drei Zwiebeltürmen, es gibt den Hotelkomplex „Talan", Zelte zum Übernachten, ein Café, eine russische Banja und ein

Exkursionsbüro. An der Touristenbasis „Uimonski Kowtscheg" („Uimonsker Arche") werden Raftingtouren angeboten.

Weiter führt die Straße ins weite Uimon-Tal, das hier auch Uimon-Steppe genannt wird. Es erstreckt sich auf einer Höhe von 1000 Metern in einer Breite von acht bis 13 Kilometern und einer Länge von 35 Kilometern. Im Norden und Süden des Tals liegen Berge. Der Talgrund ist Steppe. Der Hauptfluss ist der Katun, er fließt hier breit und gemächlich. Es gibt viele sonnige Tage, warme Winterwinde machen das Tal besonders günstig für die landwirtschaftliche Nutzung. Zahlreiche Dörfer liegen im Tal, in denen oft nur wenige hundert Menschen leben – Altgläubige. Die Dörfer heißen Multa, Tichonkaja, Gagarka, Berjoska.

Die Menschen leben hier im Wesentlichen von der Landwirtschaft, von Viehzucht, Fischerei, Pelzproduktion, Verarbeitung von Zedernnüssen und Bienenzucht. Sie säen Roggen, Hafer, Gerste und Weizen. Die Brotgetreide stehen wie eine Wand am linken Ufer des Katun, an den Ausläufern des Terektinski-Kamms. Die warmen Winde aus der Schlucht schützen die Saat vor Winterkälte. Nach wie vor halten die Altgläubigen Maralhirsche in Gehegen, ihre Geweihe werden nach Russland, in die Mongolei und nach China verkauft.

Der letzte russische Zar, Nikolai II., erließ einst ein Dekret, laut dem der Zarenhof Brot, Butter, Honig und Zedernnüsse nur aus dem Uimon-Tal der Altgläubigen beziehen sollte. „Man sollte dem Bauch mehr vertrauen als dem Kopf", lautet ein Sprichwort im Altai. Und das ist wahr. Der Beweis dafür ist die Selektivität des Gedächtnisses: Ich bin durch viele Länder gereist, habe vieles vergessen, doch bis an mein Lebensende werde ich mich an den Geschmack des wunderbaren Brotes mit Uimon-Butter erinnern.

Das Dorf Werchni Uimon (600 Einwohner) gilt als kulturelles Zentrum des Uimon-Tals, als Hauptort der Altgläubigen. Es wurde 1786 von ihnen gegründet. Nikolai Rerich (dt.: Nicholas Roerich) war überzeugt, dass die Altgläubigen in den abgelegenen Tälern des Altai einen spirituellen Ort gefunden hatten, an dem „höheres Wissen und höhere Weisheit leben, um die ganze Zukunft der Menschheit zu retten". Im tibetischen Buddhismus heißt dieser Ort Shambhala und befindet sich in Südtibet im Himalaya.

In Werchni Uimon gibt es zwei Museen. Beginnen wir mit dem Nikolai-Rerich-Museumsreservat und dem Rerich-Hausmuseum, das erst kürzlich von der Sibirischen Rerich-Gesellschaft restauriert wurde. Wie gelangte der legendäre Künstler Rerich in den Altai?

Zur zentralasiatischen Expedition, die im August 1926 das Uimon-Tal erreichte, gehörten neben Rerich selbst einige weitere Personen, darunter seine Frau Elena Iwanowna, die ihn auf allen Reisen begleitete, und sein Sohn Juri. Sie wohnten im Haus des Bergführers Wachromej Atamanow, der weit über die Region hinaus bekannt war. Rerich schrieb über seine Expedition: „Neben den künstlerischen Aufgaben wollen wir uns mit der Situation der alten Denkmäler in Zentralasien vertraut machen, den Zustand des Glaubens und die Riten und Bräuche beobachten und Spuren der großen Völkerwanderung finden. Diese letzte Aufgabe hat mich schon lange bewegt."

Das restaurierte Nikolai-Rerich-Hausmuseum in Werchni Uimon

Rerich sah das Uimon-Tal als Ort eines zukünftigen kulturellen Zentrums und einer Stadt: Swenigorod. Der Künstler gelangte auf der Südseite an den Fuß des Belucha, direkt zu den Quellen des Katun, wanderte durch das obere Uimon-Tal und fertigte zahlreiche Skizzen an. Sein berühmtes Bild mit Blick auf den Berg Belucha von Süden hängt heute im Louvre in Paris.

Das zweite Museum in Werchni Uimon ist dem Leben der Altgläubigen gewidmet ist. Darin finden sich zahllose interessante Dokumente, die das Leben der Altai-Altgläubigen schildern, und auf die ich näher eingehen möchte.

Patriarch Nikon, der 1652 die Revision der gottesdienstlichen Bücher initiiert und die neuen Ritusregeln eingeführt hatte, was zur Abspaltung der Altgläubigen führte und dem folgend zum Anathema (Kirchenbann) auf dem Konzil 1666/1667, war bereits gestorben, und der Erzpriester Awwakum, ein eifriger Verteidiger des alten, wahren Glaubens, bereits in den Flammen des Scheiterhaufens verbrannt. Auf dem russischen Thron hatten sich mehrere Zaren abgewechselt, doch noch immer wurden diejenigen verfolgt, die nicht auf die neue Weise beten wollten, diejenigen, die sich mit zwei statt mit drei Fingern bekreuzigten. Die Altgläubigen flohen in ganzen Dörfern nach Norden und nach Sibirien, um der Verfolgung zu entkommen. So erreichten sie in den 1720-er Jahren auch den Altai.

Es war befohlen worden, sie aufzuspüren und den Fabriken „zuzuweisen", das heißt, sie wurden gezwungen – die Leibeigenschaft war noch nicht aufgehoben – in Fabriken oder Minen zu arbeiten. Aber die Altgläubigen flohen in die Tiefe des Altai und gründeten dort geheime Gemeinschaften. Wenn sich Regierungstruppen näherten, verbrannten sie sich.

Als Katharina II. an die Macht kam, beendete sie die Verfolgung der Altgläubigen. Sie lud diejenigen, die in den Westen, nach Polen und in andere Länder, geflohen waren, ein, an ihre früheren Wohnorte zurückzukehren oder sich neue

Das Altgläubigen-Museum in Werchni Uimon. Werchni Uimon ist bis heute eines der größten Dörfer der Altgläubigen und kulturelles Zentrum des Uimon-Tals

Siedlungsorte in Sibirien oder im Altai zu suchen. Altgläubige, die aus Polen eingewandert waren, wurden „Polen" genannt. Sie gründeten ganze Dörfer im Altai, aber Zarin Katharina brach ihr Versprechen. Sie wartete solange, bis sich die Altgläubigen an ihren neuen Wohnorten eingelebt hatten, dann ordnete sie an, sie in die Bergwerke zu schicken.

Die Altgläubigen glaubten, dass es einen von Gott gesegneten Ort auf der Erde gibt, an dem Menschen wie Brüder leben können. Die beeindruckende Natur des Altai, sein Reichtum und seine Geschichten haben sich in den Köpfen der Altgläubigen zur Legende von „Belowodje" („Weißes Wasser") entwickelt.

Im Jahr 1825 begaben sich mehrere Altgläubige aus den Kupferbergwerken in Kolywano-Woskressenski mit ihren Frauen und Kindern auf die Suche nach Belowodje. Sie erreichten den Buchtarma-Fluss, wurden jedoch in der Nähe des Burchat-Passes von chinesischen Grenzwachen festgenommen und mussten zurückkehren.

Später, im Jahr 1828, flohen mehr als hundert Altgläubige aus ihren Bergbausiedlungen. Sie erreichten das Uimon-Tal am Ufer des Katun. Bis heute ist Werchni Uimon eines der größten Dörfer der Altgläubigen.

Fluchtwellen von Bauern ins gelobte Belowodje folgten eine nach der anderen. Die Menschen flüchteten nicht nur in kleinen Gruppen, sondern in großen Scharen von bis zu dreihundert Menschen, so etwa 1840. Nach Abschaffung der Leibeigenschaft 1863 wurden die Fluchtwellen seltener. Viele Altgläubige waren gebildet, sie stellten selbst „Reiseführer" zusammen, originelle Wegbeschreibungen hin zum legendären Land ihrer Hoffnungen. Altgläubige drangen nach Westchina und Tibet vor, lange bevor Geografen und Kartografen diese Regionen erreichten.

In den 1860-er Jahren machte sich eine Expedition der Bobrow-Brüder auf die Suche nach Belowodje. Sie querte die Dschungarensteppe, überwand die Kämme des Tienschan, gelangte zum Bagraschkel-See (Bosten-See, heutiges Gebiet Xinjiang in China) und in die Stadt Karashar. Auf dem Weg nach Süden erreichten die Altgläubigen das Dorf Tscharkalyk südwestlich des Lobnor-Sees (Lop-Nur). Im „Land Lob" trafen sie auf salzhaltige Böden und Wüsten. Die Kultivierung des Bodens wäre nur entlang der Flüsse möglich gewesen, an denen Pappelwälder wuchsen. In den Vorstellungen der Altgläubigen sah Belowodje anders aus. Aber sie beschlossen dennoch anzuhalten und sich auszuruhen. Sie richteten sich in Erdhütten ein, begannen das Land zu bebauen und verbrachten ein Jahr oder länger in Tscharkalyk. Sie gingen auf die Jagd und fischten im See. Sie stritten sich nicht mit den Einheimischen.

Die Meinungen in der Gruppe waren unterschiedlich. Ein kleiner Teil beschloss, nach Hause zurückzukehren, andere zogen weiter nach Süden durch die Berge des Altyn-Tagh nach Tsaidam. Je weiter die Altgläubigen zogen, desto unwirtlicher wurde das Land. Aber westlich des Gus-Sees war es immerhin noch möglich, eine Quelle mit sauberem Quellwasser und Wiesen mit gutem Futter für die Pferde zu finden. Die Altgläubigen pflügten erneut die Erde und säten Getreide. Nach der Ernte teilte sich die Expedition erneut. Einige Familien beschlossen, aus dem fremden Land in den Altai zurückzukehren, der zu ihrer neuen Heimat geworden war. Nach einer langen Reise kehrten sie nach Hause ins Uimon-Tal zurück.

Raissa Kutschuganowa aus dem Dorf Werchni Uimon ist eine legendäre Persönlichkeit. Sie ist eine Frau und eine Predigerin der Altgläubigen. Altgläubige neigen nicht dazu, ihre Seelen Menschen zu öffnen, die „vom Wind herbeigeweht" wurden. Doch Raissa Kutschuganowa spricht so bildlich über das Leben in ihrer Gemeinde, mit vielen Sprichwörtern und Redewendungen, das gibt es selten. Vielleicht ist das, was sie erzählt, nicht wirklich neu, aber ihre kleinen

Geschichten über das Zusammenleben im Dorf, über das Aufziehen der Kinder, über die Beziehungen zwischen den Generationen sind sehr interessant. Ihre Liebe, ihre Strenge, ihre Aufrichtigkeit und Spiritualität sind Werte, die zu Tränen rühren. So spricht Raissa Kutschuganowa über die Traditionen, die heute noch strikt befolgt werden:

„Alles, was ich berichte, haben mir die erstaunlich freundlichen, klugen und geistreichen Menschen erzählt, die im Uimon-Tal lebten und leben.

‚Es gibt keine Daunenfedern, keine Betten, doch weich gepolsterte Schlafnischen zwischen Ofen und Wand, und dort ist immer alles voller Kinder. Gott schenkt viele Kinder, und keines davon ist überflüssig. Wenn das Kind einen Platz im Mutterleib gefunden hat, warum soll es dann nicht einen Platz in der Welt finden? Wenn ein Kind geboren wird, ist alles auf der Welt dafür bereit, Trank und Speise, Wärme und Licht. Gott der Herr hat alles zur Verfügung gestellt, was ein Kind braucht, Gott schenkt das ganze Leben, und jedes Kind erhält seinen Anteil daran.'

‚Während die Kleinen in ihrer Wiege liegen, unterhalten sich die Großmütter mit ihnen, praktisch von Geburt an: Sie summen Schlaflieder oder erzählen spirituelle Gedichte. Das Kind gewöhnt sich so an eine liebevolle Sprache. Und wenig später nimmt es selbst am Lied teil und wiegt sich in seinem Rhythmus. Nicht vom Essen wird ein Kind groß, sondern von Zuneigung.

‚Es gab Frauen, die nach dem Tod ihres Mannes einsam waren und aufhörten, auf sich selbst zu achten. Du kommst zu ihnen, sie fragen: Ist es jetzt Mittagessenzeit, meine Liebe, oder Zeit fürs Abendessen? Aber Großmütter, die, auch wenn sie allein sind, für sich kochen, mit Suppe, erstem und zweitem Gang, die leben lange.'

‚Ein Kind wurde immer von der ganzen Familie und der Gemeinschaft erzogen. Wenn Sie etwas über ein Kind wissen möchten, fragen Sie die Bewohner.

‚Wenn ein alter Mann allein zurückbleibt, kümmert sich die Gemeinschaft um den Alten. Dann heißt es: Iwanowna, diese Woche bist du dran mit Ananjew, und Iwanowna wird hinlaufen, alles sauber machen, den Alten füttern, pflegen, trösten, überreden, ihm helfen, ihm etwas bringen und anreichen, ihn bemitleiden, kurz, Iwanowna wird alles für Ananjew tun, was zu tun ist.'

‚Wenn ein Kind als Waisenkind zurückblieb, egal, ob es ein russisches Kind war oder eines aus dem Altai, versammelte sich die Gemeinde und entschied, wer es nehmen sollte. Es mag sein, deine Familie ist lang wie eine Bank, doch wenn entschieden ist, ein Kind mehr aufzunehmen, so tust du es, du gibst ihm Essen, Geborgenheit und die Möglichkeit zu lernen, du wirst mehr Sorge um das Waisenkind tragen als um deine eigenen, denn es heißt: Ein Waisenkind in einem Haus ist Glück in einem Haus.'

'Fürchte dich nicht vor dem Tod, fürchte dich vor dem Alter. Das Alter wird kommen, und die Schwäche wird kommen. Alt und klein – zweimal dumm. So sagen sie es. Wenn ein alter Mann nörglerisch ist, muss man bedenken, dass es für ihn nicht einfach ist. Er war nicht immer so. Je mehr Sünde, desto schwieriger ist es zu sterben.'

'Der Respekt vor Mutter und Vater war riesig. Vater saß auf dem Platz unter den Ikonen, und über ihn sagten sie im Haus: Was Gott für die Menschen ist, ist der Vater für seine Kinder. Sie respektierten den Vater sehr, aber: Beim Vater kannst du Abbitte leisten, bei der Mutter wirst du bezahlen. Kränkt man den Vater, kann man mit Gott verhandeln, kränkt man die Mutter, kann man niemals mit Gott verhandeln.'

Die Orte hier im Uimon-Tal sind aus der Zeit gefallen und in ein Gewebe aus Legenden gehüllt

'Es gibt viele Tränen auf der Welt: Tränen von Witwen, Tränen von Waisen, aber nichts ist so teuer wie die Tränen der Mütter. Alles Schlechte, was du deiner Mutter angetan hast, kommt nicht sofort zu dir zurück, sondern zieht sich durch dein Leben. Doch der gleiche Groll wird zu dir zurückkehren.'

Ich zitiere mich selten selbst, doch hier mache ich eine Ausnahme. Ich schrieb ein Buch über Friedhöfe und ein Kapitel in diesem Buch handelt vom Friedhof der Altgläubigen in Moskau. Er heißt Rogoschskoje. Das Buch trägt den Titel: „Hier liegt Freund Puschkin... Spaziergänge auf russischen Friedhöfen". Ich führe einen Ausschnitt daraus an:

„Es gab eine Zeit in meinem Leben, in der ich mich intensiv mit den Altgläubigen beschäftigte. Ihre Ikonen sind wunderschön, ihre Choräle haben etwas un-

aussprechlich Erhebendes, und ihr Kirchenalltag ist aufs höchste ästhetisiert. Mir gefiel ihre Liturgie, sie war so festlich und würdevoll, etwa wenn sie nach ‚Ehre sei dem Vater und dem Sohn und dem Heiligen Geist' sich auf altrussische Weise dreimal bis zum Boden verneigen. Schließlich begann ich sogar, mir die Besonderheiten ihres Alltags anzueignen: Ich suchte aus alten Kochbüchern das Rezept für Sbiten heraus, ein Getränk auf Honigbasis, und braute es mir; ich ernährte mich von Rüben und Rettich und verbannte die Kartoffel, dieses ‚nicht-russische Gemüse', von meinem Speiseplan. Und nicht nur das: Wenn es sich machen ließ, beispielsweise im Urlaub, verzichtete ich auf elektrischen Strom und las die Geschichte der Altgläubigen bei Kerzenschein!

Alles bezauberte mich, was ich in der Kirche des Rogoschskoje-Friedhofs sah, der strenge Ernst der Gesichter, die ins Gebet vertieften schönen Greise mit langen Bärten, die demütige Hingabe an den Glauben der Väter. Doch eines Tages kam die Ernüchterung. Ich stand andächtig in der Kirche, da fiel eine alte Frau über mich her. ‚Wie schlägst du denn das Kreuz!' fauchte sie. ‚Ganz falsch, nicht wie wir! Anstatt mit zwei Fingern mit dreien, es ist nicht zu glauben! Du kommst von den Orthodoxen, wie? Da hast du hier nichts zu suchen! Geh, geh, heuchle dein Gebet draußen!' Und einer der schönen Greise mit langem Bart drohte mir stumm mit der Faust. Die Alte empörte sich weiter: ‚Ich beobachte das schon die ganze Zeit. Sie geht herum und schreibt! Schaut hierhin, schaut dahin und schreibt! Spioniert!' Das hat mich so gekränkt und geärgert, dass ich auf dem Absatz kehrtmachte und ging. Zu Hause knipste ich in allen Zimmern das Licht an, warf die Rüben in den Müll und kochte mir zum Abendessen Kartoffeln! Wohlig gesättigt, schob ich die Altgläubigengeschichten beiseite, holte ein Buch von Woody Allen aus dem Regal und schlug die Erzählung ‚Der zum Tode Verurteilte' auf. So etwas brauchte ich in diesem Moment: Witz und Melancholie. Über ihren Helden, den Atheisten Cloquet, der die Wirklichkeit hasste, jedoch nur zu gut wusste, ‚dass sie noch immer der einzige Ort war, wo man ein anständiges Schnitzel bekam', konnte ich mich jedes Mal von neuem amüsieren."

Als ich das Ethnografische Museum im Dorf Werchni Uimon verließ, das den Altgläubigen gewidmet war, verriet ich dem jungen Mädchen, das mich durch die Ausstellung geführt hatte, dass ich Autorin sei und über die Geschichte des Rogoschskoje-Friedhofs in Moskau geschrieben habe, einen Friedhof der Altgläubigen, auf dem viele berühmte Leute begraben sind. Die Grabmale sind besonders prunkvoll, denn die reichsten Kaufleute Russlands waren Altgläubige. „Oh", freute sich das Mädchen, „bitte übersenden Sie uns Ihr Buch!" Ich schickte es gleich nach meiner Rückkehr. Sieben Monate später erhielt ich eine Antwort: „Wir beeilen uns, Ihnen mitzuteilen, dass wir das Buch erhalten haben."

Reise zum Berg Belucha

Tjungur – Kutscherlinskoje-See – Pass Karatjurek – Akkemsee – Tal der Sieben Seen – Jarlu-Flur – entlang des Akkem

Die Altaier nennen den Berg Belucha Kadyn-Baschi (Katun-Gipfel) oder Musdu-Tuu (Eisberg). Es ist der höchste Berg des Altai und ganz Sibiriens (4 506 Meter). Gleichzeitig ist er ein heiliger Berg, hier befand sich nach den buddhistischen Glaubensvorstellungen Shambhala, das legendäre Land der Götter, im tibetischen Buddhismus ein mystisches Königreich, dass die Lehren des Buddhismus bewahrt. Von hier gelangte Buddha nach Indien. Glaubt man den alten Legenden, existiert eine Brücke aus spiritueller Energie, die den Berg Belucha mit dem Mount Everest verbindet. Hier ist der sogenannte Nabel der Welt, der energetisch mit dem Kosmos verbunden ist und den Menschen Erleuchtung und Weisheit schenkt.

Es ist schon nicht leicht, an den Fuß des Berges zu gelangen

Schaut man aus der Vogelperspektive auf die Landschaft, kann man keine der „menschlichen Mücken" in den unermesslichen Weiten erblicken. Es ist kaum möglich, die großen Flüsse zu unterscheiden, die unter den spitzen Tannenwipfeln fließen, ohne zu wissen, wohin und warum. Der verzückte Schrecken, den diese sibirische Landschaft bei Fremden und Einheimischen gleichermaßen hervorruft, ist beim Anblick des Belucha vor dem endlosen Waldmeer der Taiga stark zu spüren. Man kann den Blick nicht lösen, wenn man sich im Flugzeug dem Altai nähert und unten die Landschaften Südsibiriens dahingleiten. Es ist die perfekte Harmonie von Linie und Farbe, eine Kombination aus weißen

Bergkuppen und rotbraunen Flächen der Hochebenen, durchsetzt mit dickem Blau und hellem leuchtenden Grün.

Die ersten wissenschaftlichen Kenntnisse über den Berg Belucha stammen vom Ende des 18. Jahrhunderts. Die Erstbesteigung erfolgte 1914 durch die Brüder Michail und Boris Tronow. Beide waren später Professoren an der Tomsker Staatlichen Universität, Michail Tronow (1892 bis 1978), ein Glaziologe, Klimatologe und Doktor der geografischen Wissenschaften, Boris Tronow (1891 bis 1968), Glaziologe am Lehrstuhl für organische Chemie. Ihnen zu Ehren wurde ein Gletscher benannt.

Auf die Chance, hier etwas Ungewöhnliches zu erleben, ist man bereits vorbereitet, wenn man Reiseführer mit den außerirdischen Namen dieser Orte liest: Kutscherlu, Tjungur, Kujlju, Kara-Su, Tekelu, Karatjurek. In einer kleinen Broschüre über den Belucha heißt es wie folgt:

Die beiden Gipfel in Form unregelmäßiger Pyramiden, der Ost-Belucha (4 506 Meter) und der West-Belucha (4 435 Meter), sind durch eine Vertiefung – den Belucha-Sattel – miteinander verbunden. Im Norden bricht der Berg abrupt zum Akkem-Gletscher ab. Der Südhang ist sanfter, er ist vom Katunski-Gletscher bedeckt, aus dem der Katun entspringt.

Laut einer Altai-Legende kann nur ein Mensch mit einer reinen Seele zum Belucha hinaufsteigen, nur einem Menschen mit Demut im Herzen, mit ehrlichen Gefühlen und hellen Gedanken offenbart der Berg seine Schönheit.

Im Altertum hieß es, der Berg sei mit drei Sternen im Gürtel des Sternbildes Orion verbunden. Diese drei Sterne wurden die „Drei großen Marale" genannt. Durch sie wurde ein magischer Stein auf die Erde befördert, ein Geschenk des Orion.

Alle Bergwanderer träumen davon, den Belucha zu sehen. Es ist schon nicht leicht, an den Fuß des Berges zu gelangen, der Weg nach oben ist noch schwieriger, die starken Winde nehmen einem den Atem, die Schneefelder sind eisig. Das Besteigen des Belucha ist eine gefährliche Angelegenheit. Bereits 1935 wurden die Hänge dieses Berges zur Arena der ersten Allsibirischen Olympiade. Die stärksten Kletterer stürmten den östlichen Gipfel des Belucha. Den Aufstieg begannen 43 Bergsteiger, doch 41 von ihnen gaben auf und kehrten um, nachdem sie den Belucha-Sattel erreicht hatten.

Wir wandern zum Fuß des Berges. Es ist eine sehr schöne Tour. Die beste Zeit dafür ist die zweite Juli und die erste Augusthälfte. Für diesen „Spaziergang" zum Fuße des Belucha müssen Sie mit einem erfahrenen Führer und einer kleinen Gruppe mindestens neun bis zehn Tage einplanen. Die Tour ist 100 Kilometer lang. Uns erwarten Seen, Flure, Berge und unglaubliche Schönheit – die

Taiga wird die gotischen Türme ihrer Nadelbäume vor uns aufbauen, wie das Dach des Mailänder Doms.
Die Taiga besteht hier aus Zedern, Kiefern, Fichten, Tannen und Lärchen. Die Bäume stehen wie Riesenmenschen aus dem altaischen Heldenepos „Maadai Kara", das vom Kampf des Maadai Kara und seines Sohnes Kokjudej-Mergana mit dem Eroberer-Khan Kara-Kula berichtet, von der Hochzeit Kokjudej-Mergana und dessen Kampf mit dem Herrscher der Unteren Welt. Vielleicht sind die Taiga und der Berg Belucha das wahrhaftige Porträt Sibiriens, wo alle Flüsse, Gebirgszüge und Täler so breit, lang, unerklärlich und unpassierbar sind. Unsere Reise ist wie ein mehrteiliger Film über den Altai, in dem alles unglaublich

Die Taiga besteht hier aus Zedern, Kiefern, Fichten, Tannen und Lärchen

und doch wahr ist: Der Ort, die Zeit und unsere Gedanken. Alles fließt ein in ein Gemisch aus Natur, Geschichte, Legenden, der Altai-Religion mit ihrem himmlischen Alten Ulgen. Der Mythos von Ulgen enthält alle Elemente einer universellen Erklärung der Welt, denn er ist ein Hügel, er ist ein Bär, er ist die Farbe Weiß, er ist auch der christliche Gott.
Bevor wir uns auf den Weg machen, müssen wir, so will es der Brauch, eine kleine Kapelle besuchen, sie ist ungewöhnlich. Entworfen vom Altai-Architekten Kirill Chromow, ist sie ein aus rohen Holzbalken zusammengefügter Bau, ein Srub („srub" gleich Blockhaus). Eine Kapelle in dieser Holzbauweise wurde auch in der Antarktis errichtet, an der Bellingshausen-Station der russischen Polarforscher auf der König-Georg-Insel. Die Inschrift am Eingang zur Kapelle hat mir sehr gut gefallen. „Oh meine Seele, warum bist du so verwöhnt, warum betest du nicht zu Gott, deinem Herrn, und warum dürstet es dich nach Gutem, ohne selbst Gutes zu tun?"

Die Erzengel-Michael-Kapelle wurde 2006 aus privaten Mitteln und Spenden zum Andenken an all jene erbaut, die beim Aufstieg auf den Belucha starben. Der heilige Berg sammelt, wie die Altaier glauben, jährlich seinen Tribut in Form von Menschenleben. In der Kapelle befinden sich sehr schöne Ikonen. Unwillkürlich denkt man daran, dass die Menschen vor mehr als 1 000 Jahren den russisch-orthodoxen Glauben wegen dieser Schönheit gewählt haben. Im Juni 2020 gab es ein großes Unglück, in der Kapelle brach Feuer aus und sie brannte vollständig ab.
Es gibt sehr viele Legenden und Überlieferungen über den Belucha. Die Alten sagen, dass in grauer Vorzeit ganze Städte in seine Felsen geschlagen wurden, die zwanzig Stockwerke weit nach unten führten. Es gibt eine Legende über einen schwarzen Schmetterling, in den die Seelen toter Kletterer übergehen. Ich habe diese Art Schmetterling mehr als einmal im Altai gesehen. Sie haben große, tiefschwarze Flügel, an deren Rändern ein weißes Band wie ein Spitzenbesatz sitzt. Die Altaier nennen ihn „trauernden Schmetterling".

Die Tour beginnt an der Tourbase Wysotnik (Tourbasen sind große ausgewiesene Flächen mit Zelten oder Häuschen, oft gibt es eine Banja, ein Café oder eine Kantine) am Ufer des Katun. Übrigens, Katun bedeutet in der Übersetzung „Frau". Über den Katun schrieb Nikolai Rerich in seinem Essay „Altai": „Es heißt, der Fluss wurde bereits im Alten Testament erwähnt, wo er den Namen Schambation trägt. Wer ihn nicht fürchtet, wird ihn überqueren. Auf der anderen Seite des Flusses leben die Menschen M. M ist der heiligste Buchstabe des Alphabets, er verbirgt den Namen der kommenden Kabbala, die an Schambation erinnert. Rollende Steine – das ist der echte Katun."
Die Tourbase Wysotnik liegt gegenüber dem Dorf Tjungur. Von diesem Lager brechen die Bergsteigergruppen auf und kehren nach ihrer Tour dorthin zurück. In Tjungur kaufen sie normalerweise Lebensmittel für die gesamte Strecke ein. Das Dorf kann bequem mit dem Auto erreicht werden, das dann auf einem bewachten Parkplatz stehen bleibt.
Von hier geht es nun zu Fuß weiter. Wir erklimmen den Weg, der in den Felsen geschlagen ist. Dahinter folgt der Abstieg zum Flüsschen Tschorny. Dann wieder ein Anstieg, und dahinter geht es hinunter zum Kujlu. Der kleine Fluss ist berühmt für eine Grotte, in der sich etwa hundert Felsenzeichnungen von Menschen der Steinzeit befinden. Die nächste Station ist die Touristenbasis Kutscherla (von Tjungur aus gibt es noch eine andere Route nach Kutscherla – über die Brücke des Katun und dann links halten). In Kutscherla gibt es ein Hotel, ein Restaurant, einen Campingplatz und einen Hubschrauberlandeplatz.
Der Kutscherlinskoje-See, der sich am Weg zum Belucha befindet, ist bekannt für einen der größten Wasserfälle im Altai (Fallhöhe vierzig Meter). Direkt an

der Stelle, wo der Fluss Kutscherla den See verlässt, führt eine Brücke über den Fluss zum Seeufer. Dort gibt es Ferienhäuser im Cottage-Stil, ein Restaurant und einen Verleih von Wassersport- und Wanderausrüstung.
Die Route vom See Kutscherlinskoje über den Karatjurek-Pass zum Akkem-See dauert normalerweise zwei Tage. Die Nacht müssen Sie an einem Schlafplatz Halt machen, der Zedernrast genannt wird. Der Weg ist gefährlich, bei nassem Wetter besonders, denn der Pfad führt über einen steilen Felsen, tief unten wirbelt tosendes Wasser. Der Fluss zieht das Auge magisch an.

Die Erstbesteigung des 4 506 Meter hohen Belucha erfolgte 1914 durch die Brüder Michail und Boris Tronow

Im Altai gibt es zahlreiche Legenden und Märchen über die Wassergeister, die, wie die Altaier glauben, auch heute noch in den Flüssen leben. Hier ist eine der Legenden: Es war einmal vor langer Zeit, vor dem heute und früher als die Vergangenheit. Ein junger Mann sah im Frühjahr, als das Eis auf dem Fluss barst, ein Mädchen, das auf einer Eisscholle sitzend, ihr rotes Haar kämmte. Der junge Mann sagte sich: „Was sein soll, wird sein!" Er nahm seine Waffe, schoss und warf das Mädchen mit seinem Schuss vom Eis. Das Mädchen fiel ins Wasser und drohte: „Es kommt die Zeit, da werde ich dich, einen so unhöflichen Jungen, ins Wasser ziehen, sogar in einem kleinen Fluss!" Als er hörte, was die Herrin des Wassers gesagt hatte, bekam der junge Mann einen ziemlichen Schreck. Doch nach einiger Zeit vergaß er, dass er den Zorn der Herrin des Wassers geweckt hatte, überquerte den Fluss auf seinem Pferd und die Herrin des Wassers packte ihn und zog ihn in die Tiefe.

In den schamanischen Mysterien beziehen sich die Rituale oft auf die „Herren der fließenden Gewässer". Hier ist eines der schönsten Bilder dieser Verschmelzung von Natur und Glauben:

Anbetung des Wassergeistes
Gebieter der fließenden Wasser!
Dein Heer in Birkenborkenbooten,
Du Gebieter des blauen Meeres!
Das stürmische blaue Meer,
Das graue Pferd ist ein Opfer für dich!
Wir bewirten dich mit nicht erkaltetem Araka!
Versenk uns nicht im Wasser,
Wirf uns nicht ins Meer!
Wie der Fluss Katun lachst du!
Der Fluss Bija – sind deine Brustwarzen!

Allmählich endet der Wald, und in einer der Schluchten, die wir passieren, beginnt der Anstieg zum Karatjurek-Pass. Der Pass ist bekannt für seinen Panoramablick und für eine der schönsten Aussichten auf den Belucha.
Mir scheint, es war genau hier, wo der geniale Altai-Maler Tschoros-Gurkin seinen „Blick auf den Belucha" gesehen und das Gemälde in seiner Vorstellung entworfen hat. Wenn es möglich wäre, würde ich mein ganzes Buch über den Altai ausschließlich mit seinen Gemälden illustrieren. Denn Tschoros-Gurkin vermochte es, in seinen Gemälden die besondere spirituelle Schönheit zu erfassen, den Betrachter den Geist, die Reinheit, das Geheimnis und die besondere Inspiration des Ortes fühlen zu lassen.
Vom Pass aus steigen wir über Geröllfelder zum Fluss hinab, überqueren ihn und gelangen in einen Zedernwald. Durch den Wald führt ein steiler Pfad, er hat ein Gefälle von bis zu 30 Grad. Der Weg windet sich und führt zum Häuschen der Hydrometeorologischen Station, dahinter liegt der Akkem-See. Dieser See am Fuße des Belucha liegt auf einer Höhe von 2 050 Metern über dem Meeresspiegel. Er ist 1 350 Meter lang, 610 Meter breit und bis zu 14 Meter tief. Die Ufer bestehen aus Gletscherablagerungen und sind mit dem zarten Grün von Tundraflechten bedeckt.
Von dort führt uns der Weg weiter in das „Tal der sieben Seen". Es ist das wunderschöne und malerische Flusstal des Ak-Ojuk, eines Nebenflusses des Akkem, in dem sieben kleine Seen verloren in weiter Landschaft liegen. Und das Wasser eines jeden dieser so verschieden geformten Seen ist von unterschiedlicher

Farbe. An einem der Seen liegt ein Hubschrauberlandeplatz und es gibt ein Trainingslager für Rettungsschwimmer.

Wenn wir weitergehen, führt der Weg wieder an einem Wasserfall vorbei über die Jarlu-Flur. Das ist einer der interessantesten Orte im Umkreis des Belucha. Eine Schwierigkeit besteht darin, dass Sie mit einem Boot das gegenüberliegende Ufer des Akkem erreichen müssen. Das Boot wird in der Regel an der Station des Hydrometeorologischen Dienstes zur Verfügung gestellt. Dann gehen Sie den Fluss entlang. Unterwegs führen einfache Furten durch die Bäche von Schmelzwasser. Der Fluss Jarlu bildet sich aus zwei Zuflüssen, deren Wasserscheide von Felsen gebildet wird, die in feines Geröll übergehen. Die Felsen faszinieren durch ihre Farben; von Grün bis Lila und Rot ist alles dabei. Der Anblick ist ungewöhnlich. Zum Fluss hin wachsen zarte Gräser, die weiß blühen und das Tal in eine zauberhafte mondhelle Landschaft verwandeln.

Die Jarlu-Flur zeichnet sich nicht nur durch ihre außergewöhnliche Landschaft aus, sondern auch durch einen starken Energiefluss. Hier kommt man in unmittelbare Berührung mit dem Wunderbaren. Alle, die hier waren, bestätigen dies, darunter die Altai-Bergführer und die Mitarbeiter der Hydrometeorologischen Station. Die fantastischen Geschichten, die Menschen hier erlebten, sind Legion. Ich erzähle nur eine ganz einfache, die ein Bekannter von mir am Jarlu erlebt hat:

„Ich wanderte mit einer Gruppe von Touristen auf einer Tour am Fuß des Belucha, und irgendwann war ich völlig erschöpft und blieb hinter den anderen zurück. Da erinnerte ich mich daran, dass mein verstorbener Vater die Berge sehr liebte und stets davon geträumt hatte, den Belucha mit eigenen Augen zu sehen, aber das hat nie geklappt. In diesem schwierigen Moment dachte ich: ‚Vater, hilf mir!' Plötzlich drehte sich mein Freund, der in der Gruppe vorn gewandert war, erstaunt um, blieb stehen. Als ich ihn erreicht hatte, sagte er: ‚Du wirst es nicht glauben, aber ich habe gerade einen Mann hinter dir gesehen! Ja! Er stand so lebendig da, ich kann ihn dir genau beschreiben.' Und er beschrieb ihn, die genaue Kopie meines Vaters! Es gab da so ein kleines Detail. Im Krieg waren meinem Vater zwei Finger abgerissen worden, er war unglücklich darüber, weil er gern Klavier spielte und das nun nicht mehr konnte. Mein Weggefährte auf der Tour, der meinen Vater nie gesehen hatte, konnte dieses Detail nicht kennen. Als er das Aussehen des Mannes, der hinter mir stand, beschrieb, sagte er plötzlich, dass der Mann nur drei Finger an der rechten Hand hatte, das war deutlich zu erkennen, als er die Hand hob!"

„Se non è vero, è ben trovato", wenn das nicht stimmt, ist es gut ausgedacht, heißt es im Italienischen.

Es gibt viele Legenden und Geschichten über Wunder in der Gegend von Jarlu. Es heißt, genau hier sei der Raum, in dem irrationale Kräfte alles in ihren Bann ziehen, wo überhaupt alles anders ist. Der Ort wirkt düster: Ein verwun-

schener Raum in einer fremden Welt, wo nicht klar ist, wohin der Weg führt, und wo selbst die Stimmen ihren alltäglichen Klang verlieren.

Im Prinzip verstehe ich die Spukgeschichten, die davon erzählen, dass Menschen hier manchmal spurlos verschwinden. Ich war einmal sehr fasziniert von der Geschichte, wie der brillante Physiker Nikola Tesla die Zeitmaschine erfunden hat. Aus Sicht der physikalischen Grundlagen ist das Reisen mit einer Zeitmaschine unmöglich. Aber was ist Zeit? Tesla kam auf den Gedanken: Was ist, wenn die Zeit nicht linear, sondern diskret ist? Das bedeutet, dass es Lücken darin gibt und dass daher die Möglichkeit besteht, in diesen Lücken zu verschwinden.

Wenn es gelingt zu berechnen, wie man in diese Zeitlücken geraten kann, dann hat man die Zeitmaschine, die die Jahrhunderte durchquert. Ich wage zu behaupten, dass es durchaus möglich ist, dass das absolute Genie Nikola Tesla dazu in der Lage war. Und es ist durchaus möglich, dass es einen Ort auf der Erde gibt, an dem es am einfachsten ist, in eine solche Zeitlücke zu gelangen – und zu verschwinden, wie die Menschen in der Jarlu-Flur verschwunden sind.

Die Reise vom Akkem-See nach Tjungur dauert ungefähr zwei Tage. Das hängt vom Wetter und von der körperlichen Konstitution der Gruppenmitglieder ab. Man muss kilometerweit zu Fuß gehen. Der Pfad führt am Fluss entlang durch echte Taiga, aber es gibt oft Plätze, die zum Rasten geeignet sind. Am Bergzufluss „Ak-Kem" findet man ein Basislager mit Unterkünften, einer Banja und einer Kantine.

Wenn man sich mit Beginn der Dämmerung, fünf Minuten zu Fuß vom Lager aus in die Taiga begibt, kann man den magischen Klängen der Altai-Nacht lauschen. Die Taiga beim Dunkelwerden zu erleben ist faszinierend. Man bewegt sich außerhalb von Zeit und Raum und fühlt sich zurück in die Menschheitsdämmerung versetzt, in die Dunkelheit des Altertums, zu den Wundern und Legenden der Antike. Wunder im Altai sind nichts anderes als ein Teil der Realität.

Es gibt eine alte, ungewöhnliche Altai-Parabel. Ein Reisender klopft erschöpft an die Tür der Berghütte. „Wer ist da?", fragen sie von innen. „Ich", antwortet der Reisende und erhält die Antwort: „Es gibt keinen Platz für zwei." Mehrmals kehrt der Reisende zurück und klopft mit neuer Hoffnung an die Tür, aber sie bleibt geschlossen. Zum Schluss antwortet er auf die Frage: „Wer ist da?" „Du!" Da öffnet sich die Tür. Sie öffnet sich einem Mann, der die Demut gefunden, seine Seele von Geschäftigkeit gereinigt hat und bereit ist, auf dem Feld seiner Seele aufs Neue zu pflügen und zu säen.

Kein Wunder, dass es im Altai das Sprichwort gibt: „Der Altai öffnet das Auge des Herzens." Kein Wunder, dass hier zu allen Zeiten Menschen nach spirituellem Wissen suchten. Vergiss alles, was du wusstest – und öffne dein Herz für

ein neues, fremdes „Du". Nach dem Verlust des kleinen „Ich" ist Raum für neue Erkenntnisse, lassen sich die Geheimnisse des Altai entdecken.
Weiter auf unserer Route befindet sich der Rastplatz „Tri Berjosy" („Drei Birken"), wo für die meisten Gruppen die Wanderung endet. Die letzte Attraktion ist der Kusujak-Pass. Auf dem Sattel des Passes sind alle Bäume mit Kjira-Bändern umwickelt. Binden auch Sie nach Altai-Brauch Ihr Band an einen Baum und danken Sie dem Besitzer des Gebiets für die unversehrte Rückkehr.

Der Belucha ist mit 4 506 Metern der höchste Berg des Altai und ganz Sibiriens

Die Altaier wenden sich in ihren Ritualen immer an den Himmelsvater und an die Mutter Erde, doch zusätzlich an die Geister ihrer Vorfahren. Nach alten Überzeugungen besteht die menschliche Seele aus drei Teilen, von denen einer für immer auf der Erde bleibt und zu einem Ahnengeist wird.
Dieser Geist der Ahnen verliert nie den Kontakt zu seinen Nachkommen und anderen Verwandten und wird normalerweise ein Beschützer und Helfer. Nach mehreren Generationen sind die Geister der Vorfahren möglicherweise nicht mehr ständig in der Nähe der Häuser ihrer Verwandten, aber sie sind immer bereit, zu Hilfe zu eilen, wenn sie gerufen werden. Dann werden sie Teil einer Gruppe von Ahnengeistern. Wenn der Familiengeist aufgehört hat, nahe bei seinen Verwandten zu leben, sucht er sich eine natürliche Zuflucht wie einen Felsen, eine Quelle oder einen Baum.
Deshalb ist das „Opfer" für den Baum sowohl ein Zeichen der Ehrfurcht vor dem Geist der Ahnen als auch der Dankbarkeit.

Nun führt die Straße vom Kusujak-Pass in den Wald, und Sie stehen vor der Brücke nach Tjungur, wo unsere Reise begann.

Diese Reise an den Berg Belucha ist wie ein Bericht aus einer anderen Welt, einer anderen Ära, einem anderen Leben. Du wirst in Deine Welt zurückkehren, doch der Belucha bleibt Teil des Lebens hier, in einer legendären Zeit der Stille, mit Kjira-Bändern, mystischen Visionen in Jarlu, alten Legenden, die mit den Worten beginnen:

„In jenen Tagen, als es noch keine Wälder gab und die Steine weich waren."

Jetzt sind die Steine hart und mit Wald bedeckt. Doch es gibt immer noch genug Wunder im Altai wie auch Märchen und Legenden, die den Bergen gewidmet sind. Hier ist eines davon:

Legende von der Herrin des Berges

Einmal ging ein Jäger zum Jagen in den Wald. In der Taiga baute er sich eine Hütte aus Zweigen. Morgens ging er zur Jagd und kehrte zurück, um die Nacht in der Hütte zu verbringen. Nachdem er das Feuer angefacht hatte, hing er den Kessel darüber auf. Er bereitete sein Lager, legte sich hin und schlief ein.
In der Nacht wachte er auf. Beim Aufwachen sieht er: Da steht ein rothaariges Mädchen, die Herrin des Berges, mit einem Ring in der Nase. Sobald er sie sah, lachte der Jäger laut auf. Die Herrin des Berges fragte: „Was hast du gesehen, dass du lachst?"
Der Jäger antwortete: „Ich habe einen Ohrring in deiner Nase gesehen und darüber gelacht."
Die Herrin des Berges, die rothaarige Jungfrau, ergriff vom Verstand des Jägers Besitz. Sie führte ihn zu sich nach Hause, und sie betraten den Berg.

Drei Nächte verbrachten sie zusammen, und sie sagte: „Geh nicht nach draußen." Der Jäger dachte: „Warum soll ich nicht nach draußen gehen?"
Das rothaarige Mädchen hatte die Hirsche, Ziegen und Marale zum Eingang des Berges geführt, um sie zu melken. Der Jäger, der die Tür geöffnet hatte, schaute ihr zu. Als er die Herrin des Berges beim Melken beobachtete, überlegte er: „Wenn ich die Milch dieser Hirsche und Ziegen trinke, kann ich nicht nach Hause zurückkehren!"
Denn, so hatten die Alten gewarnt, wenn man die Milch trinkt, die die Herrin des Berges gemolken hat, vergisst man den Weg nach Hause. So also sind viele Jäger in diesen Gegenden verschwunden. Der Jäger stieß die Tür auf und ging sofort nach draußen. Die Tiere flüchteten in den Wald.
Die Herrin des Berges, das rothaarige Mädchen, sagte: „Schade. Ich wollte mit dir zusammen leben. Wenn du bei mir leben würdest, würdest du ein großer und reicher Mann werden. Warum hast du die Tür geöffnet? Wenn du nach Hause zurückkehren möchtest, dann geh deiner Wege. Doch ich werde dir kein Wild mehr zum Jagen geben!" Doch der Jäger kehrte nach Hause zurück.
Wenn Sie hierher kommen, werden Sie den Altai täglich mit Aufregung und Freude erleben. Wer hier lebt, ist angesichts der Landschaft völlig überwältigt, er spürt täglich, wie klein er selbst ist. Das ist absolut natürlich. Wie unangemessen ist der Mensch gegenüber der Bewegung des Wassers oder der Formung der Berge! Der Altai ist ein Naturphänomen. Es kann der Sinn dieses Ortes sein, den Menschen an sein wahres Maß zu erinnern.
„Und hinter dem Belucha wird der Kuen-Luna-Kamm erscheinen, der dem Herzen lieb ist, und dahinter befinden sich der ‚Berg der göttlichen Frau' und die ‚Fünf Schätze des Schnees' und die ‚Dame des weißen Schnees' selbst und alles, was geschrieben und ungeschrieben ist, und alles, was erzählt und nicht erzählt ist." Mit diesem Satz beendet Nikolai Rerich, der viel von Reisen und von Schöpfertum verstand, seinen Essay über den Altai.
Alles trägt der Fluss der Zeit mit sich hinweg, und nur das, was du selbst erlebt hast, als du am besten warst, am meisten du selbst warst und im Gegenzug die gleiche unbändige Freude an der Gegenwart zurückerhalten hast, bleibt echt. Der Mensch öffnet sich am schönsten und am glücklichsten in der Liebe, im Schöpfertum und auf Reisen.
„Kann man denn den Altai sehen und nicht glücklich sein?", fragt ein Kaitschi, ein Sänger von alten Volksliedern, auf dem berühmten Festival des traditionellen Liedes El-Ojin. Das ist so.

Auf dem Weg zur Denissowa-Höhle

Gorno-Altaisk – Solonowka – Schinok – Denissowa-Höhle – Ust-Kan

Das Leben mag Kontraste, also eskaliert manchmal die Dunkelheit, damit die leuchtenden und freudigen Farben umso heller aufscheinen. So ist es auch bei mir. Endlich machte ich mich auf den Weg, um die berühmte Denissowa-Höhle zu sehen. Am Morgen hatte ein unangenehmer Nieselregen eingesetzt. Am Busbahnhof in Gorno-Altaisk fuhr der Bus nach Ust-Kan direkt vor meiner Nase ab. Und der Bus nach Ust-Koksa (er fährt durch Ust-Kan) war bereits früher

Flüsse und Berge begleiten jede Reise durch den Altai

abgefahren. Aber das Glück klopfte an meine Tür in Gestalt des kleinen, dünnen Besitzers einer Tankstelle, der mir riet, mit einem vorbeifahrenden Fahrzeug ins Dorf Solonowka mitzufahren und von dort weiter (mit etwas Glück) ins Rayonzentrum Soloneschnoje am Fluss Anui, von dort bis ins Dorf Tschorny Anui ist es nicht mehr weit. Noch vor dem Dorf liegt die Höhle.

„Es sind nur knapp 250 Kilometer, ein kleiner Umweg", sagte der Besitzer der Tanksäule. Und er half mir sogar, eine Mitfahrgelegenheit nach Solonowka zu finden.

Zehn Minuten später saß ich schon in der Fahrerkabine eines Lkw.

Es gibt solche Menschen, mit denen es interessant ist, eine Stunde Zeit zu verbringen, aber werden es zwei wird es schon langweilig. So einer war der Fernfahrer, mit dem ich eine Stunde unterwegs war. Er hatte viele verrückte Ideen:

Von der Einführung von Tanzkursen beim Altai-Kulturministerium bis zum rührenden Vertrauen in alle Methoden der Parapsychologie, er schlug sogar vor, Weiterbildungs-Seancen zu organisieren.

Am Kilometer 28 liegt das Dorf Solonowka. Wenn Sie zu Beginn des Sommers ankommen, erleben sie, wie die Erde dort in allen Farbschattierungen von Grün und Blau leuchtet. Blumen und Gras stehen so hoch, dass ein Reiter darin nicht zu sehen ist. Wenn sie einem Altaier auf einem Pferd begegnen, wird er ihnen mit der Peitsche zuwinken und gleich wieder im hohen Gras verschwinden.

Es heißt, einst lebte in Solonowka ein alter Kam (so werden die Schamanen im Altai genannt), der wusste, wie man „Schnee und Schlangen beschwört", aber bereits seit längerem ist der Ort dafür bekannt, dass es hier den Berg Tolstucha gibt, den Gleitschirmflieger sehr schätzen (Höhe 683 Meter). Das Lager der Gleitschirmflieger heißt „Bobrowaja Saimka" („Biberbau") und wird von Wladimir Mitin geleitet. Der ist Meister des Sports, Präsident der gesellschaftlichen Organisation „Föderation des Gleitflugsports Krylja Sibiri im Krai Altai" und erster Gleitschirmflieger im Altai.

Die ersten Flüge fanden hier im Jahr 1997 statt, und es stellte sich heraus, dass der Berg aufgrund seiner aerodynamischen Bedingungen ein idealer Ort für Gleitschirmflüge ist. Heute ist er ein Mekka für Extremsportler. Besonders eine Extremform des Triathlons hat sich in den letzten Jahren stark entwickelt: Wettkampf im Gleitschirmfliegen, Rafting auf dem Fluss Pestschanaja und Mountainbike-Abfahrt. Bekannt geworden ist allerdings auch der tragische Vorfall, als mehrere Wassersportler auf dem Fluss starben. Und so ist es passiert:

Die Raftingstrecke auf der Pestschanaja von Kujagan bis Solonowka beträgt 276 Kilometer. Normalerweise überwinden die Sportler diese Strecke in drei Tagen mit Übernachtungen am Ufer. Die schwierigste Stelle ist die so genannte Abramytsch-Schwelle, doch insgesamt ist der Fluss eher sandig und ruhig, und die Rafting-Tour gilt als Route mit niedrigem Schwierigkeitsgrad. Doch im Frühjahr 2006 war alles anders. Aufgrund längerer Regenfälle verwandelte sich die Pestschanaja in einen reißenden Strom. Das Rafting stieg auf Stufe Fünf der Schwierigkeitskategorie. Das traf die Organisatoren und Teilnehmer des Wettbewerbs unvorbereitet, und leider kam für mehrere Sportler die Hochwasserwarnung zu spät.

Die Reifen eines Lada-Schiguli quietschten in der Nähe auf, und ein Mann mittleren Alters fragte: „Nach Soloneschnoje?" Ich nickte, und wir fuhren schweigend. Der Fahrer des Lada war von Beruf Historiker, doch nicht gesprächig. Wir haben wenig geredet, aber ich erinnere mich an einen seiner Sätze. Für Historiker, sagte er, sei es Plagiat, wenn man aus zwei Büchern abschreibt, wenn man aus zehn Büchern abschreibt, eine Zusammenstellung von Fakten, und wenn man aus hundert Büchern abschreibt, ein wissenschaftliches Werk.

„Ich werde Ihnen Soloneschnoje zeigen", sagte der Fahrer, und ich floss vor Dankbarkeit über. „Wenn es nicht schwierig ist ..." Wir fuhren durch die geschwungenen Straßen, entlang einer neuen sehr geraden Straße und hielten an einem Laden an: Mehl, Zucker, Glühbirnen, Seife, Zigaretten, Nudeln, Schul-

Gleitschirmflieger schätzen den Altai. Die ersten Flüge fanden im Jahr 1997 statt

hefte, sogar eine handgeschriebene Reklame „Französische Parfums im offenen Ausschank" ...

Der Fahrer sagte, er müsse schnell bei seinen Verwandten vorbeischauen und etwas abgeben, dann jedoch werde er mich zur Fernstraße bringen, wo ich leicht eine Mitfahrgelegenheit zu den Höhlen finden könne. Ich hatte es nicht eilig, ein seltener und friedlicher Zustand.

Es ist seither so viel Zeit vergangen, doch ich erinnere mich immer öfter an diese besondere Reise in die Denissowa-Höhle, als ob der mächtige schwarze Schamane, der dort den alten Legenden nach lebte und das Geheimnis eines Liebestranks kannte, mich davon trinken und mich ein Teilchen davon absorbieren ließ, und dieses Teilchen lebt jetzt selbstständig in mir fort, ohne sich um mich zu kümmern.

Als nächstes fuhr ich schon mit in einem Geländefahrzeug. Wir überquerten den Fluss Anui mehrmals über Brücken. Rechts erschien die Flanke des fast zwei Kilometer langen Butatschicha-Berges, einem Ausläufer des Baschtschelak-

Bergrückens. Entlang des Bergrückens gibt es mehrere Bergseen: Baschtschelakskoje, Talizskoje, Bolschoje, Sapadnoje, Serkalnoje. Baschtschelak, wie die Bewohner ihn kurz nennen, ist bekannt für seine Höhlen und seine Wasserfälle. Hinter dem Dorf Tog-Altai fließt ein Bach in den Fluss Anui. Hier halten die Touristenbusse an, weil alle Reisenden ein Kjira-Bändchen an den heiligen Baum am Bach binden wollen. Wer hier ein Band befestigt, wird das Wohlwollen des Ortsgeistes, des geheimen Herrschers über das Gebiet, erlangen.

Im gesamten Altai kann man auf unzählige Wasserfälle und Wasserfall-Kaskaden treffen

Zehn Kilometer weiter endet die Straße auf einem kleinen Zeltplatz mit Banja. Hier lassen alle ihre Autos stehen und gehen in der Schlucht des Flusses Schinok zu Fuß durch die Taiga weiter, um die Wasserfall-Kaskade zu besuchen.

Die Menschen im Altai haben eine besondere Beziehung zum Wald und zur Taiga. Für sie ist es undenkbar, junge Bäume zu fällen, es sei denn, dies ist absolut notwendig. Der Herr des Gebiets wäre erzürnt und wird die Person strafen. Bei Bedarf können alte Bäume gefällt werden. Es ist ebenfalls undenkbar, Gras mit der Wurzel auszureißen. Gras ist das Haar der Erde, sagt man im Altai. Der Herr des Gebiets wäre erzürnt wegen der Schmerzen, die der Erde zugefügt werden. Er straft die Schuldigen genauso wie für das Fällen junger Bäume. In den Wäldern leben schöne stolze Tiere – Maralhirsche, Elche. Bergziegen und Gämsen springen über die Abhänge. Bären durchstreifen die Taiga, in der Wildnis jagen Luchs, Vielfraß, Zobel, Hermelin, Nerz und Wiesel. Mal blitzt ein Streifenhörnchen im Gras auf, mal fliegt ein Eichhörnchen den Stamm der Lärche entlang.

Der erste Wasserfall trägt den schönen Namen „Zartes Wunder". Nicht weit davon entfernt befindet sich ein zweiter Wasserfall – „Yogi" (Fallhöhe 25 Meter). Dies ist vielleicht der schönste aller Wasserfälle auf dem Weg. Zum dritten Wasserfall „Giraffe" (Fallhöhe vierzig Meter) ist man weitere zwanzig Minuten unterwegs. Dann geht die Straße in einen Pfad über, der steil bis zu dem Felsen ansteigt, von dem das „Yogi"-Wasser hinabstürzt. Die Schlucht ist nicht nur besonders schön dank der Wasserfälle, sondern auch dank der Kombination aus Felsen und sibirischer Taiga.

Die Denissowa-Höhle befindet sich im Tal des Flusses Anui an der Grenze zwischen dem Krai Altai und der Republik Altai, vier Kilometer vom Dorf Tschorny Anui entfernt. Ihren Namen erhielt die Höhle Ende des 18. Jahrhunderts, als sie für viele Jahre Zufluchtsort des Altgläubigen-Einsiedlers Dionysius wurde. Der Altai-Name der Höhle ist Aju-Tasch, was „Bärenfels" bedeutet. Nach alten Legenden lebte darin ein mächtiger schwarzer Schamane, der die Fähigkeit besaß, sich in einen riesigen Bären zu verwandeln.

Die ersten Forschungen in der Höhle wurden 1978 durchgeführt. Von Anfang an wurden Unmengen erstaunlicher Artefakte entdeckt: Fragmente antiker Keramikschalen, Schmuck und Bronzewerkzeuge. Es war schnell klar, dass dies ein einzigartiger, mehrschichtiger Höhlenrastplatz des Menschen seit mehr als 300 000 Jahren gewesen ist. Die spektakulären Funde machten die Höhle weltberühmt. Bei Ausgrabungen wurden hier etwa 50 000 Unikate gefunden, die heute in regionalen und örtlichen Geschichtsmuseen in Russland und im Altai aufbewahrt werden.

Im Jahr 2008 machte eine Nachricht die Runde, die zu einer Weltsensation wurde. In der elften Kulturschicht der Denissowa-Höhle – nach Angaben des Instituts für Archäologie und Ethnografie der Staatlichen Universität Nowosibirsk gibt es 22 Kulturschichten – fanden Archäologen einen Fingerknochen und das Skelettfragment einer jungen Frau, die, allen Anzeichen nach, nicht zur Gattung des Homo Sapiens gehörte. Das war eine andere Menschenart, ein anderer Zweig in der Entwicklung der Menschheit, und diese Art erhielt ihren Namen nach der Höhle. Nach den jüngsten Forschungsergebnissen, die 2019 veröffentlicht wurden, ist der Denissowa-Mensch nach den Belegen, die in der Höhle gefunden wurden, mindestens 200 000 Jahre alt. Die Belege in der Höhle für die Anwesenheit von Neandertalern wurden auf 200 000 bis 100 000 vor unserer Zeitrechnung datiert. Kaum eine Höhle der Welt zieht so viel wissenschaftliches Interesse auf sich wie die Denissowa-Höhle.

„Unweit von Tschorny Anui auf dem Karakol befinden sich Höhlen. Ihre Tiefe und Ausdehnung sind unbekannt. Es gibt dort Knochen, Inschriften, Zeichnungen. Es

heißt, dort lebten einst die ‚Kurumtschinsker Schmiede', seltsame, unverständliche Völker. Die allgemein akzeptierte Einteilung in Hunnen, Alanen, Goten ist nur der Sammelbegriff für weitere Unterkategorien. Dabei gibt es so viele unbekannte Fakten, dass sogar Münzen, auf denen konkrete Daten sichtbar sind, manchmal in völlig andere Entwicklungsperioden der Menschheitsgeschichte verweisen. Hirschsteine (Steine mit alten Inschriften), Grabhügel, Steinfrauen, Höhlen, Mauern namenloser Städte sind bereits beschrieben und gezählt, aber die Entwicklungswege der Völker haben sich noch nicht offenbart. Außer von den Histori-

Der Eingang zur Denissowa-Höhle

kern wird noch eine andere Geschichte der Welt geschrieben", notierte Nikolai Rerich auf seiner Expedition in den Altai, als er sich für archäologische Funde, die Geschichte der Spiritualität und den Burchanismus im Altai interessierte und Ähnlichkeiten mit den nordamerikanischen Indianern fand. Er zeichnete auch die Geschichten auf, die die Alteingesessenen über die Vergangenheit erzählten. Eine dieser Geschichten hat mich besonders interessiert.

„Es geschah vor langer Zeit, als die Altaier mit Eindringlingen kämpften. Die Streitkräfte waren ungleich, aber die Geschichte hinterließ uns Zeugnis davon, wie ein einzelner Altai-Reiter vermochte, ein ganzes Heer zur Kapitulation zu zwingen. Er bat einen Kameraden, eine große Pferdeherde auf die dem Wind zugewandte Seite zu treiben und machte sich in Begleitung eines anderen auf, um mit den Gegnern zu verhandeln. Er forderte: ‚Legt sofort eure Waffen nieder, sonst greife ich mit all meinen Truppen an.' Sie dachten nach, sahen die Staubsäulen der Pferde in der Nähe und gaben die Waffen ab. Der tapfere Kämpfer forderte seinen Kameraden auf: ‚Reite los, ruf die Truppen zurück.' So brachte er ein ganzes Heer dazu, sich zu ergeben. Und dies ist kein Märchen, sondern geschah in jüngster Vergangenheit."

So war das also. Jetzt weiden Schafe friedlich auf den Hügeln.

Es ist seltsam. Ich musste erst das Land verlassen, in dem ich geboren wurde, und ein Vierteljahrhundert um die halbe Welt reisen, um zu begreifen: Es gibt nichts, was dem Altai gleicht. Und ich verehre und bewundere die Wissenschaftler der PiAC (Permanent International Altaistic Conference), die seit mehr als sechzig Jahren aus bis zu zwanzig Ländern der Welt zusammenkommen, um ihre jährlichen Konferenzen abzuhalten, bei denen sie ihre Forschungsergebnisse über den Altai, die mongolischen und uigurischen Kulturen, Traditionen und den Schamanismus diskutieren.

Es gilt als erwiesen, dass der Altai die Heimat aller modernen turkischen Völker ist. Hier gründeten die alten Turken 552 ihren ersten eigenen Staat – das Turkische Kaganat –, der bis 603 existierte und sich in seiner Blütezeit über die Territorien des nordöstlichen China, der Mongolei, des Altai, Ostturkestans, Westturkestans, Kasachstans, der Krim und des Südkaukasus erstreckte. Hier formte sich auch die Ursprache der Turken, die sich dank ihrer Verschriftung unter allen Völkern des Kaganats verbreitete. In der modernen wissenschaftlichen Welt wird der Sammelbegriff „Altai-Sprachfamilie" für die Turksprachen verwendet, wobei die Sprachfamilie drei Gruppen umfasst: die Turksprachen, die mongolischen und die tungusischen Sprachen. Die Mehrheit der Vertreter der Altaiischen Sprachfamilie rechnen auch Koreanisch, die Japanisch-Ryükyü-Sprachen und die Ainu-Sprachen zum Altaiischen. Die Erkenntnisse über die Sprachentwicklung führten ebenfalls dazu, dass sich die Altaiistik als Wissenschaftszweig international etablierte.

Auf einer Reise nach München stieß ich in einem Antiquariat in der Schellingstraße auf einen dicken Band mit wissenschaftlichen Beiträgen der 27. PiAC-Tagung vom Juni 1984 in Walberberg, Deutschland, und er weckte gleich meine Neugier. Wie geheimnisvoll liest sich das alles: Michael Underdown (James Cook Universty, Australien) forscht über „Symbolismus im Tungus-Schamanismus", Stanislaw Kaluzynski (Universität Warschau, Polen) „Zum Vokalismus der Sibe-Sprache" und legte Monografien aus der Reihe „Altaiische Forschungen" vor. Der Titel der Konferenzschrift war „Religiöser und Laiensymbolismus in der altaischen Welt und andere Beiträge".

Ich verehre einfach die Fülle und Vielfalt des Interesses von Wissenschaftlern aus den USA, Australien, Norwegen, Italien, Großbritannien, Deutschland, Ja-

pan und anderen Ländern, an allem, was mit dem Altai verbunden ist. Was mich an diesen zahlreichen Beiträgen der Wissenschaftler beeindruckt hat, war, dass alles, aus dem richtigen Blickwinkel betrachtet, ersichtlich wird und sich mit Sinn füllt. „Je näher man die Menschen im Altai kennenlernt, desto verständlicher wird ihr Charakter, ihre Beziehung zur Natur und untereinander. Ich bin fasziniert vom spirituellen Gleichgewicht, das ihrem Naturell zugrunde liegt, und einer gewissen Nüchternheit des Geistes, die es ermöglicht, nicht im Negativen zu verharren und die tiefe Harmonie durch die scheinbare Disharmonie zu sehen.", heißt es in der Konferenzmitschrift.

Der Altai vermag zu erschrecken, zu überraschen und zu bezaubern. Doch dieses Land kann auch lehren, glücklich und mit dem zufrieden zu sein, was vorhanden ist. Arm ist nicht der, der wenig hat, sondern der, dem alles zu wenig erscheint.

Ausländische Touristen tauchen im Altai eher selten auf, es mangelt an Infrastruktur, und der Komfort lässt vielleicht zu wünschen übrig. Doch ausländische Wissenschaftler finden in der Nähe der Denissowa-Höhle paradiesische Bedingungen vor.

Im Jahr 1990 wurde hier eine Art Basislager zur Erforschung des Paläolithikums im Altai-Gebirge geschaffen. Es trägt den Namen Internationales Zentrum für wissenschaftlichen Tourismus „Denissowa-Höhle". Zum Zentrum gehören komfortable kleine Bungalows, eine Kantine, eine Bar, eine Sauna und ein Badehaus. Aber nicht nur Wissenschaftler sind willkommen, sondern auch Touristen, alle, die sich für den Altai interessieren.

Dort lernte ich in der Bar eine sympathische junge Frau und ihren Begleiter kennen. Die junge Frau hieß Wanda, sie kam aus Krakau und studierte Archäologie, sie war nicht das erste Mal im Altai. John studierte ebenfalls Archäologie, er lebte in New York.

Das Thema seiner Diplomarbeit waren die Kurgane (Hügelgräber) der Pasyryk-Stufe, der jüngsten skythischen Kultur im Altai. John hatte ein Stipendium für ein Praktikum an der Staatlichen Altai-Universität, und über seine Pasyryk-Hügel konnte er stundenlang sprechen. Der junge Archäologe war bereits nach Ulagan gereist, wo die Telengiten leben, die sich stark von anderen Altai-Stämmen unterscheiden, vielleicht, weil sie sich erst hundert Jahre später als der Rest der Altai-Völker dem Russischen Reich angeschlossen hatten.

In der Nähe von Ulagan im Pasyryk-Tal befinden sich fünf große Kurgane aus dem 5. bis 3. Jahrhundert vor unserer Zeitrechnung. Nach diesem Tal ist die Pasyryk-Stufe, die jüngere Stufe der skythischen Kultur im Altai, benannt. Ein kleines Heimatkundemuseum „Pasyryk" befindet sich in Ulagan, und dort freuten sich alle über den Besuch des Amerikaners. „Ich habe sogar mit den Jungs von der Sportschule gesprochen, wo verschiedene Arten des Ringens angeboten werden. Ich dachte, sie würden mich etwas über Archäologie fragen, es wäre doch so interessant! Aber sie haben mich nach völlig anderen Sachen gefragt. Worüber? Ihr glaubt es nicht! Über Einnahmen und Ausgaben! Wie viel eine Zweizimmerwohnung in New York kostet, und wie viel für ein Kilogramm

Nach Angaben des Instituts für Archäologie und Ethnografie der Universität Nowosibirsk gibt es in der Denissowa-Höhle 22 Kulturschichten. In der elften fanden Archäologen einen Fingerknochen und das Skelettfragment einer jungen Frau

Fleisch auf einem amerikanischen Basar zu zahlen ist. Dann wunderten sie sich, wie, es gibt keinen Basar? Kaufen die Menschen dort wirklich Fleisch im Laden? Ja, das ist doch gefroren! Und wie hoch sind die Gehälter der Archäologen?"
Der Amerikaner lächelte bei der Erinnerung daran. „Beim Gehalt muss man vorsichtig sein: Sagt man wenig, wird der Altaier dich nicht respektieren, sagt man viel, wird er dich wieder nicht respektieren, weil er dich für einen Lügner hält. Man muss also etwas Mittleres finden. Ich sagte also etwas, und die Antwort war ein überraschtes: Das kann nicht sein!"
Bald schlossen sich meinen neuen Bekannten Wanda und John zwei bärtige Archäologen aus Tuwa und zwei sibirische Studentinnen, eine aus Tomsk und die andere aus Gorno-Altaisk, an.
„Wie? Ihr wart noch nicht in den Karakol-Höhlen?", wunderten sich meine neuen Freunde.

Es wurde beschlossen, mit zwei Autos zu den archäologischen Nachbarn zu fahren, deren Lager sich bei der Kaminnaja-Höhle befand. Wir nahmen ein paar Getränke aus der Bar mit, keinen Wodka, aber Wein, und los ging's!
Ich landete im Auto der beiden Tuwiner. Sie erzählten, wer wo als Student gearbeitet hatte. Der eine war Mitarbeiter auf einem Friedhof, ebnete die Wege,

Viele Studierende sind als einfache Arbeiter bei den Ausgrabungen dabei. Das sind oft sehr leidenschaftliche Menschen

stellte Bänke auf und hob sogar Gräber aus. Der andere zertrümmerte Betontrennwände mit einem Vorschlaghammer, reparierte Toiletten und weißelte ein Kartoffellager mit Kalk. „Und du, Tanja?" Ich arbeitete zwei Monate lang Teilzeit in der Anmeldung in einer Klinik, putzte Fenster im Büro einer Champagnerfabrik und sang in einem Restaurant mit unserem Musikstudentenensemble ...
Wir passierten die Grenze von Krai und Republik Altai und bogen einige Kilometer weiter rechts in das Dorf Karakol ab. Dieses Dorf liegt im Tal des Flusses Karakol, und die Straße dorthin führt entlang einer ziemlich tiefen Schlucht,

über die sich hoch die Felsen türmen. Die Gegend ist bemerkenswert aufgrund der Fülle der archäologischen Fundorte. Es gibt hier zahlreiche Höhlen, doch unser Weg führte zur Kaminnaja-Höhle, bei der sich das Lager der Archäologen befand.

In den Jahren, in denen ich am Buch „Altai" gearbeitet habe, lernte ich die Gemeinschaft der Archäologen näher kennen. Sie ticken anders als Historiker oder Schriftsteller.

Die Gemeinschaft der Archäologen hat ihre eigenen Regeln, alle kennen sich auf die eine oder andere Weise, einige persönlich, andere durch Werke und Veröffentlichungen, wieder andere durch Symposien oder eben durch Ausgrabungsarbeiten. Viele Studierende sind als einfache Arbeiter bei den Ausgrabungen dabei. Das sind oft sehr leidenschaftliche Menschen. Und mir ist aufgefallen, wie sehr sich Archäologen für die Veröffentlichungen der anderen interessieren, wie stolz sie auf die Leistungen und Erfolge eines Freundes oder Kollegen sind und wie sie sich gegenseitig dabei helfen, im Sommer einen Job bei einer Grabungsexpedition zu finden. Bei uns, das heißt, in all meinen Schriftstellervereinigungen und Gesellschaften, mögen sich die Schriftsteller nicht so sehr, warum eigentlich nicht? Vielleicht weil Literatur nicht unbedingt psychische Gesundheit impliziert? Oder weil alle als Konkurrenten um die Lesergunst wetteifern? Oder um die Ewigkeit? Ich weiß es nicht.

Also, nach dem Altai-Buch war ich regelrecht in Archäologen verliebt, mit einer Art grundsätzlicher Liebe. Vorher waren es Biologen, denen meine Liebe galt. Das waren meine Lieblingsgesprächspartner, so interessante Menschen, wie die Spezialisten für Grashüpfer oder Mastodonten, die sich für das Kleine oder Große, auf jeden Fall für das Exzentrische in der Pflanzen- und Tierwelt begeistern. Den einen treibt eine geheime Leidenschaft für Fledermäuse, den anderen für Wasserbüffel, wieder andere können mit Vögeln oder Wildtieren kommunizieren. Das ist nicht so wie bei Physikern, die in einer abstrakten und schwer vorstellbaren Welt leben.

Doch jetzt faszinieren mich Archäologen. In vielerlei Hinsicht verstehe ich nicht genau, womit sie sich beschäftigen, aber ich mag ihre Begeisterung, ihre Bewunderung für die alte Geschichte, ihren Wunsch, die Geheimnisse der Vergangenheit zu lösen.

Wanda erzählte mir, dass sie zum Beispiel auch die Altai-Mythologie studieren musste, um die Zeit zu verstehen, in die die in den Höhlen gefundenen Artefakte gehören. „Du kannst dir sicher vorstellen", sagte sie mit einem Lächeln, „dass es in der Altai-Mythologie viele Geheimnisse gibt. Doch warum hat der Mann fünf Seelen, die Frau aber vier? Und es gibt Varianten: Sieben und sechs, zum Beispiel, aber eine Frau hat immer eine Seele weniger als der Mann. Warum das so ist? Ich habe einmal einen Altaier gefragt, und er antwortet mir mit einem wichtigen Gesichtsausdruck: ‚Der, der es weiß, weiß auch warum.' Und

seine Frau, die neben ihm stand, eine winzige ältere Dame mit grauen Zöpfen, lächelte verschmitzt und zwinkerte mir zu. Und wir mussten beide lachen ... "
Das Treffen der Archäologen verlief hervorragend. Es heißt bei ihnen: „Wenn es morgens gut ist, dann war es abends nicht genug. Wenn es morgens schlecht ist, heißt das, gestern war es gut." Wir hatten genug Wein und viel Stoff für interessante Gespräche.
Aber zuerst wurden mir als Anfängerin natürlich die Höhlen gezeigt. Die Kaminnaja-Höhle erhielt ihren Namen nicht zufällig. Der riesige Eingang (17 Meter breit) erinnert an einen Kamin, und der Boden der Höhle ist schwarz wie Ruß! Wenn Sie jedoch in den Tunnel eintauchen, dann schimmern die Wände im Licht der Laternen silbern. Kondensierte Feuchtigkeit erzeugt diesen interessanten Effekt. Doch wirklich beeindruckt hat mich die Musejnaja-Höhle, sie macht ihrem Namen Ehre. Meine neuen Freunde sind davon überzeugt, dass sie die schönste Höhle im Altai ist. In den seltsamerweise von überirdischem Licht beleuchteten Sälen – insgesamt sind es sechs: „Vestibül", „Ton", „Skelett", „Konferenzsaal", „Sarkophag" und „Museum", die durch enge Gänge verbunden sind – haben Stalaktiten und Stalagmiten fantastische Formen wie Hohlröhren, buschige Korallen oder Perlen, dass es aussieht, als seien sie Kunstwerke oder Exponate eines reichen Museums. Nikolai Rerich beschrieb seinerzeit bewundernd diese Höhle, die heute den Status eines Naturdenkmals republikanischer Bedeutung hat.

An diesem Tag sprachen wir in dieser großen Gruppe von Archäologen zuerst über Archäologie sowie über lustige Traditionen und Erlebnisse bei den Ausgrabungen. Dann kamen wir auf das Klima zu sprechen. Es ist wenig sinnvoll, im Winter in den Altai zu kommen. Wir waren uns einig, dass in einigen Gegenden der Welt das Wetter kaum eine Rolle spielt. Doch im winterlichen Gorno-Altaisk oder Bijsk ist es nachmittags um fünf Uhr auch in der Hauptstraße bereits dunkel, und weicht man wenige Schritte zur Seite ab, taucht man in graue Feuchtigkeit ein. Die Taiga, die Aktivitäten in der Natur, Berge, Jurten, Folklorefeste, all das sind Trumpfkarten für den Sommer, die in der kalten Jahreszeit ihren Wert für Touristen verlieren.
Dann kam unser Gespräch auf die interessantesten Denkmäler, die uns im Leben begegnet sind. Der Amerikaner John sagte, dass sich sein Lieblingsdenkmal im Central Park in Manhattan, New York befindet, und es lebt! Es heißt Strawberry Fields (Erdbeerfelder) und ist Gedenkstätte für John Lennon, der am 8. Dezember 1980 vor seinem Haus in der 72. Straße erschossen worden ist. Es ist ein ein Hektar großer Landschaftspark mit dem „Imagine"-Steinmosaik, Blumen, Pflanzen und Bäumen aus verschiedenen Ländern. Und mich anschauend

sagte er: „Es gibt auch eine russische Birke." Und er fügte weiter hinzu: „Yoko Ono lebt immer noch dort in der Nähe des Denkmals im Dakota-Haus in der 72. Straße."
Ich erzählte die Geschichte meines Lieblingsdenkmals in Moskau. Die Skulpturengruppe heißt „Straße frei für Entenküken!". Sie steht im Park in der Nähe des Nowodewitschi-Klosters. Mich erinnern die Entenküken an meine ukrainische Kindheit. Wir lebten in einem kleinen Dorf. Jeder hielt Enten, Hühner, Ka-

Die Skulpturengruppe „Straße frei für Entenküken!" steht im Park in der Nähe des Nowodewitschi-Klosters in Moskau

ninchen. Es war eine glückliche Kindheit, die ich dankbar in Erinnerung behalte, besonders in Geschmacksempfindungen: Das Ziehen im Mund beim Biss in einen unreifen Apfel aus Nachbars Garten, der süßliche Geschmack von Löschpapier, das ich während des Unterrichts nachdenklich gekaut habe, die trockene Tafelkreide im Mund, weil ich gedankenlos davon abgebissen hatte. Und der klebrige Schaum von Kirschmarmelade direkt aus dem Topf.
Zu meinen Aufgaben gehörte es, morgens die Enten an den Fluss zu treiben und sie abends nach Hause zu holen. Wenn ich mir jetzt die Entenmutter und ihre Entenküken anschaue, erinnere ich mich unweigerlich an all das. Aber die Skulptur „Straße frei für Entenküken!" hat auch eine andere interessante Geschichte.

Bei seinem letzten Staatsbesuch in den USA als Präsident der UdSSR besuchte Michail Gorbatschow in Begleitung seiner Frau Raissa Boston, wo ihnen die Skulpturengruppe „Make way for Ducklings!" von Nancy Schön besonders gut gefallen hat. Sie beruht auf einem in Amerika berühmten Bilderbuch von Robert McClock. Ein Jahr später schenkte die Familie Bush der Stadt Moskau eine Bronzekopie dieser Gruppe. Nun, das Geschenk wurde dankbar angenommen und beim Nowodewitschi-Kloster aufgestellt. Aber dann wurde es richtig interessant. Die „dankbaren" Moskauer stahlen sofort das erste Entlein aus Bronze, und Anfang 2000 sägten sie zwei weitere gemeinsam mit der Entenmutter heraus und verkauften sie als Altmetall. Die Stadt Moskau hatte damals keine Mittel für die Restaurierung, und die verstümmelte Skulpturengruppe stand lange Zeit so da, bis einige Amerikaner, die temporär in Moskau lebten, Geld zusammenlegten und die vermissten Enten in ihrer Heimat nachbestellten. Die Enten wurden gegossen, aus den USA nach Moskau transportiert und an die Bronzefamilie zurückgegeben. Das Moskauer Rathaus wiederum versprach, einen zusätzlichen Polizeiposten bei den Enten einzurichten, und man hielt das Versprechen. Die Entengruppe steht bis heute unversehrt an ihrem Platz.

Skulpturengruppe ‚Aljonuschka und ihr Bruder Iwanuschka' an einer Quelle in Gorno-Altaisk nach der Umgestaltung im September 2021

Es stellte sich heraus, dass Wandas Lieblingsdenkmal ebenfalls eins aus dem New Yorker Central Park war, nämlich „Alice im Wunderland", eine ausgesprochen psychedelische Skulptur aus dem Jahr 1959: Alice sitzt auf einem Pilz, während Lewis Carrolls amüsante Figuren, darunter der verrückte Hutmacher und das weiße Kaninchen, den Pilz und das Mädchen umgeben. „Und seit mehr als einem halben Jahrhundert klettern die Kinder darauf herum und polieren meine Alice auf Hochglanz", sagte Wanda.

Das Lieblingsdenkmal des bärtigen Tuwiners steht in Sevilla. Dort lebte einst ein gewisser Miguel de Manara, ein Hidalgo (Edelmann), der Vorbild für die Figur des Don Juan gewesen sein soll. Der sexuell freizügige Libertin befand sich einmal am Rande des Todes, wurde von Gewissensnöten heimgesucht und widmete dann den Rest seines Lebens guten Taten. Jetzt schaut der bronzene Juan/Miguel mit dem Kind im Arm voller Rührung auf das Hospital de la Caridad, das Krankenhaus der Barmherzigkeit, das er auf eigene Kosten erbauen ließ. „So hat es der Mann vermocht, auf zwei Gebieten erfolgreich zu sein!", sagte der gutaussehende Tuwiner bewundernd. Und wir begannen zu lachen und erinnerten uns an Don Juan, diesen Liebesprofi.

Doch am besten gefiel mir die Geschichte der Studentin aus Gorno-Altaisk. Ich kann sie einfach nicht vergessen. Sie erzählte über ihr Lieblingsdenkmal in Gorno-Altaisk: „Dies ist eine Skulpturengruppe. Tatsache ist, dass mitten in der Stadt Quellen mit kristallklarem und sehr schmackhaftem Wasser an die Oberfläche kommen. Die tollste sprudelt in der Nähe des Dynamo-Stadions hervor, sie fließt mit einem kleinen Strahl in eine Steinschale, und an den Seiten befinden sich zwei Figuren: rechts Schwester Aljonuschka und links ihr Bruder Iwanuschka mit einer kleinen Ziege, aus dem Märchen ‚Aljonuschka und ihr Bruder Iwanuschka'. ‚Trink nicht, Bruder, trink nicht aus der Pfütze, du wirst ein kleines Zicklein, trink nicht, warte ab, bald kommt eine Quelle am Weg mit reinem klarem Wasser.'

Die Figuren sind einfach, aus Gips, weiß gestrichen. Aber wie erinnern sie mich an meine Kindheit! Ich sehe es so lebhaft vor meinen Augen, wie mein Bruder als kleiner Junge rennt, den Kopf nach hinten geworfen, fast vor Erschöpfung fallend, und dann, die vollkommene Glückseligkeit! Er stolpert, lacht, schwingt seine Schultasche, schreit, er hat zu lange in der Schule stillgesessen und jetzt rennt er, wirft sich zu Boden und freut sich darüber: das Schlagen des Herzens und das Geräusch in den Ohren, alles, alles macht ihm Freude!

„Und ich sehe mich als Mädchen auf dem Heimweg von der Schule. Ich bin dreizehn Jahre alt. Und ich habe immer etwas vor mich hin gesummt, bin gehüpft und gesprungen, mal habe ich ein Blatt abgerissen, probiert, wie es schmeckt, mir selbst zugelächelt ... Jetzt erinnere ich mich wieder, wie es sich angefühlt hat, so voller Schwung und voller Gefühle zu sein, mit diesem Übermaß an Kraft. Und es war absolut nicht nötig, Angst vor etwas zu haben, oder etwas zu be-

rechnen, das Leben war end- und grenzenlos! Noch lange hing in unserem Haus eine Kopie von Wasnezows Gemälde ‚Aljonuschka'. Alle sagten, ich sehe dem Mädchen darauf ähnlich."

Der zweite Archäologe aus Tuwa gab zu, dass er nie ehrlich über ein Lieblingsdenkmal nachgedacht hatte. Dann fiel ihm eins ein. Kein Denkmal, sondern eine Büste. „In unserem ländlichen Friseursalon gab es eine Büste von Lenin, man hing die Hüte an ihr auf."

Am nächsten Tag beschlossen Wanda und ich, zum so genannten Mädchenufer zu fahren. Wir nahmen ein privates Auto mit Fahrer. Unterwegs sagte Wanda: „Hast du vom Fluch der Denissowa-Höhle gehört? Wer dort gewesen ist, den holt der Bär! Also danke. Es ist ohne Bären ausgegangen." Wir lachen und mit uns der Fahrer, ein sportlich aussehender Mann mittleren Alters. Es stellt sich heraus, dass er ein „Wassermann" ist, so werden hier die Raftingbegeisterten genannt. Den ganzen Weg bis zum Mädchenufer erzählte er uns von seiner Bezwingung des Flusses Tscharysch.

„Mädchenufer" heißt ein Ort am Ufer des Flusses Kumir (Idol). Der Kumir ist ein Nebenfluss des ziemlich turbulenten Tscharysch. Dort liegt eine ruhige, gemütliche von dem Gebirgsfluss gebildete Bucht. Die Kombination von sanft abfallenden Ufern und Klippen, die sich ins klare Wasser erstrecken, schafft eine Landschaft von besonderer Schönheit.

„Im Sommer sind hier immer viele Urlauber", sagte unser Fahrer, „alle möglichen Minister, Mafiosi oder so, Milljionäre." Wir brachen in Gelächter aus. Nehmen wir an, mit den Ministern und den „Milljionären" hat er übertrieben, aber der Ort ist tatsächlich sehr angenehm und malerisch.

Dort, am „Mädchenufer", fiel mir zum ersten Mal auf, wie ungewöhnlich die Dämmerung im Altai hereinbricht. Die Farben des Sonnenuntergangs schienen mir bisher unbekannt, wie aus einem anderen Gemälde, lilafarbener Himmel, eine rosa Taiga, weißes Wasser. Wie schön sind die Sommertage in der Taiga! Die Bäume bewegen sich sanft in einer leichten Brise, die Blätter funkeln in der Sonne, werfen grünes Licht, spielen mit den Reflexen der Lichtstrahlen, all dies ist lebendig, freudig, begleitet von einem Rascheln, das einem Gespräch der Bäume untereinander ähnelt. Es gibt dabei keine Monotonie, es ist stets anders, immer lebendig. Und wenn du es fühlst, dann lächelt alles in dir dieser Schönheit entgegen. Seltsam, ich fühle es manchmal, manchmal nicht. Im Fall von „nicht" gehe ich unaufgeregt weiter. Die Stimmung von mir und den Bäumen muss also zusammenpassen. Gerade passt es.

Bergiges Kolywan

Siedlung Kolywan – See Beloje – Berg Sinjucha – See Kolywan

Einmal wurde ich in der Sankt-Petersburger Eremitage auf eine besonders beeindruckende ovale Schale aufmerksam, die mich ob ihrer Größe geradezu überwältigte. Das ist die Bolschaja Kolywanskaja Wasa, auch Zarin-Schale genannt. Sie hat die Maße 5,04 im längsten Diameter und 3,22 Meter im kürzesten Diameter, eine Höhe mit Sockel von 2,58 Metern, und das Gewicht beträgt mehr als elf Tonnen. Sie besteht aus dem schönsten grün-gewellten Jaspis des Altai, den man sich vorstellen kann. Ich sah mir die Erklärung auf dem Schild an: „Eine Arbeit der Kolywan-Fabrik aus den Jahren 1831 bis 1843". So kam Kolywan in mein Leben, der Ort, der als Zentrum der Steinschleiferei in Russland gilt, und wo noch heute Halbedelsteine aus dem Altai verarbeitet werden, die in ihrer Schönheit und Vielfalt erstaunlich sind.

Das ist heute unser Reiseziel. Im Altai tritt alles in unvorstellbaren Kombinationen auf – von der verstörenden expressionistischen Landschaft verlassener Bergstollen bis zu den herrlichen, erhabenen Gebirgslandschaften. Kolywan ist nicht zufällig zu dem geworden, was sich uns heute hier bietet. Daher ist es interessant, in die Geschichte zu schauen.

Die Kolywan-Bergkette ist Teil des Rudny Altai, der gewaltige Erzlagerstätten birgt und von dem heute ein Teil zu Kasachstan gehört. Es ist ein Gebirgszug mit Mittelgebirgscharakter, dessen höchster Punkt, der Berg Sinjucha, eine Höhe von 1 210 Meter aufweist. In dieser Region wurde seit der Antike Kupfererz abgebaut und geschmolzen. Zudem gibt es reiche Vorkommen von Erzen und Mineralien wie Gold, Silber, Kupfer, Wolfram, Eisen und andere Metalle. Kolywan ist auch berühmt für seine Gesteinsvorkommen an Porphyr, Jaspis, Quarzit.

Die Geschichte von Kolywan reicht bis in die 20-er Jahre des 18. Jahrhunderts zurück, als auf Erlass von Zar Peter dem Großen Festungen an den Flüssen des Altai errichtet wurden, zum Schutz nicht etwa der Bauerndörfer und Jagdsiedlungen, sondern der Fabriken zur Metallverhüttung!

Peter der Große hatte befohlen, dass Personen mit Sachverstand die Erkundung neuer Mineralvorkommen vorantreiben sollten. Das damalige Russland benötigte große Mengen an Eisen, Kupfer, Silber und Gold, um Schweden zu besiegen, eine Flotte aufzubauen und ein mächtiger Staat zu werden. Vom Ural aus zogen deshalb Bergleute weiter Richtung Osten, um in Sibirien nach neuen Erzvorkommen zu suchen. Die erfolgreichsten Erkunder im Altai hießen Stepan und Jakow Kostylew.

Kolywan war im 18. und 19. Jahrhundert nicht nur der Name einer Stadt, sondern der für den gesamten Kreis. Eine Zeit lang existierte sogar das Gouvernement Kolywan. Und das war in ganz Russland berühmt für seine Steinmetze.

Im Jahr 1744 traf ein gewisser Andreas Beer (1696 bis 1751), Generalmajor und Bergbauspezialist, im Auftrag von Zarin Jelisaweta Petrowna im Altai ein, um festzustellen, ob unter den Altai-Erzen auch Silbervorkommen seien. Er untersuchte die Gesteine des Altai und kam zu dem Schluss, dass sie in ihrer Schönheit „nicht selbstwirklich" sind. Beer war tatsächlich geschickt worden, um zu prüfen, wie reich die Demidow-Minen waren, an denen der russische Staat kein Geld verdiente.

44 Jahre später brachen neun Suchtrupps in die Quellgebiete der großen und kleinen Flüsse des Altai auf. Den Tscharysch und den Korgon hinauf ging Pjotr Schangin (1741 bis 1816). Er entdeckte 145 Jaspis- und Achat-Vorkommen. Am Fluss Korgon wurde er 1785 auf Jaspis-Porphyr mit einer ungewöhnlichen Vielzahl von Schattierungen aufmerksam. Er leuchtete in Abstufungen von schwarz, hellgrau und weiß über Elfenbein, violett bis dunkelweinrot. Die Muster waren vielfältig – mal gleichmäßig gefleckt, mal mit Streifen versehen. Es gab ganze Gesteinsblöcke von mehreren Metern Länge.

1786 stieß Philip Ridder auf eine rosafarbene gefleckte Brekzie (Gestein, das aus eckigen Gesteinstrümmern besteht, die durch feinkörnige Masse verbunden sind) und entdeckte die Filippowka-Mine (Gold, Silber, Kupfer, Blei, heute Gebiet Ostkasachstan in der Republik Kasachstan). Im Jahre 1789 wurde das Rewnewskoje-Vorkommen in der Schlucht des Flusses Lugowuschka geöffnet, der Steiger Kusinski hatte dort den grün-gewellten Jaspis gefunden. Er hat sich bestimmt nicht vorstellen können, das sein Name weltweit bekannt würde.

Während die Suchtrupps entlang der Altai-Flüsse die Gegend erkundeten, arbeitete im Kolywan-Dorf Lokot der Steinmetz Pjotr Baklanow. Er war direkt aus dem fernen Peterhof, der Sommerresidenz des Zaren, mit dem Ziel gekommen, das örtliche Steinmetzhandwerk aufzubauen. Auf seinen Schleifmaschinen entstanden die ersten Vasen aus schwarzem Loktew-Jaspis-Porphyr. Und hier fand er seinen besten Schüler – den jungen Filipp Strischkow. Als Meister Baklanow fünf Jahre später starb, wurde sein Platz von diesem talentierten Schüler eingenommen. Dieser Strischkow erfand eine Steinschneidemaschine, die die Steinbearbeitung um das Zehnfache beschleunigte. Die besten Architekten der Hauptstadt – Quarenghi, Rossi, Woronichin – gaben Strischkow Aufträge für die Dekoration der Petersburger Paläste mit Vasen, Schmuckschalen und Kandelabern. Strischkow verstand es auf exzellente Weise, ihre Ideen umzusetzen und in der Loktewskojer Schleifmühle Gestein in glänzenden Raumschmuck zu verwandeln.

1802 galt Filipp Strischkow als der beste Steinmetz des Landes. Er war damals 33 Jahre alt. In diesem Jahr errichtete er das Gebäude der Kolywaner Steinschleiferei, in der Handwerker Gefäße mit großem Ausmaß schleifen konnten.

Die Schalen und Vasen aus der Kolywan-Fabrik sind heute der Stolz der besten Museen der Welt und vor allem der Eremitage. Sie besitzt eine runde Schale mit Chimären aus Korgon-Jaspis-Porphyr, eine ovale Schale aus grün-gewelltem Rewnewsker Jaspis und die Zarin der Schalen selbst – jene Schale, die mich in der Eremitage so beeindruckt hat. Es war eine seltene Begegnung mit etwas,

Die „Zarin-Schale" aus dem schönsten grün-gewellten Jaspis des Altai hat eine Höhe mit Sockel von 2,58 Metern, und ihr Gewicht beträgt mehr als elf Tonnen

das nicht nur größer war als jede meiner Vorstellungen von Gefäßen oder Schalen, sondern von der Möglichkeit der Kunst überhaupt.

Früher galten die Steinmetze im Altai als Meister, die wissen, wie man „einem Stein ein Gesicht gibt". Heute gibt es in Russland nur noch wenige Menschen, die diese Meisterschaft beherrschen, sie leben im Ural und im Altai.

Das ist der Anlass für unsere Reise in die Ortschaft Kolywan (2 000 Einwohner). Wir besuchen ein einzigartiges Museum zur Geschichte des Steinschleifens, die große Kolywan-Steinschleiferfabrik. Außerdem werfen wir einen Blick in den Fabrikverkauf, dort gibt es seltene Steine und Steinerzeugnisse. Und dann widmen wir uns der Natur, wir werden im warmen Beloje-See schwimmen und vielleicht sogar angeln. Wer Lust hat, kann den Berg Sinjucha besteigen, er ist oft

ein Ziel von Bergwanderern. Der Blick von dort oben ist umwerfend! Auf der einen Seite sieht man über die Vorgebirgssteppe weit ins Land hinein, auf der anderen Seite liegen die Taiga und der See.
Während ich auf dem Berg die Aussicht genoss, fand ein Besucher ein sehr schönes Mineral – einen seltenen schwarzen Jaspis.
Im Altai gibt es weder Topase noch Amethyste oder Berylle, aber es gibt weißen Jaspis mit schwarzen Dendriten, schwarzen Jaspis mit seltenen weißen Punk-

Seit über 220 Jahre gibt es die große Kolywan-Steinschleiferfabrik

ten, den berühmten grünlich-blauen Jaspis mit rosa Flecken und meinen Lieblingsjaspis mit einem bunten Muster aus grünlich-gelben Bändern. Und außerdem findet man an manchen Stellen blauen Aquamarin und wunderschönen Bergkristall mit Milchadern. Auf kleinere Exemplare dieser Halbedelsteine stößt man, wenn man Glück hat, überall in den Bergen, entlang der Flüsse und Pfade. Und wer kein Glück hat, kauft sich eben in Kolywan in der berühmtesten Steinschleiferei Russlands ein Stück Stein zum Andenken. Denn diese Steine sind Glücksbringer, heißt es! Auch wenn man sie nicht selbst gefunden hat. Wie auch immer: Eine gemütliche Umgebung unterscheidet sich von einer ungemütlichen durch die Anzahl kleiner herzerfassender Dinge wie Souvenirs. Man nennt sie nicht umsonst Andenken, es sind die Quanten des Gedächtnisses! Wenn man

all diese so genannten „kleinen Elefanten" ins Bücherregal gestellt hat und später mit dem Auge darüber stolpert, so ist das doch der Beweis der eigenen Präsenz in der Welt, in Raum und Zeit, und das ist tröstlich und amüsant.
An der Fernstraße, die die Stadt Smeinogorsk (der Name ist von Smej – Schlange und Gora – Berg abgeleitet) mit dem Dorf Kurja verbindet, liegt 25 Kilometer hinter Smeinogorsk und dreißig Kilometer vor Kurja das Dorf Sawwuschka. Der Tag meiner Ankunft war Markttag, und nachdem ich ausgiebig umhergelaufen war, staunte ich wieder einmal darüber, dass die Armut des Landes nie das reiche Angebot auf den Märkten beeinträchtigt: Natur und Boden kompensieren den Mangel an Geld. Ich habe es beispielsweise unter dem Schild mit der Reklame „Bester Hot Dog" ausprobiert und war überzeugt, ja, es war lecker, denn im Altai serviert man Hot Dog mit Tomaten, Gurken, Frühlingszwiebeln und Karotten.
Diejenigen, die mehr über die Altai-Küche wissen wollen, verweise ich auf mein Buch „Küche Sibiriens", in dem es einen Abschnitt „Altai-Küche" mit Originalrezepten gibt.

Wie immer interessierten mich die Heilkräuter des Altai, davon gab es auf dem Markt eine ganze Theke! Die Verkäuferin zeigte ihren Kunden, aus Kräutern Altai-Heiltee zu machen, wobei sie eine ganze Anzahl von Kräutern und Blütenständen auflistete – ich konnte mir nicht alle Namen merken! Auf die Frage, bei welchen Krankheiten der Tee hilft, antwortete sie: „Bei allen!"
Ich wurde auf einen einheimischen Marktverkäufer aufmerksam, der der ältere Bruder von Winnetou aus den Karl-May-Filmen hätte sein können. Überhaupt haben die alteingesessenen Altaier große Ähnlichkeit mit den Indianern in Nordamerika. Der alte Mann verkaufte etwas direkt von seinem Karren. Als er sich zu mir umdrehte, sagte er plötzlich: „Wenn Sie etwas gegen Sodbrennen suchen, werden Sie nichts Besseres finden als die Galle des Tarbagan, des Altai-Murmeltiers. Trinken Sie sie, und vergessen Sie ein Jahr lang ihr Sodbrennen!"
„Heißt das, ich muss in einem Jahr wiederkommen?", fragte ich. Er nickte mit unbewegter Miene. Er war ruhig, wichtig und ernst. Ich lächelte, und er lächelte ein wenig und wurde etwas freundlicher. Nicht so freundlich, als dass er erlaubt hätte, fotografiert zu werden. Aber beim Abschied erinnerte er mich freundlich: „Vergessen Sie nicht! Galle vom Tarbagan."
In der Nähe des Dorfes Sawwuschka liegt ein wunderschöner See. Offiziell heißt er Kolywan-See, und inoffiziell Sawwuschkino-See. Er liegt 337 Meter hoch, ist vier Kilometer lang und einen Kilometer breit, mit einer maximalen Tiefe von etwa drei Metern. Seine Ufer bestehen aus Haufen von „Matratzen" – ineinander und übereinander geschobene Granitplatten. Sie sehen aus wie alte Minarette, mittelalterliche Burgen oder wie Skulpturen von Tieren. Mit viel Fantasie kann man in den Steinmonolithen auch menschliche Gesichter erkennen.

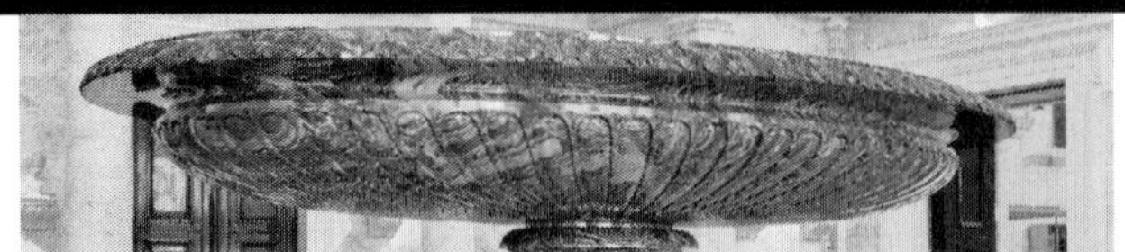

Im See wächst eine seltene Pflanze, die Wassernuss, „Tschilim" in der Sprache des Altai, sie ist im Roten Buch der gefährdeten Arten gelistet. Tschilim kommt

In Kolywan lädt das einzigartige Museum zur Geschichte des Steinschleifens ein. Zudem kann man im Fabrikverkauf der Steinschleiferfabrik seltene Steine und Steinerzeugnisse erwerben

nur in sehr sauberem Wasser vor und ist, wie das Lexikon weiß, „eine Reliktpflanze, die im Altai seit der Vor-Eiszeit erhalten geblieben ist". Bewundern Sie die Pflanze, aber berühren Sie sie nicht. Die ans Ufer angeschwemmten Nüsse – man nennt sie Teufelswichte – können Sie in die Hand nehmen.

Im Sommer ist am See das Café „Am See" geöffnet. „Am See" ist auch der Titel eines beliebten Films der 1970-er Jahre, bei dem Sergej Gerassimow Regie führte. Dessen Name ist mir heilig, weil meine Alma Mater, die Moskauer Filmhochschule, nach ihm benannt ist. Der große Wassili Schukschin spielt auch eine Rolle in diesem Film. Aus dem Kultfilm von einst ist mir eine Szene in Erinnerung geblieben. Darin trägt die junge Heldin sehr leidenschaftlich Verse aus dem Gedicht „Die Skythen" von Alexander Blok vor. Hier ein Vers in der Übersetzung von Heinz Czechowski:

„Europa, anmutsvolle Dame, wir
Werden durch Steppen und durch wüste Wälder
Dir eine Bresche schlagen: Mädchen, hier,
Sieh unsere Asiatenfratzen selber!"

Natürlich bin ich ein zweifelhaftes Exemplar der anmutsvollen Dame Europa. Doch ich sitze an einem See, in einem Café mit dem Namen „Am See" und erinnere mich an den Film „Am See" und an die entzückende Schauspielerin Natalja Belochwostikowa.

Vier Kilometer südlich des Dorfes Kolywan befindet sich ein Gebiet mit dem Namen Kolywanstroi. Folgt man der alten Straße ein Stück weiter, gelangt man an die Ruinen einer ehemaligen Arbeitersiedlung und einer Fabrik. Es heißt, Siedlung und Fabrik gehörten einst Akinfi Demidow, der eine sehr interessante Person war. Im Altai hört man den Namen dieses berühmten Fabrikanten ziemlich oft, er galt als einer der reichsten Menschen im zaristischen Russland.

Akinfi Demidow besaß große Eisenbergwerke und Erzhütten im Ural. Er hatte von den reichen Wunderminen im Altai gehört und seine Chance erkannt. Als Peter der Große im Jahr 1725 starb, gelangten Menschen an die Macht, die in erster Linie ihre Taschen zu füllen gedachten. Demidow wusste die Gunst der Stunde zu nutzen, und ihm gelang es, die Förderkonzession für Erze im Altai zu erhalten. Er hatte alles so geschickt eingefädelt, dass dieses ein Exklusivrecht war, das heißt, niemand außer Demidow konnte fortan Bergwerke und Verhüttungsfabriken im Altai bauen! Zuerst schien den Behörden in Sankt-Petersburg, es könne alles nicht besser laufen.

Im Jahr 1726 begann Demidow mit dem Bau der Kolywano-Woskressenski-Kupferverhüttungsfabrik, drei Jahre später nahm die Anlage ihre Arbeit auf. Im Jahr 1744 begann die Kupferproduktion aus der Verhüttung direkt an der Mündung des Barnaulka-Flusses, die Fabrik war der Kern für die spätere Stadt Barnaul, die heutige Hauptstadt des Krai Altai.

Das Werk in Kolywan arbeitete mit voller Auslastung, aber das Schmelzen von Kupfer erbrachte seltsamerweise keine Gewinne für die Staatskasse. Der Kaufmann Demidow selbst wurde jedoch aus irgendeinem Grund Jahr für Jahr reicher und reicher. In Sankt-Petersburg kursierten Gerüchte, dass Demidow heimlich Silbermünzen prägen würde. Zarin Anna, genauer gesagt, ihr engster Vertrauter und Sekretär Ernst Johann von Biron, war aber an diesen Gerüchten nicht sehr interessiert. Für Biron war es wichtiger, dass Demidow immer ein teures Geschenk für ihn parat hatte.

Doch dann bestieg die Tochter von Peter I., Zarin Elisabeth, den Thron. Sie war sich bewusst, dass der Staat Geld brauchte. Sie befahl, einen Revisor in den Altai zu schicken – das war besagter Beer, von dem schon die Rede war.

Das Bergwerk von Smeinogorsk – dort lag das Geheimnis des Akinfi Demidow begraben. Auf dem Schlangenberg lebten viele Schlangen, doch im Inneren des Berges gab es reiche Ablagerungen von Silber und Gold. Das Silber aus Smeinogorsk ließ Demidow heimlich in den Ural transportieren, und in seinen dortigen Fabriken ließ er unerlaubt Staatsmünzen prägen!
Zugleich ist es schwer, Demidow als Fälscher zu bezeichnen: Das Silber seiner Münzen war von höherer Qualität als das Silber der staatlichen Münze!
Zarin Elisabeth war empört. Aber sie konnte ihren Zorn nicht mehr am Fabrikanten selbst auslassen, denn 1745 starb Demidow. Die Zarin befahl, alle seine Besitztümer im Altai, sämtlich Bergwerke und Erzverhüttungsfabriken zu beschlagnahmen und in zaristischen Besitz zu überführen. Mit den Fabriken eignete sie sich auch die Arbeiter an. In Sankt-Petersburg wurde unter unmittelbarer Kontrolle der Zarin ein spezielles Kabinett geschaffen, dem die Leitung der Altai-Werke oblag.

Von den einst reichen Altai-Fabriken sind heute nur noch wenige Überbleibsel zu finden. Arme, verlassene Arbeitersiedlungen. Sogar die Namen zeigen, dass sie ohne Liebe gebaut worden waren, die Siedlung Iswestkowaja (Kalksiedlung), die Siedlung „Filial", das Dorf Sowjetskoje. An einigen wenigen Orten regt sich noch Leben. Hinter den Siedlungen erheben sich gewaltige Abraumhalden. Auf manchen stehen Menschen, jeweils einer auf der Spitze, es sieht aus, als schauen sie auf die Berge. Doch dann stellt sich heraus, dass sie von diesen Halden-Montblancs aus in ihre Mobiltelefone sprechen – wahrscheinlich gibt es dort oben eine größere Chance auf eine stabile Mobilverbindung.
Und ringsumher die schimmernden Berge, Morgennebel und wenn er sich unter den Strahlen der Sonne lichtet, sieht man grüne Fichten aus dem Nebel herausragen.
Alles hier im Altai, was mit der Natur zu tun hat, ist wunderbar. Und ich verstehe, wie sehr man das alles lieben kann. Aber wie viel kann allein die Liebe tragen? Eine Frage, die traurig macht. Denn alle Orte hier, an denen schließlich der Mensch auftauchte, sind von ihm gezeichnet. Ob das die Betonwürfel der Arbeitersiedlungen sind, die Abraumhalden und das rostige Eisen, die schäbigen, schrägen Häuser, eine grellgelbe namenlose Bar mit flirrenden Spielautomaten – all dies kontrastiert auf bedrückende Weise mit der herrlichen Landschaft des Altai. Und wie abgestumpft muss man denn sein, um den Bergen so unsympathische Namen zu geben wie Sornaja, (Abfallberg), Kuporosnaja (Giftberg) oder Kolywanstroi.
Ich erinnere mich an die Siedlung Obogo am Fluss Pyscha in der Nähe des Dorfes Iogatsch im Rayon Turoktschak. In der Nähe befindet sich der Berg Tulan-

Tuu, Touristen wandern zum Telezkoje-See der Schönheit wegen, und hier, in der Nähe der einzigen noch erhaltenen Baracke, sitzt der letzte Bewohner des Dorfes im nicht endenden Nieselregen, in der Kälte, und er sitzt in seinem alten, verblichenen durchnässten Hemd und schaut ins Nirgendwo.
Aber das schrecklichste Denkmal der Chruschtschow-Ära ist für mich die riesige, erschreckend gigantische, heruntergekommene, beängstigend hässliche und verfallende Staumauer des Tschuisker Wasserkraftwerks am Tschuja. Die Millionen-Beträge, die einst für den Bau ausgegeben wurden, haben ein Denkmal der menschlichen Vermessenheit und Unfähigkeit hervorgebracht. Aufgrund grober Fehlberechnungen beim Bau des Kraftwerks wurde es nie in Betrieb genommen. Man sieht dieses gigantische Denkmal am Tschuja-Trakt hinter dem Dorf Aktasch, dort, wo die ruhige Tschuja in eine tiefe Schlucht übergeht. Hinter der Mündung des Maschoi in die Tschuja beginnt mit der Maschoi-Kaskade ein Flussabschnitt von erstaunlicher Schönheit, doch im Vordergrund des Bildes stehen die schrecklichen Bruchstücke der Staumauer und erzählen eine Geschichte, die sich nicht ausblenden lässt.
Auch das gehört zu einer solchen Reise durch den Altai: Der Anblick der verlassenen Dörfer, der heruntergekommenen Siedlungen. Die Vernachlässigung ist unbeschreiblich. Sie geht einher mit dem sagenhaften Reichtum des Bodens, der Flüsse und Seen. Und Besserung ist nicht in Sicht.
Die Arbeitslosigkeit und ein Erdbeben vom 27. September 2003 verwüsteten diese Dörfer. Die Erdkruste unter der Siedlung Beltir konnte der Spannung nicht standhalten, und an einer Schwachstelle von etwa dreißig Kilometer Länge zerbarst die Kruste und verschob die Erdoberfläche um bis zu drei Meter. Später wurde ermittelt, dass der Bruch in einer Tiefe von 33 Kilometern unter der Erdoberfläche erfolgt war. Das Beben an der Erdoberfläche wurde mit der Stärke Neun auf der Richterskala registriert.
Es gab keinerlei Vorankündigungen oder Warnungen, keine seismischen Stöße oder rumpelnde Geräusche im Untergrund. Die Katastrophe trat plötzlich ein und währte nur einen Augenblick. Eine Frau aus Beltir, wo sich das Epizentrum des Erdbebens befunden hatte, erzählte mir, dass ein Deckenbalken auf die Rückseite ihres Bettes gefallen war, während sie schlief, und sich so ein Schutzzelt über ihr gebildet hatte. Sie wurde bei den Sucharbeiten unverletzt unter der Ruine ihres Hauses geborgen. Doch ihre Tochter, die gerade an jenem Tag zu Besuch gekommen war und an dem Abend bei einer Schulfreundin eingeladen war, kam mit der ganzen Familie ihrer Freundin ums Leben. Beltir wurde komplett zerstört und an einem neuen Ort als Nowy Beltir in der Nähe des Rayonzentrums Kosch-Agatsch wieder aufgebaut.
„Hier im Altai dreht sich so viel Geld, jeder Besitzer eines Unternehmens, das in Seen und Flüssen fischt, ist Millionär. Dazu kommen die Viehwirtschaft, Marale, Goldvorkommen, andere Bodenschätze", sagte mir ein Journalist der Zeitung

„Altaidyng Tscholmony". „Würde ein Hundertstel der Gewinne für die Verbesserung der Infrastruktur eingesetzt, wäre es ein Paradies!" Aber die Geschäftsinhaber sind irgendwo weit weg. Hier sind nur ihre Statthalter. Sie geben nicht einmal Geld für die Straßen, die ihren Lebensunterhalt in Millionenbeträgen von hier wegbringen. Sie sind schlecht, unbefestigt, voller Schlaglöcher ..."

Der Blick vom Berg Sinjucha ist umwerfend, auf der einen Seite sieht man über die Vorgebirgssteppe ins Land hinein, auf der anderen Seite liegen die Taiga und der See

Als Alexandre Dumas im Dezember 1858 durch Russland reiste, stellte er sehr feinsinnig und genau fest: „Und so wird es in Russland mit allem gemacht. Ein nie gegründetes Geschäft wird nie beendet, es geht nicht über die absolute Notwendigkeit eines bestimmten Augenblicks hinaus. Aber wenn die Notwendigkeit verstrichen ist, wird das Geschäft, das begonnen wurde, auf halbem Weg der Gnade des Schicksals ausgeliefert, anstatt es zu unterstützen, abzuschließen, zu ergänzen, fortzusetzen, zu Ende zu führen." Er, der kein Wissenschaftler oder Analytiker war, sondern lediglich ein interessierter Beobachter, verstand etwas Wichtiges in unserer Sozialpsychologie, die sich seit anderthalb Jahrhunderten nicht verändert hat. Nichts veranschaulicht den Gedanken von Dumas über „die Nachlässigkeit bei der Erhaltung und Verbesserung des Eigenen", über die Achtlosigkeit gegenüber dem Eigenen besser als das, was heute in Sibirien geschieht.

Auf dem Weg zum Telezkoje-See

Artybasch – Telezkoje-See – Jailju – Staatliches Naturschutzgebiet Altai – Korbu – Südseite des Sees Kyrsai

Lange Zeit schien es für mich keinen Ort zu geben, der mit dem Baikalsee konkurrieren konnte, aber dann stellte sich heraus, dass es sehr wohl einen solchen Ort gibt – den Telezkoje-See!

Telezkoje ist sowohl ein See als auch eine Gebirgskette wie auch ein junger reicher Mann mit einem Goldbarren auf der Schulter aus einer traurigen alten Legende. Der See ist wirklich wunderschön und magisch, er wird nicht umsonst Perle des Altai genannt. Sein Name ist abgeleitet von einem autochthonen sibirischen Volk, das hier lebte – den Telesen. Ein weiterer Name für den See lautet Altyn-Köl (Goldener See).

Der See befindet sich im Nordosten des Altai-Gebirges. Er ist 77,8 Kilometer lang und im Durchschnitt etwa drei Kilometer breit. Seiner Tiefe nach findet sich der See in Sibirien nach dem Baikalsee (1 642 Meter) und dem Chaiman-See (420 Meter) mit 325 Metern an dritter Stelle. Mehr als vierzig Kubikkilometer reinsten Trinkwassers sind hier konzentriert. Bis zu einer Tiefe von 15 Metern ist das Wasser kristallklar und durchsichtig. Viele Flüsse münden in den Telezkoje, darunter die Flüsse Tschulyschman, Kyga, Bolschije Tschili, Kokschi, Kamga und Koldor, doch nur ein Fluss fließt aus ihm ab, die Bija, der wir auf unserer Reise bereits begegnet sind. Sie fließt breit und wasserreich aus dem See und vereinigt sich mit dem Katun, einem der Quellflüsse des großen sibirischen Stromes Ob.

Die Reise zum Telezkoje-See im Altai hat eine der hellsten Spuren in meiner Erinnerung hinterlassen. Ich habe von einer Vielzahl von Menschen gehört, dass Südsibirien – der Altai – der einzige Ort auf der Welt ist, in den man sich problemlos und ohne besondere Vorbereitung einfügen kann. Sie benötigen nichts: Sobald Sie das Altai-Land betreten haben, sind Sie ein Teil davon, ein Altaier, falls Sie das zulassen wollen. Das gibt es nirgends sonst auf der Welt. Das heißt, es gibt kein anderes Land, in dem es so einfach ist, sich als Fremder anzupassen. „Für Sibirien sind wir Außerirdische, und nur Sibirien kann solche Menschen schmerzlos ertragen. Der Altai ist in dieser Hinsicht ein besonderer Ort. Als ich zum ersten Mal hier war, wusste ich es noch nicht", erzählte mir meine Moskauer Freundin nach unserer gemeinsamen Reise zum Telezkoje-See. Sie war Journalistin und geübt darin, inmitten der täglichen Hast und Geschäftigkeit den Ton des wirklichen Lebens herauszuhören.

Wir hatten ein Buch mit Legenden aus dem Altai als Reiselektüre dabei. Darin fand ich die schöne Legende über den Telezkoje-See:

Einmal waren die Götter erzürnt über das Altai-Volk: Die Tiere verließen die Wälder, die Fische die Flüsse und Seen, Bäume und Gräser vertrockneten. Das

Vieh starb auf den Weiden. Selbst die arbeitsamen Bienen konnten in diesem Jahr keinen Vorrat an goldenem Honig anlegen. Der Hunger hielt im Altai-Land Einzug, nichts, was man in den Kessel werfen könnte, nichts, was man in den Mund nehmen könnte, nichts, was man einem weinenden Kind geben könnte. Die Leute trauerten. Nur ein Altaier trauerte nicht, denn er hatte für schlechte Zeiten einen Klumpen Gold groß wie ein Pferdekopf versteckt. So war diese schlechte Zeit gekommen, das letzte Stück Essen in der Jurte war aufgegessen, das letzte Stück Fladen verzehrt, der letzte Schluck Kumys getrunken.

Der junge Altaier sah seine schöne Frau und seine Kinder an, holte den Klumpen Gold aus seinem Versteck hervor, schnaufte schwer, legte ihn auf seine Schulter und machte sich auf den Weg durch die benachbarten Jurtenlager – um das Gold gegen Trockenfleisch für sich selbst, gegen frisches Fladenbrot für seine Frau und gegen Stutenmilch für die Kinder einzutauschen.

Lange ging er umher, besuchte viele Jurtenlager, traf viele Menschen. Doch die Menschen hatten kein Essen; und selbst wenn jemand ein Stück Fladenbrot und einen Schluck Milch übrighatte, wollte es niemand gegen Gold eintauschen. Gold ist schön, es glänzt, es ist angenehm für das Auge und erfreut das Herz, aber leider ist es kalt und hart. Man kann nicht davon abbeißen, es nicht in den Kessel werfen, es den Kindern nicht zum Essen geben.

Vergebens ging der Altaier von einer Jurte zur anderen, vergebens trug er seinen Klumpen von der Größe eines Pferdekopfes. Und als er völlig verzweifelt war, stieg er auf den Berg Altyn-Tu, der sich über dem See erhebt, und schleuderte das Gold weit in die unruhigen, tobenden Fluten. Eine Welle rollte an die Küste, und der See beruhigte sich. Und seitdem heißt der See Altyn-Köl.

Sie können das Dorf Artybasch, das direkt am See liegt, entweder von Bijsk aus auf einer guten Straße erreichen, das sind 250 Kilometer, oder von Gorno-Altaisk aus, das sind 150 Kilometer. Das Dorf Artybasch hat 2 000 Einwohner. Es liegt am Nordufer des Telezkoje-Sees. Der Name des Dorfes bedeutet „Schwellenkopf". Im Dorf gibt es Geschäfte, Souvenirläden und ein Café. Und in Artybasch gibt es die mit 257 Metern längste Brücke im Altai. Sie verbindet die beiden Ufer des Flusses Bija. Uns wurde erzählt, dass einmal eine Flaschenpost mit einem Zettel und einer Adresse, die von dieser Brücke in die Bija geworfen worden war, von Seeleuten im Arktischen Ozean gefunden wurde. Die Seeleute informierten den Absender über ihren Fund. Unglaublich, welch langen Weg die Flaschenpost zurückgelegt hatte! Die Bija fließt aus dem Telezkoje-See, bildet mit dem Katun den Quellfluss des Ob, der nach dem Zusammenfluss mit dem Irtysch einen Strom von Meeresbreite bildet. Dieser riesige Strom hatte die Flaschenpost durch Strudel und Stromschnellen in den Ozean befördert.

Die feuchte Luft am Telezkoje im Mai war schwer und auf der Zunge zu spüren. Der Reiseführer, der uns vom Weg der Flasche erzählt hatte, erwähnte, dass ein „Kater" nach einem feuchtfröhlichen Abend hier am See leichter zu ertragen sei. Das Wissen darüber spiegelte sich in einem leichten Grinsen auf seinem geschwollenen Gesicht wider. Am Ende des Ausflugs warfen wir Trinkgelder in eine kleine Schachtel und begriffen, dass unser Führer morgen wieder der heilenden Eigenschaften der Telezkojer Seeluft bedürfen würde.
In Artybasch gibt es das Informationszentrum für Touristen „Kedrogor". Dort erfährt man alles über den See, kann sich über Unterkünfte und Ausflüge informieren. Ich habe mir dort ein Büchlein über den See gekauft, darin heißt es: „Der Altyn-Köl ist im Sommer wunderschön, die Gipfel der Bergketten leuchten grün, die Felsen erheben sich majestätisch über dem Wasser. Aber es gibt eine Gefahr: Tagsüber heizen sich die Felsen aufgrund der starken Sonneneinstrahlung derart auf, dass sie nachts beim Abkühlen Steine „schießen". Der Al-

Der Telezkoje-See befindet sich im Nordosten des Altai-Gebirges. Er ist 77,8 Kilometer lang und im Durchschnitt etwa drei Kilometer breit. Seiner Tiefe nach zählt er zu den 25 tiefsten Seen der Welt

tyn-Köl ist im Winter wunderschön. Das Eis auf dem See ist transparent und man kann durch das Eis bis in eine Tiefe von fünf bis sechs Metern schauen."
Jetzt steht dieses kleine Buch unter meinen zweieinhalbtausend Büchern in den Regalen. Die Mehrzahl der Bücher nehme ich natürlich jahrelang nicht in die Hand. Aber man weiß nie, was irgendwann gebraucht wird. Ich warte immer noch auf einen Umzug, um die Hälfte loszuwerden, und gleichzeitig habe ich Angst davor, etwas wegzugeben. Historische Sachbücher, Wörterbücher, Romane, mein Leben steckt in den Büchern. Aber am meisten liebe ich Reisebücher. Unter diesen Büchern mit ihrem fantastischen Reichtum und ihrer Vielfalt befindet sich dieses wunderbare kleine Buch über den See. Und ich kann endlos darin stöbern.

Wenn sich dabei die Erinnerung zu einem Textabsatz verdichtet, kehre ich in Gedanken ins Frühjahr 1991 zurück. Meine Moskauer Freundin und ich reisten zum Telezkoje-See. Fast eine Woche verging mit dem, was die Italiener „dolce far niente" nennen – süßes Nichtstun. Wir frühstückten lange, spazierten am See entlang, unternahmen Ausflüge in die umliegenden Dörfer mit gemütli-

Mehr als vierzig Kubikkilometer reinsten Trinkwassers sind im Telezkoje konzentriert. Bis zu einer Tiefe von 15 Metern ist das Wasser kristallklar und durchsichtig

chen Marktbesuchen, führten endlose Gespräche im Café. Obwohl meine Freundin älter war als ich, hatte sie unendlich viel Freude am Wandern, an spontanen Einfällen und an überraschenden Späßen. Ihr blieben damals nur noch vier Monate zu leben.

Und sie wusste es. Das heißt, sie kannte natürlich das Datum nicht – niemand kann das wissen. Aber sie lebte in der Gewissheit einer unheilbaren Krankheit, sie lebte und war erfüllt vom Triumph des Lebens. Sie war eine mutige und verzweifelte Person. Und ihr Mut angesichts des nahenden Endes wird mir mein ganzes Leben lang in Erinnerung bleiben – vor dem Hintergrund des Telezkoje-Sees, im Angesicht der kühlen Altai-Sonne, der unvergleichlichen Schönheit der violetten Berge über dem See, dieser Feier des Lebens, die ich in dieser Woche für meine Freundin arrangiert hatte. Es war genau das, was sie wollte, den Telezkoje im Altai sehen.

Wir haben es geschafft. Wir lernten den Geschmack der edlen Fischsuppe aus dem kleinen Telezkojer Sig (ein Lachsartiger), der im See heimisch ist, zu schätzen. Wir begeisterten uns für die Telezkojer Äschen, die spätestens am Abend nach dem Fang gegessen werden sollten, nachdem sie am Morgen frisch in Salz eingelegt wurden. Wir kosteten den einheimischen Wein, der in Artybasch verkauft wird. Freunde, die den Telezkoje-See im Jahr zuvor besucht hatten, empfahlen mir die Weine „Nonnenträne" und „Mönchsflüstern". Und wir haben gesehen, wie die Bären am Morgen in der Frühlingssonne herauskommen, um sich am Hang des Sornaja-Berges zu wärmen. Das sieht man deutlich vom Ausflugsboot aus, das gemächlich entlang des Seeufers tuckert.

Trotzdem haben wir zwei Fehler gemacht.

Erstens: Es ist besser, nicht im Mai und Juni hierher zu kommen. Im Wald gibt es um diese Zeit störende Zecken, groß wie ein Fingernagel, grau mit grünlichem Schimmer, elegant wie alles hier. Alle haben uns gewarnt, alles stimmt, aber wie durch ein Wunder blieben wir von Zecken verschont.

Zweitens: Wir beschlossen, Geld für ein Hotel zu sparen und quartierten uns in einer Tourbase ein, die in den 1930-er Jahren gebaut worden war. Es gab nur eine Badewanne und eine Toilette für jeweils vier Zimmer, und nichts funktionierte. Also gingen wir öfter einmal in die Natur, in das „Vogelhaus". Und die Wände unserer Unterkunft waren so dünn, dass alle Gespräche und Feiern der Nachbarn zu hören waren, mitunter so deutlich, dass ich mein Notizbuch mit diesen Dialogen füllen konnte.

„... Sag, warum gibt es eine kostenlose Kampagne ‚Nacht im Museum', nicht aber eine Kampagne ‚Nacht im Laden'?"

„... und mein Sohn fragt mich, wie heißt Großmutter Klawa eigentlich mit vollem Namen? Ich sage ihm: Claudia, und er war so verärgert: Verdammt, die Jungs und ich haben gewettet, sie heißt Klaviatur! ... "

„Willst du eine frische Anekdote hören? Ein Altaier wird gefragt, wer besser dran ist – ein Altaier mit fünf Kindern oder ein Millionär mit fünf Millionen? Der Altaier antwortet überzeugt: Der Altaier, natürlich! Warum? Weil der Millionär immer noch mehr will ..."

Wenn ein Mensch gestorben ist, wollen wir uns oft damit trösten, dass es in den letzten Gesprächen Anzeichen eines besonderen Wissens gegeben hat, Vorhersagen, Prophezeiungen oder Vorahnungen. Meine sonst etwas zögerliche Freundin war auf unserer Reise im Altai ungewöhnlich energisch. Jetzt scheint es mir, dass sie es eilig hatte: Den fabelhaft schönen Korbu-Wasserfall am Südufer des Sees zu sehen oder das Kap Aschi und den riesigen Karatasch-Stein, um den sich Legenden ranken. Jetzt scheint es bezeichnend zu sein, dass sie mir oft Zeilen von Puschkin vorlas, als würde sie sich vom Leben verabschieden wollen:

Zeit ist's, mein Freund! Das Herz verlangt nach Frieden –
Im Flug vergeh'n die Tage, jede Stunde
Trägt ein Stück des Daseins davon ...

Der Altai kennt all diese Geschichten nicht und weiß auch nicht, dass sich immer mehr Menschen von seiner Schönheit angezogen fühlen. Und was kümmern ihn unsere Sorgen? Es wäre schön zu lernen, das Leben auf die einzig richtige Weise zu leben – mit Sinn für Humor. Und in der Lage zu sein, freudige

Viele Flüsse münden in den Telezkoje, doch nur ein Fluss fließt aus ihm ab, die Bija

Bedeutung aus dem Vertrauten und Offensichtlichen zu extrahieren. Kein Wunder, dass das Motto meiner Familie immer lautete: „Zu essen und zu lachen geben!"

Im Dorf Jailju befindet sich die Direktion des Altai-Naturschutzgebiets. Als ich jung war, träumte ich davon, alle Schutzgebiete Russlands zu besuchen. Ich habe eine Liste gemacht, und darauf war das Naturschutzgebiet Altai das erste. Es ist eines der größten Naturschutzgebiete in Russland. Es wurde 1932 gegründet. Der Hauptteil des Territoriums besteht aus Wäldern und 250 Seen, darunter die beiden großen, der Telezkoje und der Dschulukul. Es gibt viele Zedern in den Wäldern, einige von ihnen sind 600 Jahre alt! Die Flora ist mit 1 500 Pflanzenarten vertreten, die Fauna zählt 70 Säugetier- und 300 Vogelarten. Von den 1 500 Pflanzenarten sind 250 endemisch, das heißt, es sind Pflanzenarten, die nur im Altai vorkommen.

Die Aufgabe des Naturschutzgebiets besteht darin, den wertvollen See mit seinen unschätzbaren Süßwasservorräten (ein UNESCO-Weltnaturerbe) zu schützen, seine Landschaften mit ihren Naturreichtümern und den alten Zedernwäldern zu erhalten, die seltenen Tierarten wie Zobel, Elch und Maral zu bewahren sowie die Natur und die gesamte Region ständig weiter zu erforschen, um sie besser vor Schäden schützen zu können.

Im Sommer 2016 startete hier eine botanische Expedition des französischen Unternehmens Clarins, eines der weltweit führenden Unternehmen für Hautpflegeprodukte. Die Botaniker kamen hierher in den Altai auf der Suche nach reiner unberührter Natur, und was sie sahen, „übertraf alle unsere Erwartungen". Ich möchte einen Auszug aus einem Bericht der Zeitung „Swesda Altaja" („Stern des Altai") zitieren:

„Christian Courtien-Clarins, einer der beiden Chefs der Groupe Clarins, erklimmt den Tschitschelgan-Zickzack-Weg, so heißt die ökologische Bildungsroute im Altai-Naturschutzgebiet. Vor einer Stunde legten wir mit dem Boot in Artybasch im Nordwesten des Telezkoje-Sees ab und klettern jetzt das steile Ufer zwischen Kiefern, Tannen und Lärchen hinauf. Christians Frau Karine hat uns längst überholt. Für sie, die in den Alpen aufgewachsen ist, ist der Tschitschelgan kein Berg, sondern bloß ein Hügel. Die beiden anderen Expeditionsmitglieder fielen dagegen zurück. Dies ist eine vertraute Geschichte: Der Clarins-Ethnobotaniker Jean-Pierre Nicolas kam in den Altai, um lokale Pflanzen und ihre vorteilhaften Eigenschaften zu untersuchen und für ihn gibt es keinen besseren Gesprächspartner als Sergej Smirnow, den Leiter der Abteilung für Pflanzensystematik des Südsibirischen Botanischen Gartens.

Alle fünf bis zehn Meter halten die beiden Kollegen an und diskutieren über die nächste Pflanze in einer ausgefallenen Mischung aus Latein und Englisch. Jean-Pierre macht Fotos und Notizen auf einem roten Notizblock. Eine halbe Stunde vergeht, und wir stehen auf einer natürlichen Aussichtsplattform im Wald. Von hier aus eröffnet sich eine atemberaubende Aussicht aus einer Höhe von 250 Metern auf bis zu 80 Prozent der Wasserfläche des Telezkoje-Sees. Die Sonne beginnt allmählich zu sinken und füllt die transparente Luft mit einem goldenen, warmen Schimmer.

Einen Tag später gehen der Direktor des Naturschutzgebiets Igor Kalmykow und ich am Tscheljusch-Abschnitt an Land. Wir werden von der Frau des Parkrangers in diesem Abschnitt, Ludmilla Kungurowa, empfangen. Michail, ihr Ehemann, ist gerade unterwegs, um den Müll wegzuräumen, den Touristen nach ihrem Wildzelten hinterlassen haben. Auf einen Ranger im Naturschutzgebiet kommt eine Fläche von 24 000 Hektar. Selbst kleine Verstöße gegen die Naturschutzordnung bleiben selten ungestraft: Bei klarem Wetter ist der See von den Parkwächterhäusern in den einzelnen Abschnitten auf und ab in der ganzen Länge sichtbar.

Gegen schwerwiegendere Straftäter, Wilderer, die Fallen für Moschusrotwild aufstellen, oder kommerzielle Fischfänger, werden Einsatzgruppen eingesetzt. ‚Aber denken Sie nicht, dass wir uns nicht über Besucher freuen, ganz im Gegenteil', sagt der Direktor. In jedem Abschnitt des Gebiets befinden sich Gästehäuser für Wissenschaftler und Auszubildende, Freiwillige und Ökotouristen. Kommen Sie, Ludmila und ich werden Ihnen zeigen, wie hier alles funktioniert.'

Jeden Sommer findet das Folklore-Festival „Schiwaja woda" statt, mit Darbietungen von Musikgruppen und Auftritten altaiischer und chakassischer Schamanen

Wir verlassen das gemütliche und saubere Haus und gehen zum Boot, vorbei an den Windrädern und den Sonnenkollektoren, mit denen das Gebiet kürzlich ausgestattet wurde ..."

Am Tourismuskomplex „Telezkoje-See" findet jeden Sommer das Folklore-Festival „Schiwaja woda" („Lebendiges Wasser") statt, mit Musikdarbietungen und Auftritten altaiischer und chakassischer Schamanen. Menschen, die sich für Schamanismus interessieren, kommen oft hierher. Aber der berühmteste Schamane, dessen Name in Gesprächen ständig erwähnt wird, stammt aus Jakutien und heißt Alexander Gabyschew.

Es ist noch nicht in Vergessenheit geraten, dass sich dieser jakutische Schamane 2019 auf den Weg „in den Kreml" machte, um „Putin zu vertreiben". Gabyschew hatte sich vorgenommen, sein Ziel 2021 zu erreichen, wenn er täglich zwanzig Kilometer zu Fuß geht. Tatsächlich haben sich ihm viele Menschen und

Hunde angeschlossen. In Transbaikalien mit seinen buddhistischen und schamanischen Traditionen gelten Hunde als diejenigen, die in einem früheren Leben schlechte Mönche waren. Die Anhänger des Schamanen schliefen auf dem Weg in Zelten, kochten auf Lagerfeuern. Und gingen immer weiter, wie ein unbekannter Stamm aus längst vergangenen Zeiten. Als sich der Schamane Alexander Gabyschew der südostsibirischen Großstadt Tschita näherte, verfasste er einen Appell, in dem er die örtliche Bevölkerung aufrief, sich zu versammeln, weil er eine Rede halten würde, nach der „Freiheit auf die Anwesenden herabkommen wird".

Und tatsächlich versammelte er, wie die Nachrichtenagentur Chita.ru mitteilte, „die größte Protestkundgebung auf dem Platz der Arbeit, seit der Platz den Status eines Versammlungsortes nach Hyde Park-Vorbild erhalten hat". Gabyschew beendete seine Rede mit den Worten: „Von nun an ist Putin für Sie kein Erlass mehr – leben Sie frei." Dann lag die Republik Burjatien auf seinem Weg. Hier beschuldigten ihn putintreue Schamanen der religiösen Schamanen-Organisation „Tengeri" in Ulan-Ude, gegen schamanische Traditionen verstoßen zu haben. Weiter auf seinem Weg wurde Gabyschew am 19. September in der Nähe des Dorfes Wydrino im Gebiet Irkutsk von bewaffneten maskierten Männern gestoppt, die erklärten, er würde wegen eines Verbrechens gesucht. Allerdings ging aus den Fahndungsdatenbanken hervor, dass er gar nicht gesucht wurde, und so zog er durch das Land, ohne sich zu verstecken.

Der jakutische Schamane Alexander Gabyschew, der manchmal Sascha der Jakute oder Schamane Sanja genannt wird, ist für einige nur ein Verrückter (in seiner Vergangenheit war Sanja Hausmeister und Schweißer), für andere ein Held. Eines wurde jedoch klar: Dieser Jakuten-Schamane war ein Phänomen. Und das große öffentliche Interesse an ihm ließ erkennen: Die russische Gesellschaft braucht Menschen, die keine Angst haben, die Herrschenden zu entlarven und die Ordnung im Kreml wiederherzustellen. Aber es ging, wie es ging. Im Juni 2020 wurde Gabyschew in eine Psychiatrische Einrichtung in Jakutsk eingewiesen, einen Monat später wurde er aus der psychiatrischen Behandlung entlassen. Die „Behandlung" schien Gabyschew grundlegend verändert zu haben. Er wolle sich um sich selbst und seine Gesundheit kümmern, sprach nicht mehr von Freiheit, bereute seine Sünden und erwähnte den Präsidenten nicht mehr. Im Januar 2021 kündigte er erneut seinen Weg nach Moskau an – und wurde wieder psychiatrischer Behandlung anvertraut.

Bei James Joyce sagt eine der Personen: „Wir können dieses Land nicht ändern, lasst uns das Thema wechseln." Kehren wir also zurück zu unserem Ferienort am Telezkoje, um das Fest „Lebendiges Wasser" zu erleben, wo das schamanische Ritual Kamlanje „rücksichtslos" für sechs Uhr morgens geplant ist. Als ich um halb sechs morgens nach einem Abend unter Freunden aufstand, dachte ich: Na, wie soll das gehen und welche schamanischen Geheimnisse soll man

erkennen, wenn der Kopf schwer ist und alle Sinne schlafen? Aber es ging! Das Feuer, das Medizinrad, das aus Steinen auf der Erde ausgelegt war, und die Beschwörungen und Tänze der Schamanen, die ganze Atmosphäre des Rituals war ungewöhnlich und spannend. Besonders gut hat mir der Text des Gebetszaubers gefallen, der dem Feuer gewidmet ist:

Dreißigköpfige Feuermutter
Mit Ohren aus gebogenem Schilf,
Vierzigköpfige Jungfrau-Mutter,
Sieben Hänge hinuntersteigend,
Auf sieben schwingenden Mooren schwingend,
Den lebenden Kopf beugend und schüttelnd.
Sieben Hänge herabsteigend
Senkt sie ihren Kopf, den verherrlichten Kopf!
Meister von drei Feuerstellen.
Die Hörner der verdrehten Weidenzweige –
Blaueres Blau –
herabgestiegener König.
In grüner Seidenkleidung
Fröhliche, grüne Flamme.
In roter Seidenkleidung
Fröhliche, rote Flamme.
Vom Vater herausgeschnitzt,
Von der Mutter in Flammen gesetzt,
Dreißigköpfige Feuermutter!
Mit gebogenen Schilfrohrohren
Wer hat die weißen Blumen gemacht,
Wer weißes Fett verschüttetet hat,
Wer hat die blauen Blumen gemacht?
Wer blaues Fett verschüttet hat,
Dreißigköpfige Feuermutter!
Sieben Hänge hinunter
Sieben Klarheiten mit Licht beleuchten,
Dreißigköpfige Feuermutter!
Feuer spielen im Herd
Sauberer Herd, alles wissend, respektierend!
Alles Gefrorene schmilzt,
Alles Rohe kocht.

Der traditionelle Glaube des Altai-Volkes ist der Schamanismus. In der Vorstellungswelt der alten Altaier lebt ein Gott in der Oberwelt – Jug-Kurbustan (oder Ulgen), und einer in der Unterwelt – Erlik.

Die alte Schamanenkultur mit Schellentrommeln, Kappen aus Eulenfedern oder dem traditionellen Mandjak-Kleid, bestehend aus einem Schaffell besetzt mit Muscheln, Perlen, Federn, Metall- und Glasknöpfen, an dem Bänder, Haare, Tierfelle, Vögelflügel befestigt sind, ist kaum erhalten geblieben. Heute führen die Nachfahren der Schamanen, die besondere Fähigkeiten besitzen, die alten Rituale des Kamljanie aus, sie werden „kenntnisreiche Menschen" genannt (in der Altaisprache – „neme biler kischi"), viele von ihnen zelebrieren den so genannten Burchanismus.

Denkmal für Nikolai Rerich am Ufer des Flusses Katun

Den Altai-Burchanismus und den Weißen Burchan beschrieb der Orientforscher und Religionswissenschaftler Nikolai Rerich sehr kenntnisreich. Rerich war nicht nur ein berühmter russischer Künstler, sondern auch ein herausragender Reisender und Entdecker Asiens. 1926 organisierte er eine Trans-Himalaya-Expedition: Er reiste vom Gebiet der Sowjetunion über den Altai nach Tibet und von dort in den Himalaya. Die Expedition dauerte zwei Jahre. Rerich studierte das Leben der indigenen Altaier, ihre Bräuche und Religion. Im Buch „Das Herz von Asien" schrieb er über den Altai wie folgt: „Die Berge werden von Tschugutschak bis zum Altai immer wilder und unbezwingbarer. Ein seltsames Gefühl, die oirotischen Reiter zum ersten Mal zu sehen – ein finno-turkischer Stamm, der im Altai sesshaft geworden ist. Erst vor kurzem hat dieses Gebiet voller wunderschöner Wälder, donnernder Bäche und schneeweißer Bergkämme einen eigenen Namen erhalten – Oirotien. Das Land des Seligen Oirot, des Volkshelden dieses weit entfernt von der Zivilisation lebenden Stammes. Und ein weiteres Wunder geschah in diesem Land, in dem bis vor kurzem grobe Formen des Schamanismus und der Hexerei blühten.

Im Jahr 1904 hatte ein junges Oirot-Mädchen eine Vision. Der Selige Oirot selbst erschien ihr auf einem weißen Pferd und sagte ihr, dass er der Bote des Weißen Burchan sei und dieser selbst kommen würde. Der Selige gab dem Hirtenmädchen viele Anweisungen, wie man die rechtschaffenen Bräuche im Land wiederherstellt und wie man den Weißen Burchan empfangen solle, der eine neue glückliche Zeit auf diesem Land errichten werde. Das Mädchen rief ihre Familie herbei und verkündete ihnen die Anweisungen des Erhabenen. Es bat seine Angehörigen, ihre Waffen zu begraben, die Götzenbilder zu zerstören und nur zum barmherzigen Weißen Burchan zu beten. Auf dem bewaldeten Berg wurde ein Altar errichtet. Die Menschen versammelten sich dort, verbrannten Heidekraut und sangen neu erdachte heilige Lieder, die berührend und erhaben klangen. Eines geht so: ‚Du, der du hinter weißen Wolken lebst – hinter blauem Himmel – Weißer Burchan! Du, der du vier Zöpfe trägst – Weißer Burchan! Du, der Herr des Altai – Weißer Burchan! Du, der du die Völker um dich herum wohnen lässt, in Gold und Silber, Weißer Burchan! Du leuchtest tagsüber! Du bist die Sonne Burchan! Du scheinst nachts! Du bist der Mond, Burchan! Lass meinen Ruf in das heilige Buch Sadur geschrieben werden!'

Der Estjube-Wasserfall wurde erst 1938 entdeckt

Die örtliche Verwaltung war empört über diesen neuen Glauben. Die friedlichen Anhänger des Weißen Burchan waren schweren Verfolgungen und Strafen ausgesetzt. Aber die Lehren des Seligen Oirot gingen nicht unter. Bis heute erscheint von Zeit zu Zeit ein Reiter auf einem weißen Pferd im Altai-Gebirge und facht den Glauben an den Weißen Burchan aufs Neue an. In den verstreuten

Jurten flüstert man sich eine Legende zu, nach der die letzte Schlacht des Volkes am Fluss Katun geschlagen wird und dass das Licht des Weißen Burchan bereits hinter dem fernen Weißen Berg aufscheint. Und mit diesen Worten wenden sich die Köpfe der Gesprächspartner dem Süden des Altai zu, wo sich die höchsten Berge erheben und in ihrer Schneedecke funkeln. Dies geschah unter den Oiroten im Altai-Gebirge", schrieb Rerich über die Altaier.

Während der Jahre der Sowjetmacht vergaßen die Menschen im Altai-Gebirge den Glauben an ihre Götter und an den Weißen Burchan nicht, der Durst nach Gutem und nach Gerechtigkeit versiegte nicht in den Seelen der Menschen.

Wasserfall „Dritter Fluss" in der Nähe von Artybasch

Vom Dorf Jailju führt unser Weg nach Südosten – zum Kap Tschitschelgan, hinter dem sich die Kalginski-Bucht befindet. Die Bucht ist ein Sperrgebiet mit fragilem Ökosystem. Boote dürfen dort nicht anlegen. Der Uferabschnitt ist felsig, es gibt keine Liegeplätze. Das Hinterland ist von tiefen Schluchten durchzogen, von denen die engste und dunkelste die Kischta-Schlucht ist. Hier stürzt aus acht Metern Höhe ein Wasserfall herab. Bei ruhigem Wetter ist es möglich, in Kischta anzulegen.

Die felsigen Ufer erstrecken sich auf einer Länge von zwei Kilometern, dann folgt ein schmaler Kiesstreifen. Hier mündet der laut rauschende Gebirgsfluss Korbu in den See, unweit der Mündung befindet sich der gleichnamige Wasserfall (12,5 Meter Höhe). Es ist bekannt dafür, dass seine Wassermassen bei jedem Wetter in allen Farben des Regenbogens funkeln. Und weiter am Ufer des Sees entlang stoßen wir auf Landvorsprünge, Felsen, Sandstrände, malerische Wasserfälle. Am Ufer des Sees befindet sich auch das Dorf Bele, in dem Mitarbeiter des Naturschutzgebiets leben. Weiter nach Südosten in der Bucht Kyga liegt ein Zeltplatz mit dem Namen „Taiga Bucht".

Ganz im Süden des Sees liegt der Berg Tualok, der den See abschließt. Dieser Ort hat den Namen Karagai. Dort befindet sich zwischen den Bergen der Zugang zum Tal des Flusses Tschulyschman. Im Delta dieses Flusses liegt die große Insel Kamain. Wo die steilen Felsen in das Wasser des Flusses Tschulyschman eintauchen, sprudelt unter den Klippen eine mächtige Quelle mit dem Geruch von Schwefelwasserstoff empor. Die Anwohner halten sie für heilkräftig und kommen hierher, um Ekzeme zu behandeln. Es heißt, mit Erfolg. Ein herrlicher Sandstrand erstreckt sich am linken Ufer des Tschulyschman. Das Ufer trägt den Namen Kyrsai.

An der Stelle, wo der Strand auf den Fuß des Berges Altyn-Tu trifft, beginnt der Weg in das Tschulyschman-Tal. An diesem Ort gibt es viele bequeme Liegeplätze für Boote und Schlafplätze zum Übernachten. Das Westufer ist allerdings unzugänglich. Hier, am Eingang in das Tschulyschman-Tal, liegen vier Touristenbasen: „Altyn-Tu", „Kyrsai", „Kamain" und „Goldener Sand". Alle bieten Unterkunft, Bootsfahrten auf dem See und eine Sauna.

Es ist nicht überfüllt an den Touristenorten in Seenähe, und die Preise sind niedriger als in anderen Teilen Russlands. Die Natur verheißt Frieden und Wohlbefinden. Gebratene Forellen und dazu ein Weißwein sind hier preiswert und schmackhaft. Es ist nur ein Steinwurf bis zu den Kurorten mit Maralwannen oder zum Rerich-Museum. Die Altai-Jurten fügen sich natürlich in ihre Umgebung ein. Und die prächtigen Berge des Altai wirken von der Steppe aus noch majestätischer. Die Geschichte dieses alten Volkes hier ist atemberaubend. Und immer spürt man den Geist des Altai-Malers Tschoros-Gurkin, der einst sagte, die edelste Kunst sei die, andere Menschen glücklich zu machen.

Wenn Sie mich fragen, wer von deinen Altai-Bekannten entspricht am meisten dem Konzept des Selbstwertgefühls, würde ich nach einiger Überlegung ganz bestimmt Iwan, Natalja und Roman nennen. Ich habe einen besonderen Blick auf sie, mein Vergrößerungsglas ist gewissermaßen der See Telezkoje. Ich kann mich nicht erinnern, über jemanden mit solcher Bewunderung gesprochen oder geschrieben zu haben. In diesem Kapitel gibt es eine Geschichte über sie – eine Geschichte über die Menschen am Telezkoje-See.

Hier im Altai begegnet man häufiger als an anderen Orten Menschen mit einem starken Gefühl von innerer Freiheit, einer Freiheit, die nicht eigenwillig oder hartnäckig wirkt, sondern Ruhe und Sicherheit ausstrahlt – ein Gefühl von Freiheit, das nicht wirklich von äußeren Umständen abhängt.

Ich möchte meine Geschichte über den See mit einer Geschichte über die Menschen dort beenden. Hermann Hesse sagte einmal: „Man muss das Unmögliche versuchen, um das Mögliche zu erreichen." Genau das hätte er über den jungen Geschäftsmann Iwan Juschakow sagen können. Und über das Ehepaar Tatjana und Roman, die bei Tauchgängen den Grund des Sees säubern. Allein und ehrenamtlich. Die Arbeit ist hart und gefährlich, aber sie tun es, egal was passiert.

Ich werde mit Iwan Juschakow beginnen. Er ist 41 Jahre alt. Geboren und aufgewachsen im Dorf Iogatsch. Sein Haus stand am Ufer des Telezkoje-Sees, und direkt daneben lag das alte Motorschiff „Pionier des Altai“ am Pier, das seit 1968 ununterbrochen über den Telezkoje-See gefahren war, mit bis zu 600 Passagieren und Ausflugsgästen an Bord.

Iwan Juschakow und sein Schiff „Pionier“

In diesem Vierteljahrhundert war der „Pionier des Altai“ eine Legende und ein Wahrzeichen der Region. Dann kamen die düsteren 1990-er Jahre. Die Wirtschaft brach zusammen, das Schiff wurde ausgeschlachtet, die Motoren verkauft ... und weiterverkauft. Das alte Schiff sollte gänzlich verschrottet werden.

Niemand glaubte daran, dass das vor sich hin rostende Motorschiff restauriert werden könnte. Iwan Juschakow hatte sich jedoch bereits in die alte Dame verliebt. Er nahm einen Kredit auf, dann einen zweiten, borgte sich Geld von Freunden und bereute nicht, dass er fünf Jahre seines Lebens für all das hingegeben hatte. Der „Pionier des Altai“ ging wieder auf die Reise. „Träume können wahr werden, wenn wir den Mut haben, Ihnen zu folgen“, das war und bleibt Iwans Motto. „Ich hatte beschlossen, das Schiff wiederherzustellen. Ich machte große Schulden. Mein Haus, die Bäckerei und vierzig Hektar Land gab ich als Sicherheit für Kredite. Wenn Sie nachrechnen, wie viele Jahre es braucht, damit sich Investitionen auszahlen, ist es schwierig, den ‚Pionier' als ein gutes Geschäft zu bezeichnen. Aber ich habe das Schiff repariert! Ich werde nie vergessen, wie es klang, als die Mo-

toren zum ersten Mal gestartet wurden. Es war am Abend des 18. September 2013. Sie hätten die Gesichter der Menschen am Ufer sehen sollen! In unserem Land ist alles leicht zu verzeihen, außer der Erfolg. Hätte ich gewettet, dass der ‚Pionier' wieder fahren kann, müsste das ganze Dorf zahlen."
Im Frühjahr 2014 unternahm der restaurierte ‚Pionier des Altai' seine Jungfernfahrt, als hätte es die 22 Jahre zwischen Leben und Tod nicht gegeben. Und die einstigen Touristen kamen wieder an Bord, mit ihren Enkelkindern. ‚Hier, Aljoschka, du hast nicht geglaubt, dass ich auf einem so großen Schiff gefahren bin', freute sich ein Großvater. Ein anderer: ‚Deine Großmutter und ich haben uns hier auf dem Schiff kennengelernt.'
Diese Nostalgie- und Erinnerungspassagiere machen vierzig Prozent aller Fahrgäste aus. Einheimische dürfen kostenlos mitfahren. Bis zum Korbu-Wasserfall sind es eine Stunde und vierzig Minuten. Und viele waren noch nie dort."

Heute ist der Motorschiff-Ausflug auf dem Telezkoje-See vielleicht der beliebteste Ausflug im ganzen Altai. Für viele Kinder ist es die schönste Ferienerinnerung. Und die Kinder der Dorfbewohner verbringen fast den ganzen Sommer auf dem Schiff, weil sie kostenlos mitfahren können. So entschied es Iwan Juschakow, der Schiffseigentümer, der selbst Vater von fünf Kindern ist: „Nur sagt euren Eltern Bescheid, dass ihr unterwegs seid."
Auch 2020 war eine gute Saison für den „Pionier des Altai". In den beiden Sommermonaten läuft das Schiff jeden Tag aus, samstags zwei Mal. Iwans Bäckerei erfreut ihre Kunden immer noch mit Brot aus dem Holzofen ohne jede Zusatzstoffe. „Wie in der Kindheit". Und Juschakow hat bereits ein neues Projekt. Das bayerische Schloss Neuschwanstein hat es ihm angetan. Ein Schloss würde er gern im Altai bauen, damit mehr Menschen kommen.
Er hat bereits eine Schotterstraße zum Schlangenberg Tilan-Tuu anlegen lassen. Die Aussicht von dort ist atemberaubend. Und er hat bereits einen Namen für das Schloss: „Krone des Nordens". Dort sollen Theateraufführungen geboten werden, historische Spektakel, eine Skipiste, Trampoline, Sonnenliegen und eine echte Windmühle. Und das ist noch nicht alles! Im Geschäftsleben muss man Charakter haben. Sein Vater hatte ihn nicht ohne Grund in seiner Kindheit Igel genannt.
„Man kann in Unterkünfte für Touristen investieren – dort ist der Gewinn stabil. Aber in ein Schloss? Doch selbst wenn es keinen Cent einbringt, werde ich glücklich sein. Andernfalls werde ich mich, wenn ich später in den Ruhestand gehe, fragen müssen, wofür ich gelebt habe," sagt Iwan Juschakow.
Das Ufer, an dem der „Pionier des Altai" liegt, hat Iwan fast fertig gestellt. Er hat versprochen, ein Schifffahrtsmuseum aufzubauen. Es heißt ja, Pionier be-

deutet, der Erste zu sein. Am Telezkoje-See ist er ein Pionier und zudem Patriot des Altai.

Und jetzt möchte ich Ihnen von einem Ehepaar erzählen, Tatjana und Roman, die seit einigen Jahren den Grund des Telezkoje-Sees reinigen.

Aber zuerst über das Problem – die Verschmutzung der Natur durch den Menschen. Ein globales Problem.

Im Jahr 1960 tauchten der Schweizer Jacques Picard und der Amerikaner Don Walsh als erste in einem Bathyscaph (spezielles U-Boot für Tiefseeforschung) namens „Triest" auf den Grund des Marianengrabens im Pazifik hinab. Etwas mehr als 50 Jahre später erreichte die erste Einweg-Plastiktüte diesen Boden ohne Bathyscaph. Die Japanische Agentur für Meeresforschung und Geowissenschaften (JAMSTEC) hat die Welt auf mehr als 3 500 Kunststoffpartikel aufmerksam gemacht, die in einer Tiefe von fast elf Kilometern in der Tiefsee gefunden wurden. Sie schwimmen nicht mehr frei umher, sondern haben sich bereits dort abgesetzt.

Im Frühjahr 2014 unternahm der restaurierte „Pionier des Altai" seine Jungfernfahrt

Für Menschen ist es nicht genug, dass Plastik auf den Straßen liegt und vom Wind durch die Felder getrieben wird. Wir haben uns sogar die Weltmeere vorgenommen. Haben Sie vom Great Pacific Garbage Patch gehört (Großer Pazifischer Müllteppich)? Das Phänomen wurde 1997 erstmals beschrieben. Laut Schätzungen finden sich eine Million Teile Kunststoff auf einem Quadratkilometer Müllwirbel, der Wirbel wird 2021 auf eine Größe von 1,6 Millionen Quadratkilometern geschätzt. Im Sommer 2020 war der Start des Großprojekts „The Ocean Cleanup", ein Sammelsystem für Plastikmüll im Meer, geplant. Der Krieg gegen Plastik, das in den Ozeanen schwimmt, kann nur global geführt werden.

Doch zurück zu Tatjana und Roman – den Verteidigern des Telezkoje-Sees im Altai.

Wir haben keine Illusionen darüber, wie das Leben endet, aber die Welt ist oft besser, als wir normalerweise denken. Die Geschichte von Roman und Tatjana erinnert mich jedes Mal daran. Und einmal mehr habe ich mich davon überzeugt, dass wahres Wissen über das Leben etwas mit Ausdauer und Freude zu tun hat.

Tatjana Klimenko und Roman Worobjow leben in der Altai-Stadt Barnaul. Tatjana hat zwei Hochschulabschlüsse und zwei Kinder aus ihrer ersten Ehe. Roman ist Arzt in der vierten Generation. Beide tauchten gern. Sie lernten sich in einem Tauchklub kennen und verliebten sich ineinander. Aber der Klub wurde schließlich geschlossen – und seine Mitglieder begannen auf eigenes Risiko, auf Tauchreisen zu gehen. Die beiden hatten natürlich bereits die technischen Grundlagen des Tauchens erlernt, bei dem die Tiefe des Tauchgangs nur durch Gesundheit, gesunden Menschenverstand und die Finanzen begrenzt ist. Oft halten selbst Militärtaucher die Belastung nicht aus, die beim Tauchen in tiefem Wasser entsteht, es ist eine enorme Stressresistenz erforderlich.

Das ihrem Wohnort Barnaul nächstgelegene Gewässer, das für Tieftauchen in Frage kommt, ist der Telezkoje-See. Aber allein die Fahrt dorthin dauert zwölf Stunden. Nicht alle Straßen sind befestigt. Roman arbeitete als Anästhesist in der kardiologischen Abteilung eines Notfallkrankenhauses. Um eine Woche für das Tauchen im Telezkoje-See freizuschaufeln, arbeitet er jeden zweiten Tag eine Schicht von 24 Stunden im Krankenhaus.

Der Telezkoje-See ist einer der schönsten Orte der Welt, die Sicht unter Wasser ist ideal. Aber die Wassertemperatur ist sehr niedrig. Das erste Mal kamen sie im Februar an den See – der Wind war eisig. Das erste Mal tauchten sie in eine Tiefe von 80 Metern. Ein Lehrer vom Baikalsee begleitete sie. Er tauchte 100 Meter tief. Und seitdem lief es gut bei ihnen, es war klar, dass weder Regen, Wind noch Schnee sie abhalten konnten. Mit der Zeit genügte es ihnen nicht mehr, nur zu tauchen, um glücklich zu sein. Sie wollten auch etwas zurückgeben, etwas tun für den See. Und so bewarben sie sich bei einem Müllentsorgungsprogramm mit dem Ziel, den Telezkoje-See sauber zu halten. Er zählt immerhin zum UNESCO-Weltnaturerbe!

Und im nächsten Sommer luden sie Taucher aus anderen sibirischen Städten ein. Unter russischen Naturschützern ist die Regel des kleinen Prinzen aus der Geschichte von Antoine de Saint-Exupéry Gesetz: Nachdem der kleine Prinz morgens aufgestanden war und sich gewaschen hatte, brachte er sofort seinen Planeten in Ordnung.

Was nicht alles haben die Taucher vom Grund des Sees heraufgeholt! Alte und neue Fischernetze, und das ist gefährlich. Denn der Boden des Sees ist schlammig, eine Bewegung der Flossen wirft eine „Schlammwolke" auf. Wenn sich lebende Fische in den Netzen finden, befreien sie sie. Es gibt noch größere Funde – alte Boote und sogar eine alte schwimmende Wetterstation.

Tatjana Klimenko und Roman Worobjow sammeln in ihrer Freizeit den Müll vom Boden des Sees

Die Anwohner waren überrascht: Da waren Fremde gekommen. Was wollten sie? Wollten sie wirklich nur den Grund des Sees säubern? Auch ihre Angehörigen machten sich Sorgen: Warum braucht ihr zusätzliches Adrenalin? Außerdem hat Roman seit seiner Kindheit Asthma. Aber es stellte sich heraus, dass der See ihm hilft! Und wie! Roman berichtet: „Ich war geradezu süchtig nach Medikamenten und Inhalatoren. Und mitten im Winter, nach einem Tauchgang, bemerkte ich eine Veränderung. Je tiefer ich tauche, desto besser fühle ich mich. Die kalte, trockene Luft reduziert unter Druck die Entzündungen des Lungengewebes. Ich kann kaum als gesunder Mensch bezeichnet werden. Doch meine Lebensqualität ist fast die eines gesunden Menschen. Und in meiner Nähe gibt es jetzt keinen Inhalator mehr."
Tatjana hatte ihre eigenen Schwierigkeiten. Im Jahr zuvor stand sie am Rande von Leben und Tod. Roman rettete sie mit seiner Fürsorge und Liebe. Und nach einer Operation war sie auf dem Weg der Besserung. Damals beschlossen sie, zusammen zu leben und sich nie wieder zu trennen. Und „im Einklang atmen" bekam für die beiden eine andere Bedeutung. Sie benötigen eine ständige Überwachung unter Wasser. Bewusstlosigkeit, Barotrauma, Kompressionskrankheit – alles kann passieren. Für sie war klar: Wir können nicht ohne einander auskommen!
Im Jahr 2017 starb Romans 45-jährige Tauchtrainerin Teodora Balabanowa beim Versuch, einen neuen Wettkampfrekord im Tieftauchen für Frauen aufzustellen. Sie ließ sich auf eine Tiefe von 235 Metern hinab und hatte beim Aufsteigen Probleme ... Ultra-Tief-Tauchen ist eine Kunst mit Glückselementen. Oder Misserfolg.

„Man muss sich nicht nur verstehen, sondern auch so atmen, dass der Luftstrom identisch ist mit den Bewegungen, die trainiert werden", sagt Tatjana. Es ist viel schwieriger, zu zweit zu tauchen. Aber wenn Roman alleine taucht, ist Tatjana besorgt: „Ich kann ihm nicht helfen."
Vor Tatjana und Roman hatte niemand Unterwasseraufnahmen im Telezkoje-See gemacht. Darstellungen von lokalen Fischen existierten nur als Handzeichnungen. Jetzt machen die beiden Aufnahmen in großer Tiefe, und das ist sehr schwierig. Selbst der Auslöser der Kamera kann aufgrund des hohen Drucks unter Wasser nicht betätigt werden. Deshalb schalten sie die Kamera ein, bevor sie mit dem Tauchgang beginnen. Neuerdings nehmen sie sogar Videos auf. „Wir sparen an allem", berichtet Tatjana, „auch an Lebensmitteln und Kleidung, denn Kameras für Makroaufnahmen unter Wasser sind extrem teuer. Wir kaufen sie auf Kredit."

Jeden Monat entnehmen Tatjana Klimenko und Roman Worobjow Wasserproben vom Telezkoje-See und bringen sie zum Institut für Wasserumweltprobleme in Barnaul. Sie tun das ehrenamtlich, ohne Bezahlung
Vor kurzem kam unerwartete Hilfe vom Altai-Naturschutzgebiet. Tatjana und Roman wurden dort in Teilzeit eingestellt, sie erhielten eine Unterkunft in Jailju, ein Boot für ihre Kontrolltouren und Hilfe beim Erwerb ihrer Ausrüstung.
Ich möchte diese Geschichte mit einem kurzen lebensbejahenden Epilog beenden. Ich habe die bescheidene Hoffnung, dass die neuen Generationen mit einem stärker entwickelten Rechts- und Umweltbewusstsein aufwachsen. In Petropawlowsk-Kamtschatski haben junge Umweltschützer im Museum für Lachse eine „Erklärung der Lachsrechte" aufgehängt. Und dort sind „das Recht auf natürliche Freiheit in einer natürlichen Umwelt" und „das Recht, gesetzlich vor Leiden durch menschliches Verschulden geschützt zu sein" aufgeführt.
Ich bewundere die jungen sibirischen Öko-Aktivisten, die keine Angst davor hatten, sich dem Bau des Wasserkraftwerks Turuchansk im Autonomen Gebiet der Ewenken zu widersetzen. Das Innenministerium setzte sie stark unter Druck und sperrte sie fast wegen Extremismus ein. Aber sie blieben bei ihrem Protest, und im Jahr 2007 wurde das Projekt auf Eis gelegt.
Heute gibt es immer mehr energiegeladene junge Öko-Aktivisten wie Tatjana, Roman und gleichgesinnte Menschen in Kamtschatka und Sibirien. Die Buddhisten aus dem Altai-Dorf Askat, die ein selbstgemachtes Plakat über ihrer Karma-Kagyü-Schule aufhängten, haben Recht: „Wenn Sie anderen Gutes tun, tun Sie sich selbst Gutes." Und ich erinnere mich oft an die Worte von Iwan Juschakow: „In jedem Menschen verbirgt sich sein idealer Entwurf. Das Ziel ist es, diesen Entwurf umzusetzen." Dieser Gedanke ist mir sehr nahe.

Reise zu den Schwanenmenschen

Dorf Krasnogorskoje (Krai Altai) – Kumandinen – Dorf Tschoja (Republik Altai) – Tubalaren

Manchmal scheint mir, als seien die Schädel mancher meiner Gesprächspartner von innen mit alten Zeitungen verklebt. Was? Schwanenmenschen? In unserer Zeit? Und so seltsame Traditionen? Das gibt es doch nicht! Doch, das gibt es. Reisen Sie wenigstens einmal in den Altai, in das Dorf Krasnogorskoje, und Sie werden ein Wunder erleben – mit ungewöhnlichen Menschen!

Früher dachte ich auch, nein, in meinem Leben geschehen keine Wunder. Das kann gar nicht sein! Schließlich ist klar und verständlich, dass nichts Übernatürliches passieren kann. Ein Außerirdischer wird nicht zu mir herabkommen, ich werde nichts Geniales erschaffen, ich werde nicht mit Flügeln in den Himmel fliegen, und ich werde auch keinen Geist treffen – werde also gemächlich vor mich hin leben in der Gewissheit, dass kein Wunder geschehen wird. Aber seit meiner Kindheit habe ich so sehr darauf gewartet, dass mit mir unbedingt etwas Außergewöhnliches passiere. Und ich war mir insgeheim sicher, denn wozu sonst bin ich auf der Welt?

Plötzlich wurde mir alles klar: Ist es nicht ein Wunder, dass ich riskante und manchmal gefährliche Reisen durch Sibirien überlebt habe? Ist es nicht ein Wunder, eine glückliche Liebe erlebt zu haben, eine Familie? Es gab so vieles, das mich überraschte und erfreute! Und war es nicht ein Wunder, dass ich mein Leben lang keine großen Feinde hatte, sondern nur kleine, die wie Kläffer auftraten? Ist es nicht ein Wunder, dass ich immer noch reisen und interessanten Menschen begegnen kann? Wie den Kumandinen oder den Tubalaren.

Die kleinen Völker des Altai, das sind Tubalaren, Tschelkanen, Kumandinen, Schoren, Telengiten, Telesen und Teleuten. Hier werden auf einem Raum von einigen Dutzend Quadratkilometern sprachliche Besonderheiten bis in ihre kleinsten Feinheiten unterschieden. Und selbst die Art, Witze zu machen, ist streng geografisch unterteilt: Die Bewohner des Ongudai-Bezirks sind leicht arrogant, die Bewohner von Schebalinsk eher rustikal, sie trinken mehr als andere im Maiminsker Rayon. Die Unterschiede werden mit der Lupe gesucht.

Für mich war es eine Lektion fürs Leben: Als ich am Alltag der Kumandinen im Altai teilhaben durfte, wurde mir klar, dass die Fähigkeit, dem Leben zu danken und allen Glück zu wünschen, das Hauptrezept ist, um selbst glücklich zu sein.

In den Altai reiste ich mehrmals. Natur, Traditionen, Geschichte, Küche – das alles ist natürlich aufregend und interessant, doch es sind immer die Menschen, solche, wie die Kumandinen, die den besonderen Reiz einer Gegend ausmachen, die inspirieren und große Eindrücke hinterlassen. Um zu ihnen zu gelangen, muss man von Moskau aus nach Barnaul fliegen, die Hauptstadt des Krai Altai,

das dauert etwa vier Stunden. In Barnaul mietet man ein Auto nach Krasnogorskoje, das ist die Hauptstadt der Kumandinen.

Die Kumandinen zählen etwa 3 000 Angehörige: 2 000 leben im Krai Altai und 900 in der Republik Altai. Krasnogorskoje hat 6 000 Einwohner, davon etwa dreihundert Kumandinen. Es ist ein sehr altes Nomadenvolk, doch wo immer sie sich bewegen, siedeln sie sich am Wasser an, denn sie sind „freiheitsliebend und treu wie Schwäne". Der Legende nach stammen sie von Schwänen ab. Kumandy – wie sie selbst sich nennen – kann übersetzt werden mit „Ich bin ein Schwan". „Ku" bedeutet „Schwan" und „man" bedeutet „ich".

Eine Legende über die Herkunft der Kumandinen berichtet: Vor vielen Jahren kamen drei herrliche Vögel vom Himmel auf die Erde, um im Fluss zu schwimmen. Nachdem sie ihre Flügel abgeworfen hatten, verwandelten sie sich in wunderschöne Mädchen mit ungewöhnlich weißer Haut. Das beobachtete ein Jäger. Er verliebte sich auf den ersten Blick in eines der Mädchen und versteckte ihre Flügel. Das Schwanenmädchen konnte nicht mit den anderen zurückfliegen. Sie blieb bei den Menschen, beim Jäger und lebte glücklich mit ihm zusammen. Von ihnen stammte das Volk ab, das sich nur am Wasser niederlässt.

Es gibt viele Seen in der Altai-Region, die im Winter nicht gefrieren. Sie werden aus warmen unterirdischen Quellen gespeist. Auf solchen Seen leben im Winter viele Schwäne. In der Gegend gibt es auch einen Schwänefluss, ein Dorf mit dem Namen Schwäne (Lebjasche) und sogar das Schwäne-Naturreservat.

Was ist mir bei meinen Begegnungen mit den Kumandinen aufgefallen? Sie sind auf ihre Art ungewöhnlich schön, jugendlich und sehr lebhaft. Aber mein Haupteindruck hat mit ihrem Blick zu tun, mit der Tiefe der Augen. In ihnen liegt eine ruhige Wahrheit, eine innere Festigkeit, die von der Unrast und Eitelkeit des modernen Lebens nicht erschüttert werden konnte. Der östliche Schnitt der Augen und die sehr helle, europäisch wirkende Hautfarbe haben mich beeindruckt.

Wir, das Filmteam des zentralen Dokumentarfilmstudios (Moskau), drehten eine Szene mit einer Dorfbewohnerin, der Schamanin Valentina Tosyrowna. Das war Anfang der 1990-er Jahre, aber sie lebt noch, wie mir Freunde versicherten, die sie im Sommer 2020 besuchten. Sie ist schon über 80. Aber es steckt noch viel Leben in ihr, viel Energie! Es gab Schamanen in ihrer Familie, diese Gabe hat sie geerbt. Die Kumandinen nennen die Schamanen Kam. Ein Kam heilt Menschen, führt Rituale durch. Er kommuniziert mit den Geistern, stellt eine Verbindung her zwischen der Welt der Menschen und der Welt der Geister.

Valentina Tosyrowna zum Beispiel verließ im zweiten Studienjahr die Universität und kehrte in ihr Heimatdorf zurück, weil sie einen Ruf zu schamanischer

Arbeit verspürt hatte. Die älteste Schamanin in ihrer Familie brachte sie zum Hauptkam, der den Eingangsritus durchführte. Jetzt heilt sie Menschen, und sie hat wirklich eine Berufung dafür. Ich erinnere mich an eine ungewöhnliche Episode: Wenn die Schamanin unsere Armbanduhr anlegte, blieb die Uhr stehen, wenn sie sie abnahm, lief die Uhr wieder.
Wir haben damals mehrere Stunden mit Valentina Tosyrowna über die Traditionen der Kumandinen gesprochen. Sie besuchen niemals die Friedhöfe, auf

Die Kumandinen nennen die Schamanen Kam. Ein Kam heilt Menschen und führt Rituale durch. Er kommuniziert mit den Geistern, stellt eine Verbindung her zwischen der Welt der Menschen und der Welt der Geister.

denen ihre Vorfahren begraben sind. Sie begleiten einen Verstorbenen auf die letzte Reise und stören ihn später nicht mehr. Frauen und Kinder nehmen nicht an Beerdigungen teil. Nur ein Kam, ein Schamane, hat das Recht, die Toten zu besuchen.
Die Familien der Kumandinen sind groß, sie haben viele Kinder. Wir fragten nach Scheidungen. Valentina dachte lange nach: Nein, sie könne sich nicht an einen solchen Fall erinnern! Hier werden die alten Männer Aksakale genannt – vom Wort „ak" – weiß, heilig.
Die Kumandinen sind von Natur aus Jäger. Sie jagen Hirsche und Rehe. Sie nennen den Bären „Großvater" und betrachten ihn als heiliges Tier. Es gibt hier viele Bären, aber sie töten sie nur in den seltenen Fällen, wenn sie zu einer Gefahr für das Dorf werden können. In grauer Vorzeit aß ein Jäger die Augen eines

Bären, so dass andere Bären Angst vor seinem Blick hatten. Daran glaubt man bis heute.

Im Frühjahr feiern die Kumandinen das Opferfest für die Geister des Wassers. Es ist fröhlich, farbenfroh und unbeschwert. Es gibt viel leckeres Essen. Wer gut kochen kann, wird als „köstliche Hand" bezeichnet. Fast jeder Kumandine hat eine köstliche Hand! Einmal sah ich eine Karikatur in einer einheimischen Zeitung: Ein Mann steht mit einem Banner und fordert „Freiheit! Gleichheit! Brüderlichkeit!" Ihm gegenüber steht ein Mann mit Altai-Hut und verlangt: „Araka! Tschutschuk! Byschtak!" Araka ist ein alkoholarmer Altaiwodka auf Milchbasis mit einem Alkoholgehalt von 12 Prozent. Tschuktschuk ist eine Spezialität aus Rind-, Pferde- und Elchfleisch. Byschtak ist der Altai-Käse zum Nachtisch. Die Kumandinen bevorzugen ihre traditionellen Gerichte – kotscho – dicke Fleischsuppe; tschtakty kurtyk – ein Kuchen mit Gemüse, tschok-tschok – ein Dessert aus Zedernnüssen, tut-patsch – Nudeln in Pferdebouillon. Bei den Getränken schätzen sie Tee mit ausgelassener Butter.

Krasnogorskoje hat 6000 Einwohner, davon etwa 300 Kumandinen

Im Festtagsgedränge fielen mir Mädchen auf, die schöne selbstgemachte Puppen trugen. Aber aus irgendeinem Grund waren die Puppen ohne Augen. Man erklärte mir, dass böse Geister, die die Seele eines Menschen stehlen wollen, durch die Augen eindringen können. Und dann wird der Mensch krank und stirbt. Daher haben die Puppen keine Augen.

In der Kultur der Kumandinen verhält man sich besonders respektvoll gegenüber dem Wasser („Man darf auf keinen Fall Müll in den Fluss werfen, und wenn man Wasser aus einer Quelle geholt hat, bedankt man sich.") und dem Feuer. Das Feuer hat seinen eigenen Geist, sein Name ist „ot esi". Es ist auch nicht erlaubt, Müll ins Feuer zu werfen.
Kumandinisch ist ein Dialekt der Nordaltai-Sprache, die Teil der turkischen Sprachgruppe ist. Man unterscheidet obere Kumandinen – sie heißen „ore kumandy" – und untere Kumandinen – „altyna kumandy", je nachdem, ob sie am Oberlauf oder Unterlauf der Bija leben.
Kürzlich berichteten Freunde, die diesen Sommer im Altai Urlaub gemacht hatten, dass der erste Poetry-Slam im Kulturzentrum der Kumandinen in Krasnogorskoje stattgefunden habe. Das ist ein poetisches Turnier, bei dem jeder Redner drei Minuten Zeit hat, um seine Gedichte vorzutragen, die Jury wird aus dem Publikum gewählt. Nur zwei Kumandinen waren unter den sechs Dichtern, die das Halbfinale erreichten, doch alle Teilnehmer trugen Gedichte in ihrer eigenen Sprache vor, die Russen auf Russisch, die Kumandinen auf Kumandinisch, und der Lette aus Riga, der zu Besuch bei einem Freund war, auf Lettisch. Das Finale erreichte ein Kumandine und der Lette.
Die Reise in das Dorf Krasnogorskoje blieb mir dank eines ganz persönlichen Moments in Erinnerung. Ein älteres Kumandinen-Ehepaar lebte in der Nachbarschaft des Hauses, in dem ich mehrere Tage untergebracht war, wir – das gesamte Filmteam – waren in Privathäusern in Krasnogorskoje einquartiert. Und da sah ich in ihrem Hof einen alten Mann, der seine Schuhe flickte. Er saß an einem sonnigen Platz und benutzte einen gusseiserne Dreifuß, wie auch mein Vater einen hatte. Auf diesen Dreifuß wird der Stiefel oder Halbschuh gezogen, damit es bequemer ist, ihn zu flicken.
Der alte Mann hatte, genau wie mein Vater, einen speziellen Schusterhammer mit einem geschwungen Kopf, eine Schachtel mit Nägeln und eine Reihe von Sohlen vor sich liegen. Mein Vater hat manchmal unsere Schuhe repariert. Wir haben ihn für dieses Hobby ausgelacht. Und er, der von Beruf Arzt war, erklärte ganz ernsthaft: „Wenn etwas passiert, habe ich einen Beruf, der uns alle ernährt. Dann arbeite ich als Schuhmacher!" Jetzt erst habe ich verstanden, dass dies die Ansicht eines Mannes war, der zwei Kriege und andere schreckliche Katastrophen überlebt hatte, aber die wichtigste Erkenntnis aus seinem Leben war, dass man alles überstehen kann.
Ein Mensch muss jedem Menschen menschlich gegenüber treten. „Du zum Beispiel, Tatjana, wenn du überall rausgeworfen wirst, was kannst du dann tun?", fragte mein Vater. „Nun, ich könnte als Köchin in ein reiches Haus gehen. Ich kann Kindern das Klavierspielen beibringen. Fremdsprachen unterrichten ..." Mein Vater lachte: „Gut, gut, das reicht. Du wirst überleben!"

Ich ging zu dem alten Mann mit seinem gusseisernen Dreifuß und erzählte ihm von meinem Vater, der er es liebte, unsere Schuhe zu reparieren. Und so kam die Rede auf die alten Zeiten. Wir erinnerten uns an das, was für immer vergangen war: „Niemand geht mehr in ein Fotoatelier, um ein jährliches Familienporträt machen zu lassen ...", sagte der alte Mann mit einem Seufzer. Und plötzlich lächelte er, als würde er sich an etwas Lustiges erinnern: „Niemand brüstet sich mehr mit der Fähigkeit, ein Streichholz anzuzünden, indem er es auf Glas oder auf ein Hosenbein streicht. Das habe ich besser als alle gekonnt!" Ich beschloss fortzufahren und sagte, dass heute niemand mehr Socken stopft. „Nein, nein, meine Frau stopft noch!", widersprach der Alte. „Aber heute weiß niemand mehr, wie man einen Mantel umdreht, um die abgetragene Seite innen zu haben." „Ja, das stimmt", räumte mein Gesprächspartner ein, „warte, ich hole unser Familienalbum, ich möchte dir Fotos zeigen."

Junge Kumandinin in festlicher Nationaltracht

Es stellte sich heraus, dass sein Sohn mit seiner Familie in Barnaul lebt. Der Alte berichtete, dass der Enkel 1997 knapp mit dem Leben davongekommen war, als er als Freiwilliger half, einen Waldbrand zu löschen. Er lag lange mit schweren Verbrennungen im Krankenhaus.

In der Tat ereignete sich 1997 im Krai Altai eine Katastrophe von globalem Ausmaß: In einem Sommer wurden fast 100 000 Hektar der Bandwälder durch Feuer vernichtet, einzigartige Reliktwälder, die seit der Eiszeit in den Flussniederungen Westsibiriens erhalten geblieben sind und als schmale Waldstreifen die Altai-Steppen durchziehen. Die Bandwälder halten Sandstürme aus Kasachstan zurück und verbessern den Boden, das Leben vieler Pflanzen- und Tierarten hängt von ihnen ab. Sie bilden das optimale Mikroklima für das Leben in dieser unwirtlichen Region.

Ich erinnerte mich daran, dass wir jeden Tag in den Fernsehnachrichten verfolgten, wie sich der Wind drehte, wie sich das Feuer wie ein Drachen schlängelt, sich ausdehnt und auf die Löschbrigaden zu bewegt. Die Menschen sind im Rauch verschwunden, tauchten auf, wischten sich den Schweiß ab, nahmen wieder Wasser auf und kehrten zurück in die Flammenzungen. Der Boden brannte unter ihren Füßen. Keine Gasmasken, keine Atemschutzmasken. Die Augen tränten, Windböen wirbelten Staubwolken auf ...

Die Zeitungen berichteten über die Rekrutierung einer freiwilligen Feuerwehr aus Studenten aus Barnaul. Anscheinend war der Enkel des alten Mannes einer von ihnen. Und was gaben sie den Freiwilligen an Hilfsmitteln? Ein paar Eimer. Dabei sind Feuerwehrschläuche und Motorpumpen nicht einmal teuer. Sie hätten für einen solchen Fall im Lager bereit stehen sollen.

Ein Freund von mir erzählte mir kürzlich von Bränden in der Region Murmansk, wo im Sommer 2018 eine unheimliche Hitze herrschte: Bis zu 32 Grad. Und es kam kein Regen. Die Tundra flammte auf. Und wie im Altai: Keiner, der das Feuer löschen könnte, Aufrufe an Freiwillige über die sozialen Netzwerke, Ausstattung der Freiwilligen mit nichts anderem als Eimern. Nichts ändert sich.

José Ortega y Gasset schrieb einmal: „Der wahre Reichtum des Menschen ist der Reichtum menschlicher Fehler." Wenn ich etwas im Leben genug gehabt habe, so waren es Fehler. Jetzt wäre es an der Zeit, meinen Reichtum zu ergründen. Ein Fehler war, dass ich, als ich die Gelegenheit hatte, die Altai-Tubalaren (sie gehören zur nördlichen ethnischen Gruppe im Altai) näher kennenzulernen, diese nicht nutzte. Und wie immer, weil mir in dem Moment etwas anderes wichtiger erschien. Tatsache ist, dass ich innerlich älter werde und viel langsamer klüger. Manchmal taucht noch das junge Mädchen auf, das ich einst war, fröhlich und etwas leichtsinnig, immer in Eile, immer auf dem Weg irgendwohin und jedes Mal denkend: Ach, ich hab noch Zeit, ich kann jederzeit hierher zurückkehren, wann immer ich will! Aber die Gelegenheit, Tschoja noch einmal zu besuchen, gemeinsam mit den Tubalaren Zeit zu verbringen und ihre Geschichten und Legenden aufzuschreiben, kam nie wieder.

Das Dorf Tschoja ist das Zentrum des Rayon Tschoisk (in der Altai-Sprache Tschoja Aimak). Im Rayon leben 8 500 Einwohner. Es gibt eine kompakte Ansiedlung der Tubalaren. Laut Volkszählung von 2010 gibt es noch 1 500 Tubalaren.

Und das war geschehen. Als ich im Mai von Moskau nach Gorno-Altaisk flog, herrschte in Moskau sommerliche Wärme, 23 Grad. Ich war leichtfertig, hatte

nur eine dünne Jacke dabei. Als ich in Tschoja ankam, zeigte das Thermometer nur vier Grad über Null. Das kleine Hotel war eisig.
Nachts deckte ich mich nicht nur mit meiner Decke zu, sondern auch mit der Decke und der Matratze aus dem leeren Nachbarbett. Ich lag unter der Matratze und dachte: Wie würde Charlie Chaplin diese grotesk-komische Einlage gefallen? Das ist doch ganz in seinem Geist. Nachts begann mein Rücken zu schmerzen, und am nächsten Tag richtete ich mich erst am Mittag stöhnend auf. Und stapfte zum Basar. Dort kaufte ich von einer jungen schönen Altai-Frau einen „Tschopan" – eine warme, gesteppte Hausjacke mit Gürtel. Wir kamen ins Gespräch. Ich erfuhr, dass Maria diese Jacken selbst näht.
Kurz gesagt, nach einer halben Stunde saß ich bereits bei Maria zu Hause. Die Gastfreundschaft der Tubalaren ist sehr natürlich. Freude an der Bewirtung war schon immer Bestandteil ihres kulturellen Codes. Vielleicht gibt es irgendwo unwirtliche Tubalaren, aber niemand weiß von ihnen: Schließlich empfangen sie keine Gäste. Wahrscheinlich ist dies das gastfreundlichste Volk im Altai.

Wir saßen an einem niedrigen Tisch auf winzigen Hockern und tranken Tee. Marias Ehemann Nikolai gesellte sich zu uns. Nikolai ist übrigens der Lieblingsname der Tubalaren. Maria bereitete inzwischen eine Schlafstelle in einem separaten Zimmer für mich vor – „Du solltest nicht in ein Hotel gehen, wo du wegen der Kälte eine Matratze als Zudecke brauchst!" Ihre Mutter setzte einen Topf mit Fleisch auf, um mich mit ihrer speziellen „Tepschi" zu „behandeln" – die Brühe wird jedem separat in einer Schüssel serviert, während das Fleisch auf einem großen gemeinsamen Teller angerichtet wird, von dem sich jeder nimmt, was er möchte. Während dessen schrubbte die ältere Tochter den Dreck von meinen Stiefeln, und die jüngere Tochter zeigte mir die bunten Pferde, die sie aus dem siebzehnfarbigen Ton dieser Gegend modelliert hatte.
Marias Ehemann Nikolai brachte mir einen ganzen Stapel Fotos. Eines davon faszinierte mich: „Ahhh! Das war auf der Hochzeit eines Verwandten. Als Ehrengast hatte ich die Aufgabe, an alle Gäste Stücke eines gekochten Lammkopfes zu verteilen." Auf den Fotos fiel mir auch auf, dass die Jurte wunderschön dekoriert war: Pferdemähnen hingen herab, in die bunte Bänder geflochten waren.
Nikolai ist Pelztierjäger und -händler. Die Pelze von Zobel, Eichhörnchen verkauft er an eine Ankaufstelle. Zusätzlich sammelt die ganze Familie Zedernnüsse und Farn. Nikolais älterer Bruder arbeitet in einem Holzkombinat, während sein jüngerer Bruder im Goldabbau arbeitet. Im Dorf Sjoika befindet sich die einzige Goldmine im Rayon. Marias Mutter und sie selbst nähen traditionelle Steppmäntel und Steppdecken und fertigen Filzwolle sowie kleine Filzmützen für

Männer an. Solche Filzmützen trugen Dschingis Khans Krieger einst unter ihren Helmen.
Dieser verrückte Tag endete mit dem Trinken von Araka. Der Altai-Wodka ist alkoholarm, und er brennt auch nicht in der Kehle, doch nach drei Gläsern konnte ich nicht mehr aufstehen, obwohl mein Kopf absolut klar war. Ich hatte immer wieder gefragt, ob sie Schamanen im Rayon Tschoiski kannten – ich war damals sehr an diesem Thema interessiert und man hatte mir gesagt, dass es im Dorf Ynyrga, oder vielleicht in Krasnoselskoje oder in Tunscha einen gebe. Maria und Nikolai sagten einstimmig: „Nein, wir haben nichts davon gehört." Aber sie rieten mir, am nächsten Tag den Rayonleiter Alexander Borissow aufzusuchen und ihn zu fragen, er kenne alle im Rayon. Wir wechselten das Thema und kamen von den Schamanen auf traditionelle Heiler zu sprechen.
Maria erzählte Folgendes: Nach der Geburt ihrer jüngsten Tochter verkühlte sie irgendwo ihre Brust. Am nächsten Morgen wachte sie mit Fieber und Schwächegefühl auf. Nikolai ging trotzdem auf die Jagd, kehrte aber auf halbem Weg zurück, als hätte er eine Vorahnung. Nikolai setzte die Geschichte fort: „Ich kehrte zurück und sah, dass Maria hohes Fieber hatte und fast bewusstlos war. Das Fieberthermometer zeigte 41 Grad an. Marias Mutter war irgendwohin verschwunden! Ich rief einen Arzt an. Er vermutete eine akute Brustdrüsenentzündung und sagte, dass eine Operation erforderlich sei. Aber dann kehrte Marias Mutter mit einer alten Heilerin zurück. Es stellte sich heraus, dass sie sich damals häufig an die heilkundige Alte gewandt hatte.
Die Heilerin untersuchte Maria, ging in die Küche, goss ein Glas Wasser ein und fügte einen Löffel Salz hinzu. Rührte um und flüsterte etwas dabei. Dann kehrte sie zum Bett zurück, nahm das Wasser aus dem Glas in ihrem Mund und versprühte es über Maria. Maria war sofort entspannt und beruhigte sich. Ich legte meine Hand auf ihre Stirn, sie hatte kein Fieber mehr. Das Großmütterchen nahm ihr Kopftuch ab und wickelte es um Marias schmerzende Brust. Einige Tage später war Maria fast gesund", so berichtete Nikolai.
Die alte Heilerin konnte Blutungen stoppen, Kopfschmerzen durch Handauflegen lindern, ja, sogar Herzinfarkte abwenden.
Am nächsten Tag traf ich Alexander Borissow, den Verwaltungsleiter des Rayon. Trug ihm meinen Wunsch vor, Schamanen des Altai kennenzulernen, und ich hätte gehört, dass hier irgendwo einer leben sollte, im Dorf Ynyrga oder in Krasnoselskoje oder im Dorf Tunscha.
„Nein, wir haben hier keine Schamanen in klassischem Verständnis, aber wir begegnen immer noch alten Frauen, die die schamanischen Rituale kennen. Zum Beispiel können sie die Zukunft anhand eines Hirschgeweihs vorhersagen, oder sehen, ob die Jagd erfolgreich sein wird. Oder wo man einen Menschen suchen kann, wenn er verschwunden ist", beschied mich Borissow. Danach haben wir uns verabschiedet.

Meine Güte! Warum bin ich bloß so schnell aus Tschoja abgereist? Erst jetzt ist mir klar, wie wenig ich vom Altai gesehen habe und wie eilig ich die interessanten Regionen durchquerte! Immer auf dem Sprung, immer in Eile! Bei diesem Aufenthalt musste ich dringend zum Naturpark „Lebediny", wo Hunderte

Traditioneller Festtags-Kopfschmuck des Volkes der Tubalaren

Schwäne überwintern, dann weiter zum See Swetloje, wo von November bis März noch einmal doppelt so viele Schwäne den Winter verbringen. Denn schließlich: Ich musste die Drehorte in Augenschein nehmen, auswählen, vereinbaren, wo das Filmteam im Winter eine Episode über die Kumandinen, die Schwanenmenschen, drehen kann.

Wir haben den konzipierten Film über den Altai nie gemacht. Und nicht, weil der Altai nicht interessant und ungewöhnlich gewesen wäre. Es war jedoch nicht einfach, das Erlebte in ein Drehbuch zu fassen, das der Situation im Altai wirklich gerecht wäre. Tatsache ist, dass wir in unserem Dokumentarfilm die Probleme der kleinen indigenen Völker ansprechen wollten. Und in jenen Tagen gab es eine genau bemessene Dosis Kritik, die zugelassen war. Wenn Mängel gezeigt wurden, musste auch gezeigt werden, dass sie erfolgreich bewältigt werden konnten.

Wir verzichteten darauf, einen Dokumentarfilm zu machen, der aus Schönfärberei und zaghaften Andeutungen bestünde. Denn die kleinen indigenen Völker in Sibirien, im Hohen Norden, im Ural oder im Fernen Osten hatten dramatische Veränderungen erlebt und standen vor gewaltigen Problemen.
Das 20. Jahrhundert hatte diesen Völkern viel Leid gebracht: eine aufgezwungene Kollektivierung, die Loslösung von ihrer traditionellen Lebensweise, die Zerstörung ihrer Umwelt dort, wo Bodenschätze gefunden wurden, Umsiedlungen in Siedlungen sowjetischen Typs und nicht zuletzt die erzwungene Unterbringung der Kinder in Internaten.
Die Kollektivierung der Landwirtschaft und die Industrialisierung wurden für alle kleinen Völker Sibiriens zu einer düsteren Epoche. Ihre Lebensweise ist sehr individuell, sie haben starke, tief verwurzelte eigene Werte, sie leben niemals in großen Menschenmengen, weder in der Tundra, noch in den Bergen. Die barmherzigen Götter der Altai-Völker, der Nenzen und der Jakuten gaben den indigenen Völkern Russlands das reichste Land des Kontinents. Und dann kamen die aus dem Süden und nahmen ihnen dieses Land weg, weil Öl, Gas, Kohle, Nickel, Eisen, Platin und Diamanten für sie das einzig Wichtige sind, was der Norden zu bieten hat.
Wer sich widersetzte, wurde erschossen. Wir wissen heute von blutigen Aufständen im Hohen Norden und in Sibirien. Die Altaier haben niemals Waffen gegen diejenigen erhoben, die wegen des natürlichen Reichtums in den Altai kamen. Dennoch wurden sie zu Dutzenden erschossen. In den späten 1930-er Jahren wurde die so genannte Altai-Verschwörung aufgedeckt, die in Wahrheit keine Verschwörung war und bei der, wie Historiker später herausfanden, fast die gesamte gebildete Altai-Bevölkerung verhaftet wurde. Ihnen wurde Tätigkeit zugunsten des Westens vorgeworfen – und die Vorwürfe waren mit der Sprache und dem Alphabet des Altai verbunden, bei dessen Schaffung der Künstler Grigori Tschoros-Gurkin maßgeblich beteiligt war, der 1937 als „Volksfeind" erschossen wurde.
Auch heute sind die Sprachen der kleinen indigenen Völker des Altai eine schmerzhafte Frage. Sie werden fast nicht unterrichtet, die UNESCO betrachtet eine Reihe der Sprachen als gefährdet. Deshalb achten Forscher und Aktivisten aus verschiedenen Ländern so sehr auf die altaischen Sprachen: Wenn die Sprache verschwindet – verschwindet auch das Volk. In Artikel 26 der russischen Verfassung ist festgelegt, die Sprachen zu schützen. Die Aktivisten sind also mit staatstragenden Aufgaben beschäftigt.
Aber der Druck auf die Aktivisten ist hoch. Im November 2019 wurde das Zentrum für Belange der kleinen indigener Völker des Nordens auf Anweisung des russischen Justizministeriums aufgelöst. Diese Organisation steckte den Beamten wie eine Gräte im Hals, denn sie widmete sich der informationellen, rechtlichen und Bildungsunterstützung der Angehörigen der kleinen indigenen Völker. Bereits 2015 war sie als „ausländischer Agent" eingestuft worden.

Und hier noch ein Beispiel aus dem Leben unserer russischen Samen. Samen leben in Russland, Norwegen, Schweden und Finnland. In Russland leben die wenigsten Angehörigen dieses indigenen Volkes – etwas mehr als 1 500 Menschen. Sie haben kürzlich ihr Veto gegen das Jagdrecht eines der reichsten Menschen Russlands auf ihren Rentierweiden eingelegt. Die Altaier wiederum kämpften einige Jahre gegen ein Gaspipeline-Projekt. Die sogenannte Altai-Pipeline, auch Power of Siberia-2 genannt, ist 2 600 Kilometer lang und bringt westsibirisches Gas über Tomsk, Nowosibirsk, den Krai Altai und die Republik Altai in die chinesische Provinz Xinjiang. Das Rahmenabkommen für den Bau wurde im November 2014 zwischen Gasprom und der Chinese National Petroleum Company unterzeichnet. Trotz der Gutachten von Seismologen und Umweltschützern wurde mit dem Bau der Pipeline begonnen. Aber immerhin haben die Altaier, insbesondere die Telengiten, einen Teilsieg errungen: Die Pipeline wird nicht über das heilige Ukok-Plateau geführt.

Zwischen den Volkszählungen von 2000 und 2010 hat Russland bereits zwei ethnische Gruppen verloren – die Aljutaren und Kereken sind komplett verschwunden. An der Grenze zum Verschwinden von der ethnischen Landkarte stehen mehr als ein Dutzend ethnischer Völker, vor allem die, deren Anzahl jeweils nicht mehr als 2 000 Angehörige übersteigt.

Die sogenannten kleinen indigenen Völker werden immer kleiner. Sie lösen sich auf, vermischen sich mit den Angehörigen anderer Ethnien in ihrer Region, und die Entwicklung des modernen Lebens macht es ihnen nicht leicht, sich abzugrenzen. In Russland ist man nicht speziell Bewohner der einen oder anderen Stadt oder Region, sondern einfach ein Bürger Russlands. Viele junge Menschen vergessen ihre Traditionen. Bei den Kumandinen und den Tubalaren sind diese Traditionen noch lebendig und werden respektiert. Ihre Kultur, ihre Bräuche und Besonderheiten wirken sehr lebendig und funktionieren im Alltag, und die Angehörigen dieser Völker verstehen, wie wichtig das ist. Und wir Außenstehende verstehen das auch, dennoch werden viele Fragen gestellt, auf die keine Antwort gefunden werden kann. Doch es ist immer wieder wichtig, diese Fragen zu stellen.

Auf mich wirkte der ganze Altai wie ein Lied, das im traditionellen Kehlgesang vorgetragen wird. Mit seinen rauen, knarrenden Klängen, mit einer einprägsamen Melodie und den strengen Worten der alten Legenden. Das Lied ist sehr überwältigend und sehr traurig: „Wir kleinen Götter lebten hier mit euch ..."

Die moderne Küche des Altai und ihre Geheimnisse

Die gastronomische Weltkarte hat Russland den Platz der Suppen zugewiesen. Seit Jahrhunderten kennt man Borschtsch und die klare Fischsuppe Ucha. Der russische Festtagstisch ist auch für seine Sakuski (Vorspeisen) bekannt, die eigentlich Fastenspeisen ohne Fleisch sind: Fisch, Pilze und mariniertes Gemüse. In einigen Disziplinen allerdings siegen die Ausländer: Wir alle erkennen die Überlegenheit von schwedischem Wodka, norwegischem Lachs und italieni-

Im Altai werden vorzügliche Lammgerichte zubereitet

schen Steinpilzen an. Was den Altai von anderen Regionen unterscheidet, ist die Fähigkeit, wunderbare Lammgerichte zuzubereiten. Vielfalt und Harmonie der Geschmacksnuancen sind unvergleichlich. Es gibt hier Dutzende, um nicht zu sagen, Hunderte Rezepte für die Zubereitung von Lammfleisch, nur Konfitüre kocht man nicht daraus. Von den Altai-Klassikern besungen und bei den Menschen beliebt ist das Toi. Wie in alten Zeiten versammeln sich die Familien zu diesem Anlass. Toi heißt im Altai ein allgemeiner Feiertag, ein großes Festmahl für die ganze Familie, zu dem vor allem Fleischspeisen aus Lamm-, Hirsch-, Rind- oder Pferdefleisch gereicht werden. Zu diesem Festmahl wurden immer kostbare und seltene Speisen zubereitet, damit sich das Fest vom Alltag unterscheidet.

„Dem Bauch sollte man eher vertrauen als dem Kopf", sagen die Menschen im Altai. Ein Beweis für dieses Sprichwort ist das selektive kulinarische Gedächt-

nis. Mir haben sich besonders zwei Gerichte aus Lammfleisch eingeprägt, die als Festessen gelten, Lammkeule und Lammzunge.
Und was vereint London, Istanbul und den Altai? Die Liebe der Menschen zum Tee! Der Tee wird hier auf besondere Art zubereitet, die Menschen im Altai trinken ihn mit Salz und Milch. Das passt auch gut zu den Lammgerichten. Manchmal wird dem Tee Öl und Tolkan, ein Mehl aus gerösteten Gersten- oder Weizenkörnern, hinzugefügt.
Ein Fest ist ein Fest, und unser Organismus ist klüger als wir selbst. Er weiß, dass Tee gut mit den üppigen Fleischgerichten harmoniert. Es gibt regionales Bier, das mich nicht ganz überzeugt hat, aber das ist Geschmackssache. Dafür gibt es Araka, Milchwodka. Der findet als Kochzutat häufige Verwendung. Saucen werden oft auf Araka-Basis zubereitet, sie schmecken ungewohnt und pikant. Doch jetzt kommen wir zu den Rezepten.

Lammkeule nach Altai-Art
Für 4 Personen, Zubereitungsdauer: 2 Stunden
Zutaten:
4 Lammkeulen (je 700 Gramm) • 2 bis 3 Liter Lamm- oder Hühnerbrühe • 4 Zwiebelknollen • 2 Karotten • 1 Knoblauchknolle • Rosmarin und Thymian • Sonnenblumenöl • Salz • Pfeffer
Zubereitung:
Spülen Sie die Keulen ab, gut trocken tupfen, schneiden Sie im oberen Teil etwa 3 Zentimeter Sehne kreisförmig auf, so dass der Knochen offen liegt. Salzen, pfeffern und in Sonnenblumenöl anbraten. Schneiden und dünsten Sie das Gemüse, legen Sie das Fleisch mit dem Gemüse und den frischen Kräutern in eine Auflaufform, und gießen Sie mit Brühe auf, so dass das Fleisch vollständig bedeckt ist. Im Ofen 1,5 bis zwei Stunden bei einer Temperatur von 160 bis 180 Grad Celsius schmoren. Das Fleisch auf Tellern anrichten. Die restliche Brühe abseihen, etwas einkochen lassen und über das Fleisch gießen, um die Keulen saftiger zu machen. Mit Gemüse garnieren und servieren.

Lammzungen mit Bulgur
Für 4 Personen, Zubereitungsdauer 2,5 Stunden
Zutaten:
1 Kilogramm Lammzunge • 500 Gramm Bulgur • 3 Zwiebeln • 1 Karotte • 200 Gramm grüne Bohnen • 5 Stangen Staudensellerie • 1 Chilischote • 200 Gramm getrocknete Tomaten • 1 Knoblauchknolle • 100 Gramm Butter • Sonnenblumen- oder Olivenöl • Salz • Pfeffer • Minzeblätter und Kresse zur Dekoration

Zubereitung:
Stellen Sie die frische Lammzunge einen Tag lang in den Kühlschrank. Gut abspülen und in kochendes Wasser geben. Wenn das Wasser wieder aufkocht, fügen Sie geschälte Karotten, 2 Zwiebeln, Sellerie und Knoblauch hinzu. Salzen und etwa 1,5 bis 2 Stunden kochen lassen. Die Zungen in kaltem Wasser abkühlen lassen, schälen und halbieren. Salzen, pfeffern und in Sonnenblumenöl anbraten. Bulgur in 700 Milliliter heißem Wasser dämpfen, Butter hinzufügen. Die Bohnen blanchieren. Die restliche Zwiebel zerkleinern, ebenso die Chili-Schote und die getrockneten Tomaten, und alles mit Sonnenblumenöl in der Passiermühle passieren. Den gedämpften Bulgur zur passierten Masse geben, erwärmen, Bohnen, Salz, Pfeffer hinzufügen. Den Bulgur auf die Teller verteilen, darauf die Zungen legen, alles mit Olivenöl beträufeln und mit Minzeblättern und Kresseblättern dekorieren.

Zu einem großen Festmahl gehören vor allem Fleischspeisen aus Lamm-, Hirsch-, Rind- oder Pferdefleisch

Offene Pirogge mit Kürbis und Altaikäse Byschtak
Für 5 Personen, Zubereitungsdauer: 1 Stunde 15 Minuten
Zutaten:
Für den Teig: 200 Gramm Mehl • 80 Milliliter Pflanzenöl • 80 Milliliter Bier • 1/2 Teelöffel Salz
Für den Belag: 1 rote Zwiebel • 100 Gramm Byschtakkäse • 300 Gramm Kürbis • 3 Esslöffel Olivenöl

Zubereitung:
Alle Zutaten für den Teig vermischen und eine Kugel formen, diese ½ Stunde ruhen lassen. Den Kürbis schälen, in 2 bis 3 Zentimeter große Würfel schneiden, mit 1 Esslöffel Olivenöl beträufeln und im Ofen weich backen (20 Minuten bei 200 Grad Celsius). Die Zwiebel in Ringe schneiden, in 2 EL Olivenöl goldbraun anbraten. Den Käse in 1 Zentimeter große Würfel schneiden. Den Backofen auf 200 Grad Celsius vorheizen. Den Teig auf Pergamentpapier zu einem Kreis mit einem Durchmesser von 30 Zentimeter ausrollen. Auf ein Backblech legen. Die Füllung darauf auslegen: gebratene Zwiebeln, Kürbis, Käse. 20 bis 30 Minuten bei 200 Grad Celsius backen. Vor dem Servieren etwas abkühlen lassen.

Auch verschiedene Arten von Käse und Brot sowie Tee und Milchwodka gehören zu einem Festmahl

Geheimnisse der Altai-Küche
Lammfleisch ist für viele Mitteleuropäer ein spezifisches Erzeugnis. Viele Vorurteile sind damit verbunden. Meist denkt man an einen unangenehmen Geruch. Die Altaier sind damit nicht einverstanden, und tatsächlich wird ein gut zubereitetes Lamm alle Vorurteile wählerischer Feinschmecker zerstören. Nur gibt es Rassen, die speziell für Wolle gezüchtet werden und nicht zum Kochen verwendet werden sollten. Wenn Sie bei der Auswahl eines Lamms den berüch-

tigten „Lamm"-Geruch riechen, stimmt etwas nicht: Entweder ist das Fleisch nicht frisch, oder das Tier gehört zur falschen Rasse. Und noch ein bekanntes Geheimnis: Hausfrauen beklagen oft, dass das Lammfleisch trocken und zäh ist. Das Geheimnis ist einfach: Für eine Suppe ist es besser, ein Schulterblatt zu wählen, zum Schmoren die Keule, für den Grill die Oberschenkel oder die Lende. Sie können zum Beispiel keine Lende backen, weil sie sowieso trocken ist.

Tochok ist eine weitere lokale Süßigkeit, die an Marzipan erinnert. Er wird aus Talkan (geröstetem Gerstenmehl), Honig, Kaimak und Pinienkernen hergestellt

Am besten ist es, beim Kurzbraten nicht ganz durch zu braten, das Fleisch sollte innen rosa sein, dann wird das Fleisch viel schmackhafter. Lämmer sind schmackhafter und zarter als die ausgewachsenen Hammel. Lammzungen sollten nicht frisch gekocht werden, dann sind sie oft zu hart. Sie müssen 24 Stunden im Kühlschrank aufbewahrt werden, damit sie sich „setzen". Und natürlich müssen Sie bei jeder Methode der Zubereitung von Lammfleisch etwas Fett hinzufügen. Und Sie sollten zu solchen Gerichten am besten heißen Grünen Tee trinken. Die Altaier essen Lammfleisch auch in der sommerlichen Hitze, aber dank des Tees haben sie kein Schweregefühl. Und wenn es draußen kalt und feucht ist, wärmt einen das Lamm perfekt von innen, gibt Kraft und verteilt das Blut im ganzen Körper. Es ist so einfach, die Gäste des Festes El Oiyn mit einer Lammkeule oder einer gebratenen Lende zu verwöhnen, für die Menschen im Altai gibt es nichts Besseres auf der Welt!

Danksagung

Victor Hugo sagte, dass ein Schriftsteller ein Buch nicht beendet, sondern es verlässt. Bevor ich meinen „Altai" verlasse, möchte ich mich bei den vielen Menschen bedanken, die mir geholfen und mich unterstützt, mir Schutz gewährt, mich bewirtet, mich durch den Altai geführt und begleitet haben. Einige von ihnen sind nicht mehr auf der Welt. Zu früh verstarb mein guter Moskauer Freund, der Schauspieler Michail Jewdokimow, ein Mann aus dem Altai, der Gouverneur der Altai-Region wurde. Er war es, der in mir den Funken der Begeisterung für den Altai entzündete.

Ich danke den bekannten Journalisten der Regionalzeitungen „Stern des Altai" und „Altaidyng Tscholmony"; den Fahrern Nikolai und Sascha; Andrej, der unsere Reitergruppe zu den Karakol-Seen führte; ich danke der Familie Kumanichin und den vielen hilfsbereiten und herzlichen Menschen, die ich im Altai getroffen habe.

Ich danke auch der Regionalverwaltung des Kreises Turotschakski in der Person von Nikolai Boltuchin, dem Leiter der Regionalverwaltung des Kreises Tschojski Alexander Borissow und dem Leiter der Ministerialabteilung für Bildung im Bezirk Maiminski Alexander Osokin. Ich danke den Mitarbeitern am Lehrstuhl für Rekreationsgeografie der Staatlichen Altai-Universität, den Mitarbeitern der Zweigstelle „West-Katun-Zentrum" im Staatlichen Naturschutzgebiet „Katunsky", den Wissenschaftlern für experimentelle Altai-Wirtschaft am Sibirischen Zweig der Russischen Akademie der Wissenschaften; den Mitarbeitern der Abteilung Kur-Ketschu im Ongudai-Forstbezirk am Tschuiski-Trakt sowie den Mitarbeiterinnen aller kleinen örtlichen Museen in den Dörfern des Altai, ich erinnere mich besonders an das Museum im Dorf „Mendur-Sokkon 10" am Kilometer 107 des Tschuiski-Trakts in der Nähe der Ust-Kansker Höhle.

Altai von A bis Z

Vor der Reise

Für die Einreise nach Russland brauchen Sie ein Visum. Alle aktuellen Informationen über die Visavergabe finden Sie auf den Internetseiten der russischen Botschaften.
Deutschland: germany.mid.ru/de/
Österreich: austria.mid.ru/de/
Schweiz: switzerland.mid.ru/

Geografie

Die Republik Altai grenzt innerrussisch an den Krai Altai, das Gebiet Kemerowo und die Republiken Chakassien und Tuwa und hat Außengrenzen mit China, Kasachstan und der Mongolei. Der Krai Altai grenzt an die Republik Altai sowie die Gebiete Nowosibirsk und Kemerowo, eine Außengrenze gibt es mit den Gebieten Pawlodar und Ostkasachstan in der Republik Kasachstan.
Das Bergland Altai liegt im Süden Sibiriens und bildet mit den im Osten liegenden Gebirgsketten Kuznezki-Alatau, Salaira, westlicher Sajan, Tannu-Ola und dem Mongolischen Altai das große Sajan-Altai-Gebirge. Der Altai ist mit dem West-Sajan sowohl in der Gebirgsbildung als auch in der Struktur verbunden, daher ist es schwierig, eine klare Grenze zwischen ihnen zu ziehen. Normalerweise gilt als Grenze zwischen dem Altai und dem West-Sajan die Wasserscheide der Becken der Flüsse Bija und Abakan sowie der Schapschal-Grat. Im Süden und Südosten ist der Berg-Altai mit dem Mongolischen Altai über das grenzüberschreitende Gebirgsmassiv Tabyn-Gogdo-Ola und die von ihm ausgehenden Berggrate Süd-Altai, Sailjug und Tschichatschjow verbunden. Die südwestlichen Grenzen des Altai reichen bis zum Bergkessel mit dem Saisan-See. Im Norden fällt der Altai schroff zur Westsibirischen Ebene ab, in die westlichen Steppengebiete flacht sich der Altai gleichmäßig ab. Administrativ gehört der Großteil des Altai zur Republik Altai und zum Krai Altai. Der kleinere (südwestliche) Teil des Altai liegt in Kasachstan im Gebiet Ostkasachstan. Die höchste Erhebung ist das Bergmassiv Belucha (4 065 Meter) an der Grenze zu Kasachstan. Aber der Begriff Altai umfasst nicht nur die Bergzüge, sondern auch die in Steppe übergehende Vorgebirge, die Priobsker Hochebene und die Kulundasteppe im Südosten des Westsibirischen Tieflands zwischen Ob und Irtysch in Russland und Kasachstan. Der Krai Altai weist Steppe, Waldgebiete, Taiga und Gebirge auf.

Klima

Für den Altai insgesamt ist ein hartes kontinentales Klima mit langen, kalten Wintern und kurzen, teils heißen Sommern charakteristisch. Das Klima weist starke Unterschiede zwischen den Bergregionen, den Vorgebirgen und den in Steppe übergehenden Gebieten auf. Die Hochebenengebiete sind offen für die Luftmassen, die vom Nordpolarmeer, aus Kasachstan und aus dem nördlichen Asien kommen. Das Wetter ist entsprechend unbeständig und unvorhersagbar, mit großen Temperaturschwankungen, starken Winden und starken Nieder-

schlägen zu jeder Jahreszeit. In den Ebenen ist es im Sommer am wärmsten und im Winter am trockensten. In den Vorgebirgen und Gebirgen ist der Winter deutlich milder, der Sommer deutlich kühler mit höheren Niederschlagsmengen (bis 600 mm und mehr), was in der kalten Jahreszeit für eine dicke Schneedecke sorgt. Die wärmsten Durchschnittstemperaturen werden in den Gebieten mit weiten Bergtälern und trockenem, warmem Wind beobachtet, das sind Tschemal, Belokuricha, Maly Jaloman und die Ufer des Telezkoje-Sees. Der Kältepol nicht nur des Altai, sondern ganz Westsibiriens liegt im Tschui-Kessel. Die beste Reisezeit für den Altai ist Mai bis August.

Administrativ-territoriale Gliederung

Der Altaisker Krai (Fläche 167 996 Quadratkilometer, 2 317 153 Einwohner) ist in 59 Rayons (Kreise), 1 Geschlossene administrativ-territoriale Einheit, 11 Städte (Bijsk, Rubzowsk, Nowoaltaisk, Sarinsk, Kamen-na-Ob, Slawgorod, Aleisk, Juschni, Talmenka, Jarowoje, Belokuricha, Pawlowsk, Kulunda, Altaiskoje, Gornjak) und die Hauptstadt Barnaul (632 391 Einwohner) gegliedert. Die Republik Altai (Fläche 92 903 Quadratkilometer, 220 181 Einwohner) ist in 10 Rayons (Kosch-Agatschsker, Mamaisker, Ongudaisker, Turotschaksker, Ulaganskker, Ust-Kansker, Ust-Koksinsker, Schebalinsker, Tschemalsker und Tschoisker Rayon) und die Hauptstadt Gorno-Altaisk (Tuulu Altai, 64 464 Bewohner) gegliedert.

Bevölkerung

Nach Angaben der Volkszählung im Jahre 2010 lebten in der Republik Altai 206 186 Menschen. Die Titularnation der Altaier hat einen Anteil von 34,5 Prozent (69 963 Menschen). Die Mehrheit stellen 114 802 Russen mit 56,6 Prozent. Die 12 524 Kasachen haben einen Anteil von 6,2 Prozent, und andere Ethnien stellen 2,7 Prozent, darunter 3 648 Telengiten, 1 891 Tubalaren, 1 062 Kumandinen, 1 113 Tschelkaner und 87 Schoren. Im Altaier Krai lebten 2010 2 317 153 Bewohner, davon 2 234 324 Russen (93,9 Prozent), 50 701 Deutsche (2,1 Prozent), 32 266 Ukrainer (1,4 Prozent) sowie Kasachen, Armenier, Tataren, Belarussen, Altaier und Kumandinen.

Sprache

Die Altai-Sprache hat sich aus dem Kiptschaken-Zweig der Turksprachgruppe der Altai-Sprachfamilie entwickelt, sie ist eng verwandt mit dem Kirgisischen. Die Altai-Sprache weist neben Altai einige Dialekte auf, darunter den Telegenitsker, den Teleutsker, den Tubalarsker, den Kumansker Dialekt. Die Literatursprache bildete sich auf der Grundlage des Altaiischen heraus. Die Schriftsprache Altaiisch wurde in den 1930-er Jahren auf Basis des kyrillischen Alphabets geschaffen. In der Republik Altai ist Altaiisch Amtssprache.

Religion

Die traditionelle Glaubensrichtung der Altai-Völker ist der Schamanismus. Die Vorstellung der alten Altaibewohner über den Aufbau der Welt ist wie folgt: Die Welt gliedert sich in drei Teile – die Obere Welt, die Mittelwelt und die Untere Welt. Alle drei Welten sind bevölkert. Die Menschheit lebt in der Mittelwelt. In der Oberen Welt leben der höchste Gott Jutsch-Kurbuysta (in der Schamanentradition: Ulgen) und andere Götter. In der Unteren Welt herrscht Erlik. Schamanen im traditionellen Verständnis gibt es heute nicht mehr. Ihre Erben werden heute als „wissende Menschen" („neme biler kischi") bezeichnet. Die Altaier wurden ab den 1750-er Jahren christianisiert. Besonders aktiv erfolgte die Christianisierung in der 2. Hälfte des 19. Jahrhunderts, nach der Eröffnung der Altaier Geistlichen Mission der Russischen Orthodoxen Kirche. Im Ust-Koksinsker Rayon leben Altgläubige. Anfang des 20. Jahrhunderts verbreitete sich der Burchanismus (benannt nach dem Geist der Altai-Berge Burchan) unter den Altaiern, eine Art Lamaismus in Kombination mit Elementen des Schamanismus. Das wichtigste Postulat des Burchanismus ist die Ablehnung von Blutopfern, die unbenehmbarer Bestandteil schamanischer Rituale waren. Stattdessen wird Gebeten mit Opfergaben wie Bergwacholder (Artschyna), Blumen, Milch, Öl der Vorzug gegeben. Verbreitet ist das Mehrfachbekenntnis, da sich das orthodoxe Christentum und Naturkulte nicht ausschließen. Die Russen sind zumeist russisch-orthodoxe Christen, die Kasachen sunnitische Moslems, die Deutschen Protestanten.

Geld

Die russische Währung ist der Rubel und das einzige Zahlungsmittel im Land. Im Umlauf sind Banknoten im Wert von 5, 10, 50, 100, 200, 500, 1 000, 2 000 und 5 000 Rubel und Münzen im Wert von 1, 5, 10 und 50 Kopeken sowie 1, 2, 5 und 10 Rubel. Der Umtauschkurs betrug Ende März 2023 83,59 Rubel zu einem Euro. Geld kann in Banken und Wechselstuben getauscht werden.

Medizinische Versorgung, Gesundheit

Für Russland brauchen Sie eine Auslandsreisekrankenversicherung. Die Weltgesundheitsorganisation WHO hat die Erkrankung COVID-19, die durch das neuartige Coronavirus SARS-CoV-2 ausgelöst wird, zur Pandemie erklärt. Pflichtimpfungen sind bei Einreise nach Russland nicht vorgesehen. Das Auswärtige Amt empfiehlt Impfungen gegen Masern, Hepatitis A, bei Langzeitaufenthalten oder besonderer Anfälligkeit auch gegen Hepatitis B, Tollwut sowie FSME. Seien Sie vorsichtig, wenn Sie im Mai und Juni den Vorgebirgs- und mittleren Taigastreifen des Altai besuchen. Es ist Zeckenzeit. Zecken siedeln auf niedrigen Büschen und im hohen Gras. Tragen Sie festes Schuhwerk und lange Hosen. Untersuchen Sie Ihren Körper und ihre Kleidung regelmäßig nach

Zecken. Schützen können Sie sich mit Zecken-Abwehrmitteln (Rapellants) oder durch Impfung.

Feste und Festivals

Neben allen staatlichen und offiziellen Feiertagen werden im Altai zahlreiche lokale Feste gefeiert. Ein faszinierendes Schauspiel sind die Festtage der Völker der Republik Altai, wie das Volksfest El-ojyn, das seit 1988 veranstaltet wird, das Chaga Bayram (Beginn des neuen Jahres) und andere. Bei Volksfesten präsentiert jeder Rayon seine Talente. Die Besucher erleben bunte historische Aufführungen, die über die Vergangenheit erzählen, über die Helden der Legenden, Mythen, Epen. Im Rahmen der Festivals finden Konzerte und Wettbewerbe statt. Hier können Sie traditionelle Volkskunst erwerben und sich mit den Besonderheiten der Rayons bekanntmachen.

Aktivurlaub

Der Altai mit seiner einzigartigen unberührten Natur ist ein Paradies für Aktivurlauber. Zehntausende Besucher kommen hierher, um einen Gipfel zu erklettern, auf wilden Bergflüssen Kajak- oder Rafting-Touren zu machen, eine Passwanderung oder eine Pferdetrekking-Tour zu machen. Im Winter fährt man Ski. Es gibt wohl keine Art des Aktivurlaubs, die im Altai nicht angeboten würde. Zudem gibt es zahlreiche archäologische und ethnologische Stätten, die den Besuch lohnen. Mit einem Pkw kann man viele interessante Stätten abseits der Hauptstraßen erreichen. Zudem eröffnet Ihnen eine Rundreise zahlreiche Eindrücke. Den Altai zu Fuß zu erwandern, ist anspruchsvoll. Bergsteigen, Höhlentourismus und Wassertourismus erfordern besondere Fähigkeiten und Ausrüstungen. Jedes Jahr erobern die Bergsteiger die Gipfel des Altai. Die Routen weisen unterschiedliche Schwierigkeitsgrade auf. Es gibt einige Gipfel, auf die noch kein Mensch einen Fuß gesetzt hat. Der Höhlentourismus bietet dank der Hunderten Höhlen viele Möglichkeiten. Von einfachen Grotten bis hin zu komplexen Höhlenanlagen findet sich alles. Einige der Höhlen zählen zu den tiefsten und längsten der Welt. Ein wichtiges Merkmal des Altai ist der medizinische Tourismus. Die Sanatorien sind auf unterschiedliche Krankheiten spezialisiert.

Wie kommt man hin

Barnaul oder Bijsk erreichen Sie von Moskau in 4 Stunden mit dem Flugzeug (Aeroflot, Uralairlines, S7), Gorno-Altaisk in 4 Stunden 20 Minuten (Pobeda und S7). Gorno-Altaisk ist nicht an das föderale Eisenbahnnetz angeschlossen. Der nächstgelegene Bahnhof liegt 105 Kilometer entfernt in der Rayonshauptstadt Bijsk, bis Barnaul sind es 270 Kilometer. Von Moskau aus kann man an allen geraden Wochentagen vom

Kasaner Bahnhof aus den Zug nehmen. Die Reise dauert 2 Tage 13 Stunden. Man fährt um 18.50 los und ist zwei Tage später 7.45 Moskauer Zeit (+ 4 Stunden örtliche Zeit) am Zielort. Für den Besucher aus Mitteleuropa kann der Flug nach Nowosibirsk und die Weiterfahrt von dort mit dem Zug weniger anstrengend sein. Fahrzeit von Nowosibirsk nach Bijsk rund 10 Stunden. Ein Zug geht morgens um 5.45 Uhr los und ist 16.36 Uhr in Bijsk, abends startet der Zug 18.25 Uhr und erreicht Bijsk um 03.41 Uhr. Von Bijsk hat man tägliche Busverbindungen nach Gorno-Altaisk, Belokuricha, Ongudai, Tschemal, Schebalino.
Busbahnhof Bijsk, Tel.: +7-38552-44851, Internet: avbiysk.ru
Von Gorno-Altaisk kommt man mit dem Bus in jedes Rayonzentrum: nach Tschemal, Artybasch, Ust-Kan, Ust-Koksa, Aktasch gehen täglich Busse. Nach Ulagan fährt ein Bus Mo, Mi, Fr, So, nach Kosch-Agatsch Di, Do, Sa, nach Schebalino Fr. und So.
Busbahnhof Gorno-Altaisk, Tel.: +7-38822-22457

Reiseveranstalter
In Deutschland gibt es eine Reihe Reiseveranstalter, die den Altai fest in ihrem Programm haben, Ihnen aber auch bei Individualreisen behilflich sind, darunter **BaikalTours** (Internet: baikaltours.de), **DIAMIR Erlebnisreisen** (Internet: www.diamir.de), **schulz aktiv reisen** (Internet: www.schulz-aktiv-reisen.de) oder **Eberhardt TRAVEL** (Internet: www.eberhardt-travel.de).
Eine informative Seite ist die des **Tourismuszentrums des Krai Altai**, Barnaul, Pr. Krasnoarmejski 16 a, Tel.: +7-3852-206101, E-Mail: info@visitaltai.info, Internet: www.visitaltai.info.
Lokale Reiseveranstalter finden Sie unter www.altairegion22.ru/info/tour/ot dykh

Internetressourcen:
Krai Altai: www.altairegion22.ru
Stadt Barnaul: www.barnaul-altai.ru
Stadt Bijsk: biysk22.ru
Republik Altai: altai-republic.ru
Gorno-Altaisk: www.gorno-altaisk.ru

Gorno-Altaisk
Museen
Nationales Anochin-Museum, ul. Tschoros-Gurkina 46, Tel.: +7-38822-47773, 47770, E-Mail: musey_anohin@mail.ru, Internet: www.musey-anohina.ru. Das Museum zeigt Ausstellungen zu Archäologie, Ethnografie, bildender und dekorativ-angewandter Kunst und Fotodokumentationen, mehr als 60 000 Exponate besitzt es, darunter Arbeiten der ersten professionellen Künstler der kleinen indigenen Völker Iwan Schischkin, Grigori Tschoros-Gurkin und Nikolai Tschewalkow, zudem Ikonen, seltene Bücher, Inschriften der turkischen Periode und Schamanen-Attribute. Öffnungszeiten: Mi bis Sa 9.30 bis 18.00 Uhr (im Sommer: 10.00 bis 18.30 Uhr), So 9.30 bis 17.00 Uhr (im Sommer: 10.00 bis 7.30 Uhr)
Das Nationale Anochin-Museum hat fünf Filialen:

Historisch-Ethnografisches Museum der Telengiten, Oktjabrski per. 15, Kokorja, Rayon Kosch-Agatsch, E-Mail: alena.kypcha kova@mail.ru, musey_telengitov@mail.ru

Schodojew-Heimatkundemuseum, ul. Leninskaja 103, Ust-Kan, Ust-Kaninsker Rayon, Tel.: +7-913-6903120, E-Mail: musey _shodoeva@mail.ru

Museum der Kasachen des Altai, ul. Abaja 10, Schana-Aul (27 Kilometer von Kosch-Agatsch), Kosch-Agatschsker Rayon, E-Mail: musey_altaykazakh@mail.ru

Museum-Landhaus Grigori Tschoros-Gurkin, ul. Zentralnaja 31, Anos, Tschemalsker Rayon, Tel.: +7-963-1987067, +7-961-8936390, E-Mail: musey_chgurkina@mail.ru

Museum des Erzählers Ulagaschew, Paspaul, Tschuisker Rayon, Tel.: +7-963-5052769, E-Mail: musey_ulagasheva@mail.ru

Theater

Nationales Kutschijak-Dramentheater, Pr. Kommunistiteschski 16, Tel./Fax: +7-38822-67517, E-Mail: teatrga@mail.ru, Internet: www.dramteatr04.ru

Übernachtung

Hotel Igman, ul. Grigorija Tschoros-Gurkina 71, Tel.: +7-38822-47242, Internet: ig man.navse 360.ru

Hotel Awtoreis, Pr. Kommunistitscheski 83/1, Tel.: +7-38822-49182, +7-903-9191119, +7-903-9194110, E-Mail: avtoreyshotel @yandex.ru, Internet: hotel-avtoreys.ru

Gostinny Dwor Altai, ul. Biiskaja 23, Tel.: +7-923-6640033; +7-913-6929339, E-Mail: info@hotelaltay.com, Internet: hotelaltay. com

Kedrowi Dom Kotschijewskich, ul. Trudowaja 55, Tel.: +7-903-9193444

Mini-Hotel Swetlana, ul. Ulagaschewa 2, Tel.: +7-913-6913100

Altyn-Turak, ul. Magistralnaja 37, Tel.: +7-38822-63058, +7-913-6939553, E-Mail: in fo@altyn-tuyak.ru, Internet: altyn-tuyak.ru

Hotel Traktowaja, Sawodskaja ul. 24, Tel.: +7-929-3043490, +7-38822-61907

Ethno-Hostel, u. Stroitelej 2/1, Tel.: +7-913-9964444, E-Mail: etnohostel@mail.ru, Internet: etnohostel.ru, es gibt Mehrbettzimmer und 2-Bettzimmer, eine Küche, in der man selbst kochen kann.

Like Hostel, u. Altaiskaja 3/1, kostengünstig, gute Bewertungen, Gemeinschaftsküche

Hotel Simorodok, Sawodskaja ul. 1/1, Tel.: +7-38822-64245

Mini-Hotel Ljubimi, ul. Lenina 125, Maima, Tel.: +7-913-9950364, +7-38844-25294

Essen

Am Kommunistitscheski Prospekt finden Sie zahlreiche Einkehrmöglichkeiten, vom Bierlokal Bamberg, über Traveler's Coffee, Café Citi und diversen Stolowajas (einfache Speisegaststätten) bis hin zum Café Gurman, dem Café Fortuna, dem Restaurant Tipografija und dem Lagmannaja, das usbekische Küche bietet.

Bijsk

Museen

Museum der Geschichte der Altaier geistigen Mission, ul. Irkutskaja 1, Tel.: 8-963-524-56-74, Internet: vk.com/public1788 58789. Das Museum wurde im Januar 2008 gegründet und hat über 54 000 Exponate in seinem Bestand, eines der ältesten ist der Band „Oktoich" aus dem Jahr 1618. Reich ist die Ikonen- und Kreuzsammlung. Öffnungszeiten: Di bis Fr 10.00 bis 17.00 Uhr, Sa, So 10.00 bis 16.00 Uhr

Bianki-Heimatkundemuseum, ul. Lenina 134, Tel.: +7-3854-337547, E-Mail: bk muz@mail.ru, Internet: www.biysk.muse um.ru. Ein reiches Museum mit mehr als 140 000 Exponaten und mehr als 20 000 Büchern, darunter 3 000 wertvolle Ausgaben. Öffnungszeiten: Mi bis So 10.00 bis 17.00 Uhr

Ausstellungssaal des Heimatkundemuseums, ul. Wassiljewa 36, Tel.: +7-3854-434398. Der Ausstellungssaal zeigt bildende und dekorativ-angewandte Kunst in Wechselausstellungen. Öffnungszeiten: Mi bis So 10.00 bis 17.00 Uhr

Museum der militärischen Internationalisten, ul. Lenina 109, Tel.: +7-3854-329452. In vier Ausstellungen werden 3 500 Exponate vorgestellt. Öffnungszeiten: Mi bis So 10.00 bis 17.00 Uhr

Museum des Tschuisker Trakts (Filiale des Bianki-Heimatkundemuseums), ul. Sowjetskaja 42, Tel.: +7-3854-326808, das Museum macht bekannt mit der Geschichte des legendären Trakts, der Pflanzen- und Tierwelt des Altai. Öffnungszeiten bitte erfragen.

Uhrenmuseum, per. Muromzewski 6, Tel.: +7-3854-331247, 8-963-524-56-74. 2 400 Uhren aus dem 19. bis 21. Jahrhundert aus der Schweiz, Deutschland, Japan, China und Südkorea, vor allem aber aus dem zaristischen Russland, alle Uhrenwerke der Sowjetzeit und des heutigen Russland: Sand- und Wasseruhren, mechanische, Quarz- und elektrische Uhren. Panzer-, Tauch-, Schach- und technische Uhren, Uhren für medizinische Verfahren und für blinde Menschen. Öffnungszeiten: Mo bis Sa 9.00 bis 17.00 Uhr, So 9.00 bis 15.00 Uhr

Museum der Hochzeit, Familie und Kindheit, ul. Petrowa 4 a, Tel.: +7-905-9802083, E-Mail: lik-ra@bk.ru, Öffnungszeiten: Mo bis Fr 9.00 bis 18.00 Uhr

Museum der postsowjetischen Geschichte der Stadt Bijsk, ul. Gorno-Altaiskaja 56 (im Detski Mir), Tel.: +7-3854-449801, 448344, Öffnungszeiten: Di, Mi 10.00 bis 18.00 Uhr

Künstlergalerie AltaiTalantBiisk, ul. Merlina 27 (im Einkaufszentrum Modni, 4 St.) Tel.: +7-963-5735596, E-Mail: irina.moiseeva71 @bk.ru, Internet: www.art-altay.ru. Mehr als 20 Kunstrichtungen – Malerei, dekorativ-angewandte Kunst, Fotografie, Volkskunst von über 100 örtlichen Künstlern. Angeboten werden Workshops.

Theater

Dramentheater Bijsk, u. Sowjetskaja 25, Tel.: +7-3854-336865, Kasse: +7-3854-337651, E-Mail: dram_teatr@list.ru, Internet: bsk-drama.ru

U Lukomorja, Puppentheater, ul. Lenina 109, Tel.: +7-3854-338215

Übernachtungen

Hotel Zentralnaja, ul. Lenina 256, Tel.: +7-3854-338307, 338357, 328892, E-Mail: cen tral1@list.ru

Gästehaus Parowos, ul. Priwoksalnaja 9, Tel.: +7-961-9804022, +7-3854-999022, E-Mail: parovoz.hostel@mail.ru, Internet: hostel biysk.ru. Dusche auf dem Flur, Sauna.

ART-Öko-Hotel Altai, ul. Schischkowa 33/1, Tel: +7-3854-476394, +7-909-5025522, E-Mail: altaiotel@mail.ru, Internet: altaiotel .ru/. Das Hotel ist ganz aus Zedernholz gebaut.

Hotel Pod Telewischkoi, ul. Wolotschajewskaja 20, Tel.: +7-3854-325379, 351338, +7-960-9606262, E-Mail: gost.pod.tv@rambler.ru, Internet: www.anixhotel.ru

SV Hotel, ul. Sowjetskaja 232, Tel.: +7-3854-364836, E-Mail: sv-hotel@inbox.ru, Internet: sv-hotelbiisk.ru

Hotel Na Starom Meste, ul. Sowjetskaja 24, Tel: +7-963-5778450, +7-3854-338788, E-Mail: nsm-hotel@mail.ru

Über das Smartphone findet man eine Wohnung/Appartment oder ein Hotel in Bijsk, wenn man nicht im voraus gebucht hat.

Essen

Empfohlen seien die Restaurants **Kalina Krasnaja** (ul. Tolstogo 164, Tel: +7-3854-337792) **Happy Land** (ul. Ili Michatschjowa 200, Tel.: +7-3854-555099) und **Staraja Krepost** (ul. Sowjetskaja 1, Tel.: +7-3854-356254.

Belokuricha

Museen

Städtisches Museum Belokuricha, ul. Slawskogo 19. Mehr als 8 000 Exponate zeigen die Entstehung und Entwicklung des Kurortes, die Besonderheiten der örtlichen Heilfaktoren und die Spezialisierungen der Sanatorien, zudem gibt es eine ethnografische Sammlung, die Museumsmitarbeiter erzählen Legenden und Märchen. Öffnungszeiten: täglich, außer Mo 9.00 bis 18.00 Uhr

Museum der Geschichte des Schmiedens, ul. Stroitelej 72, Anna Biletskaja, die einzige Schmiedin Sibiriens, hat im Sommer 2016 ein Museum bei ihrer Schmiede eröffnet. Gezeigt werden historische Schmiedewerkzeuge und schmiedeeiserne Erzeugnisse vom Ende des 19./Anfang des 20. Jahrhunderts: Samoware, Truhen, Kerosinlampen, Nähmaschinen, Spinnräder und vieles mehr. Die Besucher können sich am Amboss versuchen oder einen Kurs „Kupferschmuck" belegen. Öffnungszeiten: täglich 9.00 bis 17.00 Uhr

Museum technischer Errungenschaften, ul. Begowaja 1, Nowotirischkino, Smolensker

Rayon (unweit von Belokuricha), Tel.: +7-960-9421998. Hier sind ein Flugzeug AN-2 und eine Dampflokomotive, ein Traktor DT-54 und eine Raupenzugmaschine, legendäre Schneemobile sowie Motorräder und Autos aus der Sowjetzeit – „Ural", „Murawej", GAS-69, M-20, Wolga-24 und Wolga-21, Schiguli, Oka und Moskwitsch – zu besichtigen. Und drumherum gibt es viele Geschichten zu den Ausstellungsstücken. Öffnungszeiten: täglich 8.00 bis 20.00 Uhr (Sommer), 8.00 bis 17.00 Uhr (Winter)

Altaisker Aul, Nowotirischkino, Smolensker Rayon (unweit von Belokuricha). Hier kann man erfahren wie die Altaier traditionell lebten.

Haus des russischen Bauern, Nowotirischkino (unweit von Belokuricha). Das Museum ist eine 200 Jahre alte sibirische Hütte aus mächtigen Lärchenstämmen. Zu sehen sind Gegenstände des bäuerlichen Lebens.

Haus des deutschen Auswanderers, Nowotirischkino (unweit von Belokuricha). Der Museumskomplex berichtet vom Leben der deutschen Siedler und der Geschichte des Dorfes Nowotirischkino, das 1801 vom russischen Bauern Stepan Kasantsew gegründet wurde. Fast alle Exponate sind gut erhalten und nutzbar.

Historisch-architektonischer Komplex Andrejewski Sloboda, Belokuricha-2, Tel.: +7-983-1708963. Besuchen Sie das Haus des Heilers, die Schmiede, die Brennerei, das Haus des Brotes, die Scheune, das Lokomobil, das Bauernhaus. Das Zentrum der Sloboda ist das Haus der Kaufleute Andrejew aus dem Dorf Werch-Anuiski im Rayon Bystroistokski, das 1822 erbaut und nach fast 200 Jahren hierher verlegt wurde. Truhen, Ikonen, Geschirr, Haushaltsgegenstände und andere Exponate des historischen und architektonischen Komplexes wurden im Altai gesammelt.

Museum des russischen Alphabets und der Geschichte der Schriftlichkeit „Slowo", bei Belokuricha, ul. Retschnaja 8, Solonowka, Tel.: +7-983-3549623, Internet: alfavit.info. Das Museum illustriert die Entwicklung der Schreibwerkzeuge und die Geschichte der Entstehung der Buchstaben. Die Besucher können sich als Drucker ausprobieren. Zudem arbeiten örtliche Künstler beim Museum, die Töpfer- und andere Kurse anbieten. Es gibt Vorträge, Folklorekonzerte. Öffnungszeiten: täglich 10.00 bis 20.00 Uhr

Kurort- und Exkursionsbüro, Fremdenführer, ul. Akademika Mjasnikowa 9, Tel.: 8-

800-6004609 (kostenfrei in Russland), +7-963-5717124, E-Mail: info@vash-gid.com

Übernachtungen

Kurorthotel Belowodje, ul. Mjasnikowa 4 und 4 a, Belokuricha, Tel.: 8-800-7001113 (kostenfrei in Russland), E-Mail: sale@belovo die.su, Internet: belovodie.su

Sanduni Altai, ul. Nabereschnaja 36, Tel.: +7-961-2347629, E-Mail: sanaltai@yandex.ru

Parkhotel Altai Green (17 Kilometer von Belokuricha entfernt), ul. Begowaja 8, Tel.: 8-800-2506768 (Buchung, kostenfrei in Russland), +7-983-1025272, E-Mail: info@altay-green.ru, Internet: altay-green.ru

Boutique-Hotel J'aime, ul. Slawskogo 18/1, Tel.: +7-38577-21300, 21031, +7-960-9361696, E-Mail: ryabinovymost@yandex .ru, Internet: jaime-hotel.ru

Hotel-Pensionat Pomestje, ul. Belogorskaja 78, Tel.: +7-38577-20624, +7-905-9849076, E-Mail: pomestie2009@mail.ru, Internet: pomestie.store

Hotelkomplex Bawarenok, ul. Mjasnikowa 7. Tel.: +7-38577-22813, +7-903-9582049, E-Mail: bavarenok@mail.ru, Internet: bava renok.belokuriha.ncb.su

Hotel Garant, ul. Mjasnikowa 9, Tel.: +7-38577-20857, +7-983-1802487, +7-923-6573797, E-Mail: e15588@yandexcentro-souz.ru

Hotel Blagodat, ul. Slawskogo 77, Tel.: +7-38577-37755, 38244, 8-800-7009989 (in Russland kostenfrei), +7-962-822-7211, E-Mail: blagodat-hotel22@mail.ru, Internet: blagodat22.ru

Hotel Neo, ul. Mjasnikowa 13, Tel.: +7-38577-23828, E-Mail: hotelneo@mail.ru, Internet: www.hotelneo.ru

Sanatorien

Sanatorium Rodnik Altai, ul. Bratjew Schdanowich 2, Tel.: +7-38577-33003, 8-800-100-61-83, E-Mail: Internet: rodnik-altaya.com. 2 Gebäude mit Zimmern und Apartments, mehr als 40 Behandlungen von Bädern, Wassermassagen, Physiotherapie, Elektrotherapie bis Inhalationen, Honigmassagen und Plasmotherapie.

Sanatorium Belokuricha, ul. Slawskogo 9, Tel.: +7-38577-20793, +7-963-5330108, 8-800-7078133 (kostenlos in Russland), E-Mail: belokuriha-san@yandex.ru, Internet: www.belokurikha-san.ru, Einzel-und Doppelzimmer, Suiten, Apartments. Eines der größten Sanatorien, eigene Heilbäder, Unterwassertherapie der Wirbelsäule, Moor- und elektrolytische Bäder, Inhalationen, Massagen, Psychotherapie, manuelle Therapie, Speleotherapie und andere.

Sanatorium Altai-West, ul. Slawskogo 39, 8-800-2500167 (kostenlos in Russland), +7-38577-20590 (Zimmervermittlung), E-Mail: info@altai-west.ru, Internet: altai-west.ru. Die wichtigsten Methoden der Kurbehandlung sind Klimatherapie, Balneotherapie (Mineralbäder und Trinkkur), Fangotherapie, Physiotherapie, Ozontherapie und Ernährungstherapie, es gibt eine gynäkologische Abteilung. 40 Kilometer vom Sanatorium entfernt liegt der eigene Pferdehof, angeboten werden Exkursionen.

Sanatorium Rossija, ul. Slawskogo 34, Tel.: +7-38577-37777, 8-800-250-37-70 (kostenlos in Russland), +7-913-2362078, E-Mail: sale@sanrussia.ru, Internet: www.sanrussia.ru. Das Sanatorium verfügt über leistungsstarke moderne medizinische und

diagnostische Einrichtungen. Das Sanatorium verwendet mehr als 350 moderne Methoden zur Behandlung und Vorbeugung verschiedener Krankheiten von Erwachsenen und Kindern. Spezialisiert hat es sich auf endoktrinologische Krankheiten und Psychotherapie. Wer nicht in der Sanatoriumsanlage übernachten will, kann im ruhigen Öko-Hotel Echo nächtigen.

Sanatorium Zentrosojusa, ul. Slawskogo 45, Tel.: 8-800-100-09-75 (kostenfrei in Russland), +7-38577-23587, 24432, 20925, +7-963-5269490, E-Mail: cs66@mail.ru, Internet: centrosouz.ru. Zimmer unterschiedlicher Kategorien und Apartments. Die Therapien reichen von Radon-Behandlungen über Moor- und Fangobehandlung, Laser- und Lichttherapien bis Phytotherapie.

Sanatorium Marino, ul. Slawskogo 40, Tel.: 8-800-700-2517, +7-38577-37748, Internet: www.marino-belokuriha.ru. Das Sanatorium ist spezialisiert auf Vorbeugung, Stärkung und Rehabilitation.

Sanatorium Sibir, Tel.: +7-38577-2 0413, 23584. Neben den für Belokuricha traditionellen Behandlungsmethoden ist das Sanatorium auf die Heilung von Genitalkrankheiten (Männer) sowie die Behandlung von Krankheiten aufgrund von chronischem Stress spezialisiert.

Sanatorium Edem, ul. Slawskogo 40, Tel.: 8-800-7009992, E-Mail: info@edem-altay.ru, Internet: www.edem-altay.ru. Ein- und Zwei-Zimmer, Apartments, zahlreiche Heil- und Behandlungsverfahren.

Sanatorium Katun, ul. Slawskogo 44, Tel.: 8-963-5330108, 8-800-7075186 (kostenlos in Russland), Internet: www.katun-san.ru. Behandelt werden Erkrankungen der Atemwege, des Nervensystems, des Magen-Darm-Trakts und gynäkologische Erkrankungen.

Am Tschuisker Trakt

Srostki

Memorial- und Museumsreservat Wassili Schukschin, ul. Sowjetskaja 86, Tel.: +7-38854-761350, Internet: shukshin-museum.ru, Öffnungszeiten: Oktober bis April Mo bis Fr 9.00 bis 17.00 Uhr, Mai bis September Mi bis So 9.00 bis 17.00 Uhr

Maima

Museum der Steine, ul. Lenina 6, Tel.: +7-38844-22586, +7-913-9998786, E-Mail: mrsko@mail.ru, Internet: vk.com/centrkulturymayma. Das Museum der Steine ist das einzige spezialisierte geologische Museum in der Republik Altai, in dessen Ausstellungen die unterschiedlichsten Gesteine, Mineralien, Erze, Steinprodukte, Abdrücke vorzeitlicher Pflanzen und versteinerte Überreste fossiler Tiere präsentiert werden. Fast alle Artefakte wurden im Altai gefunden. Öffnungszeiten: 9.00 bis 16.00 Uhr täglich.

Übernachtungen

Tourbase Beli Kamen, Rybalka, Tel.: +8-903-9192297, E-Mail: bel.kam.2000@mail.ru. Beli Kamen liegt direkt am Fluss Katun kurz vor der Aisker Brücker, Sommerbungalows, Schwimmbecken, Sandstrand, Café, Tischtennis, Billard

Tourismusanlage Altyn-Ai-Millenium, am rechten Ufer des Katun, gemütliche Zimmer, Sommerhäuser, Café, Sportanlage, Sauna

Tourbase Solotie peski, Ust-Muni, Tel: +7-913-3822228, +7-923-6621701, E-Mail: goldensands@nsmaster.ru, Internet: www.zolotyipeski.ru. Hotel, Chalet, Camping, Restaurant, Café, Mini-Zoo, Sauna, Schwimmbecken, Sandstrand, Lauben

Essen

Auf der Leninstr. finden sie das Café 777 (8.00 bis 20.00 Uhr) und das Café Schemtschuschina (8.00 bis 18.00 Uhr), das Café Kruis (10.00 bis 00.00 Uhr), das Café Pristan (10.00 bis 2.00 Uhr), das Restaurant Ljubimi (10.00 bis 24.00 Uhr), die Café-Bar Solnetschni (8.00 bis 21.00 Uhr) und das Café Teremok (8.00 bis 01.00 Uhr). Das Café Rasdolje und die Stolowaja Tichi Dworik liegen an der ul. Energetikow, sie haben nur bis 17.00 beziehungsweise 16.00 Uhr geöffnet.

Rybalka

Hotel Wostok, ul. Tschuiskaja 58, mit angeschlossenem gutem Café, rund um die Uhr geöffnet, Tel.: +7-903-9564754

Aja und Aja-See

Übernachtungen

Tourkomplex Imperija Turisma, Tel.: +7-903-9120022, +7-962-7997485, E-Mail: imperia.tr@mail.ru, Internet: www.imperia-tur.com. Eingebettet im Wald am linken Ufer des Katun, 500 Meter bis zum Aja-See. Cottages, Sommerhäuschen, Stolowaja, Café-Bar, Sauna, Sportmöglichkeiten, Pool, Pferdeausflüge, Diskothek und Nachtklub

Tourbase Tainstwennij bereg, Tel.: +7-923-6465586, +7-38537-22458, E-Mail: t-bereg@bk.ru, Internet: tbereg.net. Sommerhäuschen mit Veranda für bis zu 3 Personen, Grillplatz, Laube, Sommerküche, Sauna mit Schwimmbecken, Sportanlage

Tourkomplex Schambala-B, ul. Kljutschewaja 9, Aja, Tel.: +7-38537-28654, +7-906-

9709260, E-Mail: gbolotov@yandex.ru, Internet: shambala-b.ru. Am linken Katun-Ufer gelegen, Sommerhäuschen, ein zweigeschossiges Gästehaus, Sommerküche und Café, Gemeinschaftsküche, Sportplatz, Schwimmbecken, Banja. Auf der anderen Straßenseite liegt das Café Wokrug Sweta.

Hotel Solotoe Krylo, linkes Ufer des Katun, Tel.: +7-960-9679092, +7-983-0524408, +7-913-9483919, Internet: www.altai-gold.ru. Hotel aus Zedernholz für 78 Gäste, ruhig, schön gelegen, 500 Meter bis zum See Aja, Schwimmbecken, und bis zum nächsten Café, zum Supermarkt und zur Diskothek ist es auch nicht weit.

Tourkomplex Altan, linkes Ufer des Katun, Tel.: +7-903-9498360, +7-903-9968658, +7-38543-55782, E-Mail: altan-altai@mail.ru, Internet: altan-altai.ru. Cottages, Sommerhäuschen, schön gelegen im Wald, Pool,

Stolowaja, Café, Sauna, Billard, Sportplatz, Exkursionen

Tourbase Serdze Altajam, linkes Ufer des Katun, Sousga, Tel.: +7-923-1604577. Sommerbungalows, solide Cottages, Café, Sauna, Sportplatz, Ausflüge, Floßfahrten

Pensionat Adaru, 8 Kilometer von der Aisker Brücke am linken Ufer des Katun, Tel.: +7-963-1997529, +7-906-9703429, E-Mail: adaru_nata@mail.ru, reservation@domain.co, Internet: www.adaru.ru. Sommerhäuser für 2 bis 4 Gäste, ein 2-geschossiges Haus mit Zimmern, Café, Sauna, Billard, Sportanlage, Exkursionsprogramm

Gästehaus Parma, ul. Kuibyschewa 6 b, Nischnekajantscha, Tel.: +7-3852-665221, +7-38537-28930, +7-963-5113662, E-Mail: altai-parma@mail.ru, Internet: altai-parma.ru. Rund 12 Kilometer vom Aja-See entfernt, inmitten von Kiefern- und Birkenwäldern, 2 Gästehäuser, Sommerhäuser, Stolowaja, Sommer-Café und Bar, Sauna, Schwimmbecken, Sportplatz, Ausflüge, Floßfahrten, Massagen

Tourkomplex Talda, am linken Ufer des Katun, 16 Kilometer von der Aisker-Brücke, zu buchen über Nowosibirsk, Tel.: +7-383-2922234, +7-903-0740920, in Barnaul, Tel.: +7-963-1996677, E-Mail: info@talda.ru, Internet: www.talda.ru. Bungalows, Restaurant, Billard, Tennisplatz, Sauna, Angeln, Floßfahrten, Exkursionen

Rayon Aja-See

Tourkomplex Sputnik, am linken Ufer des Katun, rechts von der Aisker Brücke, zu buchen über: Sputnik-Altai, Pr. Sozialistitscheski 87, Barnaul, Tel.: +7-3852-368354, E-Mail: sputnik@sputnik-altai.ru, Internet: www.sputnik-altai.ru. Sommerhäuser, feste Zelte, Café, Sauna, Exkursionen.

Tourbase Raduschni Bereg, Aja, Tel.: +7-903-0740141, 70 Meter vom Katun-Ufer, ganzjähriger Betrieb. Sommerbungalows, Gästehaus, Sommer-Stolowaja, Sauna, Schwimmbecken, schönes Gelände

Petschki-Lawotschki, Nabereschnaja 7, Katun, Tel.: +7-38537-28074, +7-903-911-

0215, E-Mail: info@altairest.ru, Internet: www.altairest.ru. 2- und 3-geschossige Apartmenthäuser für bis zu 8 Personen, 1- und 2-Bettzimmer im Gästehaus, Cottages aus Zedernholz, Restaurant, Banja, Café, Rafting, Bus- und Pferdeausflüge

Erholungsresort Kolibri, ul. Katunskaja 10 b, Aja, Tel.: +7-923-6671864, E-Mail: omkolibri@mail.ru, Reservierung Tel.: +8-913-9107203, E-Mail: ele78@inbox.ru. Am linken Ufer des Katun, Sommerholzhäuschen, zweigeschossiges Gästehaus, Café, Diskothek, Exkursionen, Floßfahrten

Tourbase Pegas, ul. Klutschewaja 32a, Aja, Tel.: +7-38537-28121,+7-38537-28122, 1 Gästehaus und Sommerhäuser für 44 Gäste, Café, Stolowaja, Schwimmbecken, russische Banja, Exkursionen

Hotelkomplex Aja, ul. Nagornaja 1, Katun, Tel.: +7-903-9195444, E-Mail: ozero-aya@mail.ru, Internet: www.ayahotel.ru. Hotel, Restaurant, Bar, Café, Solarium, Sauna, große Außenbadelandschaft, Billard, Sportsaal, Tennisplatz

Erholungsresort Globus, ul. Nagornaja 17, Aja, Tel.: +7-903-9961451, E-Mail: baza-globus@bk.ru, Internet: www.globus-aya.ru, ganzjährig geöffnet. Sommerhäuser, Winterunterkünfte, Bar, Stolowaja, Banja, Sandstrand, zahlreiche Exkursionen

Bei Kilometer 456 des Tschuiski-Trakts liegt Sousga. Hier gibt es eine Tankstelle, eine Stolowaja und das Gorno-Altaisker Fleischkombinat, dessen Produkte im Firmengeschäft gekauft werden können.

Pension Gorliza, Aiskaja ul. 31, Sousga, Tel.: +7-960-9432899, E-Mail: piv22rus@yandex.ru. Cottages, Banja, Schwimmbecken, Tennis und Volleyball. Besonderheit: hier gibt es einen Taubenschlag mit 30 unterschiedlichen Taubenarten, von denen viele Preise

bei russischen und internationalen Ausstellungen gewonnnen haben.

Hotel Kiwi-Lodge, Tel.: +7-909-5082885, E-Mail: oaomanzherok@mail.ru. Direkt am Ufer des Katun gelegen, 1 Kilometer von Sousga, Bar, Restaurant mit großer Terrasse, Café, Billard, Tischtennis, Sauna, Banja, Schwimmbecken, Salzhöhle, Massagen und andere Anwendungen

Rantscho Awrora, Wesjolaja ul. 11, Sousga, Tel.: +7-913-2444472, klein und gemütlich für 23 Gäste, am Katun gelegen, zweigeschossiges Gästehaus aus Zedernholz, Sommerhäuschen, russische Banja, Sommerküche

Bei Kilometer 461 beginnt das Dorf Tscheremschanka mit der Tscheremschansker Quelle, hier sprudelt natürliches weiches Wasser mit hohem Calciumcarbonat-Magnesium-Anteil, das als therapeutisches Wasser genutzt wird.

Bei Kilometer 468 des Tschuisker Trakts finden Sie einen Memorialstein für Wjatscheslaw Schischkow, der zum 100. Geburtstag des Schriftstellers, Ingenieurs und Forschers errichtet wurde. Nach Schischkows Projekt wurde der Tschuisker Trakt gebaut, vor allem ist Schischkow als Schriftsteller bekannt: „Der dunkle Strom" und „Jemeljan Pugatschow" stammen aus seiner Feder.

Tourbase Manscherok, Tel.: +7-38844-28399, 8-961-9771409, E-mail: 28399tkm@mail.ru, Internet: www.mangerok-altai.ru. Am Ufer des Katun inmitten eines Kiefernwaldes, ganzjährig geöffnet, 2-geschossige Cottages, zwei Gästehäuser, Stolowaja, Gesunheitszentrum mit Sauna, Phytobotschka, Solarium, Massage, Rafting, Pferdeausritte, Exkursionen

Essen

Café im Erlebnispark, ul. Katunskaja 24, Aja, Öffnungszeiten: täglich 9.00 bis 23.00 Uhr

Manscherok

Tourbase Jugra, Tel.: +7-38844-28300, +7-3854-236095, am rechten Katun-Ufer, Zwei Gästehäuser, Café-Bar, Banja, Grillplätze.

Tourkomplex Chalet Priskalni, und Naturschutzgebiet, Tschuiski-Trakt 475, Tel.: +7-913-2105288, +7-960-9628888, +7-923-0042100, E-Mail: chale-altay@mail.ru, Internet: www.chale.su. Großzügig angelegt am Ufer des Katun, mit Hotel, Cottages, Bungalows, Holzsommerhäuschen, Banja, Strand, Tanzhalle, Stolowaja, Bar, Café, Lauben, Sportplatz, Massage, Schwimmbecken, Autovermietung, Exkursionen. Vorgelagert ist die Insel der Liebe mit Glockenturm

Tourkomplex Birjusowaja Katun, Kilometer 477 Tschuisker Trakt, linkes Ufer des Katun, Tel.: +7-962-7936688. Hotel, 2 Gästehäuser, Hotel Ökonom (sehr einfach). Mit Restaurant, Supermarkt, Café-Bar, einem künstlichen See mit Strand, parallel zum Katun. 2014 wurde die Kunstgalerie Prostor in der Anlage eröffnet.

Die **Touranlage Tawdinskie Peschtscheri** (Bungalows, Sommer-Café, Banja) liegt direkt gegenüber auf der anderen Seite des Katun, es gibt eine Brücke.

Arschan-Suu / Kamyschlinsk-Wasserfall

Café Arschan-Suu, klein und gemütlich, preiswerte Speisen

Tourististischer Komplex Tsarskaja Ochota, ul. Tschuskaja 2, Barangol, Tel.: +7-913-9900025, +7-983-3290065, E-Mail: ohota-04@mail.ru, Internet: ohotka.su. Chalet, Bungalows, Restaurant, Bar, Bistro, Badelandschaft, Galerie ArtAi

Tourbase Korona Katun, ul. Tschuiskaja, Barangol, Tel.: +7-913-2749053, +7-913-9217676. 2-Bett-Zimmer im Gästehaus, Holzhäuschen, Zeltplatz, Stolowaja, Café-Bar, Banja, Billard, Spielplatz

Bei Kilometer 493 des Tschuisker Trakts beginnt das Dorf Barnagol, hier liegt im Katun die Insel Korona Katun, die vor allem bekannt ist durch ein Gemälde des Malers Tschoros-Gurkin.

Erholungsresort Iwolga, Kilometer 495 vom Tschuisker Trakt abfahren, +7-3854-305863, +7-963-5721490, +7-963-5721453, 7-905-9246985, E-Mail: bulavka2000@yandex.ru, Internet: ivolga-gorniy.ru. 6 Cottages, 51 Sommerbungalows, Stolowaja, Bar, Banja, Sportanlage, Exkursionen, Rafting, Floßfahren, Pferdeausritte

Tourkomplex Troja, +7-906-9443113, +7-960-9368444, Internet: vk.com/tk_troya, liegt kurz vor Ust-Sema und grenzt unmittelbar an Iwolga an, einfache Tourbase (mit Gästehaus und Sommerhäuschen), Café-Bar, Banja, Sportanlage, Billard

Auf dem Tschemalsker Trakt

Ust-Sema

Zeltplatz Kamenij Ostrow, Kilometer 2 des Tschemalsker Trakt, Sommerhäuschen, russische Banja

Tourkomplex Seminskaja Poljana, Tel.: +7-961-9814040. Kilometer 4 des Tschemalsker Trakts, Holzhäuschen, feste Zelte, Rafting, Felsklettern

Tourkomplex Raft Premier, Tschemal, Tel.: +7-909-5336062; +7-963-9443388, E-Mail: raft-premier@mail.ru, Internet: raft-premi er.ru. Am Ufer des Katun im Kiefernwald, Cottages (mit und ohne Kamin), Bungalow, Sommerhäuschen, Sandstrand, Stolowaja, Bar, Sportplatz, Banja. Rafting unterschiedlicher Schwierigkeitsgrade (2003 war Präsident Putin mit auf Raftingtour)

Tourkomplex Berel, am Katun, 5 Kilometer von Tscheposch, Kilometer 13 Tschemalsker Trakt, Tel.: +7-963-5288983, E-Mail: sale@kokstravel.ru, Internet: tb-berel.ru. Sommerhütten, Berghütten mit Dusche, Cottages (4 Personen). Café, Bar, Sandstrand, Moorbäder, Massage, Exkursionen

Erholungsresort Tursib, Katun, Tel.: 8-800-5559061 (kostenlos in Russland), +7-929-3110109, E-Mail: tursib-manager@wsr.ru. Am Ufer des Katun, gehobene Preisklasse, Restaurant, Café, Sommer-Café, Saunen, Aqualandschaft, Solarium, Sportanlage, diverse Exkursionsangebote

Tourbase Katun, +7-929-3055596, eine der ältesten Tourbasen am Katun aus den 1960-er Jahren. Gästehaus, 2-Bett-Häuschen, Cottages, Restaurant mit östlicher Küche, Stolowaja, Sommer-Café, Sauna, Exkursionen, Floßfahrten, Pferdeausflüge

Erholungsresort Toples, Kilometer 18 Tschemalsker Trakt, Tel.: +7-913-999888-3, +7-963-5708881, Internet: bazatoples.ru. Holzhäuser und Cottages, Café-Bar, Sauna, Strand, zahlreiche Ausflugsangebote

Askat und Karakolsker See

Das Dorf Askat ist bekannt für seine Künstler und Kunsthandwerker: Töpfer, Schnitzer, Metallkünstler. Workshops werden angeboten.

Tour-Camping Sreda obitanija, Zeltlagerplatz mit Duschen, Banja, Café und Exkursionsangeboten

Tourbase Askat-2, ul. Osernaja 8a, Tel.: +7-983-5100275, +7-906-9706501, E-Mail: askat-2@mail.ru, Internet: www.askat-2.ru. Cottages ganzjährig, Zelte in der Sommerzeit, Sauna mit Schwimmbecken, Floßfahrten, Ausflüge, Angeln, Jagd, Pferdetouren

Tourbase Karakolsker See, an einem der Seen gelegen, kein Hinkommen mit Auto oder Bus, die letzten 5 Kilometer müssen Sie laufen oder ein Pferd mieten. Sommerhäuschen, ein Gästehaus, Banja, Selbstversorgung

Tschemal

Museen

Heimatkundemuseum, ul. Ptscholkina 71, Tel.: +7-38841-22241

Tschemal Chunter, ul. Topolinaja, Tschemal, Tel.: +7-913-9924964. Das einzige Museum in Sibirien, das sich auf Waffen und Kriegsgeschichte spezialisiert hat. Öffnungszeiten: Mo bis Sa 9.00 bis 20.00 Uhr

Übernachtung

Öko-Mini-Hotel Alterija, ul. Prikatunskaja 61, Tel.: +7 960 781-62-72, Internet: www.instagram.com/alteria_eco. Schön gelegen im Wald, moderne Häuser für je 2 Personen

Öko-Hotel Altyn-ai, ul. Sowjetskaja 161, Elekmonar, Tel.: +7-923-5011100, E-Mail: altyn-ai2014@mail.ru, Internet: altyn-ai.ru. Zimmer, Sommerhäuschen, Sommerjurten, Studios

Tourkomplex Tschemalskoje Saretschje, ul. Juschnaja 1, Tel.: +7-38841-22823; +7-923-6673445, +7-923-6673517, E-Mail: zarechje@mail.ru, Internet: svsagrokomplex.ru

Arendinsker Schlucht

Ökologische Kurzone Marin ostrow, Tschemal, ul. Uoschanskaja 58a, Tel.: 8-800-7078791 (kostenfrei in Russland), +7-923-6679182, E-Mail: sale@marin-ostrov.ru, Rezeption: +7-913-2254515, E-Mail: reception@marin-ostrov.ru, Internet: marin-ostrov.ru. Am Ufer des Tschemal, Gästehäuser, Sommerhäuser, Restaurant, Café-Bar, Schwimmbad, Sauna, Massage, Antistress-Programm

Tourbase Malibu, 3 Kilometer von Tschemal am Ufer des Tschemal, Tel.: +7-38321-78020, Sommerhäuser, feste Zelte, Stolowaja, Banja

Tourcamping Karzeral, am Ufer des Tschemal, 30 Kilometer vom Dorf Tschemal, Tel.: +7-3852-412637, einfach, feste Zelte, Banja, Sommer-Stolowaja

Hotelkomplex Areda-1, am Ufer der Kuba, 8 Kilometer von Tschemal, Tel.: +7-963-5288983, +7-962-5826299, Internet: areda-1.ru. 3 Gästehäuser, Restaurant, Sommer-Café, Live-Musik in der Sommer-Diskothek, Show-Programm, Schwimmbecken, Sauna, Tennis, Exkursionen

Hotelkomplex Areda-2 und Areda-3, Tel.: +7-923-7501755, E-Mail: manager@areda.su, Internet: www.areda.su. Kleine Hotelanlage mit Restaurant, Sommer-Café, Sauna mit Schwimmbad, Kaminsaal, Ausflüge

Tourbase Amadu, unweit von Elandi, Tel.: +7-983-5800250, +7-903-9914297, Internet: www.amadu-travel.ru. Finnisches Gästehaus, stationäre Zelte, Stolowaja, Banja mit Schwimmbecken, Sportplatz, großes Ausflugsangebot

Kujus

Camping Ajri-Tasch, beim Dorf Kujus am Ufer des Katun, Tel.: +7-983-5839304, feste Zelte, Stolowaja, Banja, Exkursionen

Tschuisker Trakt bis Aktasch

Café Irbis, Kilometer 528 am Tschuisker Trakt Seminsker Pass

Lehr-und Trainings-Center Seminski Pass, Tel.: +7-906-9440005, +7-913-9983538, +7-903-9567893, E-Mail: utcseminskiy@gmail.com

Hotel Solotoi Kedr, Kilometer 581 Tschuisker Trakt, kostengünstige Zimmer, gemütliche Café-Bar

Ongudai

Café Fara, am Dorfausgang

Bolschoi Jaloman

Der **Zeltplatz Bolschoi Jaloman** liegt an der Mündung des gleichnamigen Flusses in den Katun. Floßtouren auf dem Mittellauf des Katun (Bolschoi Jaloman bis Tschemal) zählen zu den interessantesten. Es sind 180 Kilometer, Schwierigkeitsstufe 3, bei Hochwasser Schwierigkeitsstufe 5. Herausforderungen sind die Ilgumensker Schnelle, der Kadrinsker Durchbruch, die Stromschnellen Schabasch, Teldekpenskie und Elandinski.

Aktasch

Museum der Souvenire und der nationalen Kleidung, ul. Parkowaja 25, Aktasch, Ulaganski Rayon, Tel.: +7-38836-23252, +7-913-6928876. Das kleine Privatmuseum der Familie Omino macht bekannt mit der Altai-Kultur sowie mit Kunst und Kunsthandwerk des Altai.

Übernachten

Hotel Rasul, ul. Lesnaja 2, Tel.: +7-913-9923344, +7-38846-23312, E-Mail: rasul _ka@mail.ru, Internet: rasulka.ru. 1- bis 5-Bettzimmer, mit Frühstück, Gemeinschaftsküche. Zudem gibt es auf dem Gelände Zederholzhäuschen für 2 bis 4 Personen.

Im Uimon-Tal

Ust-Kan, Ust-Koksa

Hotel Uimonskaja dolina, u. Sowjetskaja 71, Tel.: Tel.: +7-906-9390027, Fax: +7-38848-23017, E-Mail: gostinica@ckatt.ru, ujmon_ dolina@mail.ru

Gästekomplex Talan, +8-38848-22844. Außerhalb von Ust-Koksa zwischen den Flüssen Katun und Koksa, ganzjährig geöffnet, feste Zelte, Cafe, Sauna, Sie haben die Möglichkeit, Touren und Exkursionen zu buchen.

Tourbase Uimonski kowtscheg, Tel.: +7-983-0003398, +7-923-775-55-40, E-Mail: tour@altairaft.ru, Internet: ukovcheg.ru. Modern, hell und freundlich, Sommerhäuser, Sauna-Spa-Bereich, Cafe, Bar, Exkursionen

Gästekomplex Blagodat, ul. Agrutschinskogo 62a, Tel.: +7-903-9492839, +7-905-9250909, E-Mail: trofimova_ nina@mail.ru, polina_trofimova@mail.ru. Die Anlage bietet Platz für 35 Personen, mit Sauna, Stolowaja, aber auch der Möglichkeit, selbst zu kochen.

Werchni Uimon

Museen

Rerich-Museum im Altai, ul. Nabereschnaja 20a, Ust-Koksinsker Rayon, Tel.: +7-38848-24336, Internet: www.sibro.ru. Das Museum findet sich auf dem Gelände des ehemaligen Landhauses des Altgläubigen Wachramej Atamanow, Rerich und seine Familie hielten sich hier 1926 im Rahmen der Zentralasiatischen Expedition auf. Das Haus, ein Buchladen, ein Sommerpavillon mit Ausstellungen ansässiger Künstler sowie ein Haus, in dem archäologische Funde ausgestellt werden. Öffnungszeiten: täglich 9.00 bis 19.00 Uhr

Museum der Geschichte des Uimon-Tals, ul. Nabereschnaja 14, Tel.: +7-38848-24387, +7-913-6960593, +7-913-6960592. Ein ungewöhnliches Museum, denn es zeigt keine Exponate, sondern Sie lauschen den Geschichten, die Raissa Kutschuganowa über die Bewohner des Uimon-Tals gesammelt hat, wie sie lebten, welchen Werten sie folgten, was sie verurteilten.

Heimatkundemuseum, ul. Nabereschnaja 20, Tel.: +7-38848-24387, +7-913-6960593, Öffnungszeiten: So bis Do 9.30 bis 17.30 Uhr

Übernachtung

Gästehaus, Werchni Uimon, Tel.: +7-962-7901391, +7-913-6952856, Sauna, Sommerplatz, Gemeinschaftsküche

Gästehof (200 Meter vom Museum), Tel.: +7-983-3959993. Gemütliche, neue 4-Bett-Holzhäuser, beheiztes Gästehaus mit allen Annehmlichkeiten, neben jedem Haus ein Grillplatz und eine Laube, zudem eine Sauna und eine Dusche

Erholungsresort Uimon, 2-stöckige finnische Holzhäuser, Sommerschlafplatz für 15 Menschen, Cafe, Sauna

Zum Belucha

Kutscherla

Tourbase Kutscherlinskoje osero, ul. Mamontowa 21, Tjungur, Tel.: +7-38822-25035, E-Mail: uch-sumer@mail.ru, Internet: www.uch-sumer.ru. Am Ufer des Kutscherlinsker See, nur mit dem Pferd oder dem Hubschrauber zu erreichen, 50 Plätze

Über Soloneschnoe nach Ust-Kan (mit Denissow-Höhle)

Soloneschensker Heimatkundemuseum, ul. Partisanskaja 5, Soloneschenoe, Tel.: +7-38594-21347, Heimatkundemuseum mit Abteilungen für Archäologie, Ethnografie, Militärgeschichte, lokale Geschichte sowie einem Ausstellungssaal für bildende und dekorativ-angewandte Kunst, Volkskunst und Fotografie, Öffnungszeiten: Mo bis Fr 9.00 bis 17.00 Uhr, So 11.00 bis 15.00 Uhr

1990 wurde das **Internationale Zentrum des Wissenschaftstourismus „Denissow-Höhle"** zur Erforschung des Bergaltai geschaffen. Auf dem Gelände des Zentrums Cottages, Stolowaja, Bar, Sauna, Banja. Das Zentrum freut sich auch über Touristen.

Gornaja Kolywan

Kolywan

Wissenschafts- und Tourismus-Lager Gornaja Kolywan, 4 Kilometer vom Dorf Kolywan, Tel.: +7-38576-25413, aufgebaut wurde es vom Geografie-Lehrstuhl der Altaier Staatlichen Universität in Kooperation mit „ABC-Tur", Zelte, Stolowaja, Banja

Beloje-See

Tourbase Skalka, ul. Priosernaja 1, Dorf 8. Marta, Tel.: +7-3852-771393, +7-38576-22107, +7-38576-25326, Gästehaus und Sommerhäuschen, Banja, Sandstrand

Kolywanskoje-See

Sanatorium Lasurni, ul. Nabereschnaja 3, Baranowka, Tel: +7-38517-24460, +7-964-6039077

Rastplatz Solnetschnei bereg, Tel.: +7-38517-22625, 22561, am See gelegen, Vermietung von Zelten, Banja, Lauben, Grillplatz, Fahrten mit dem Katamaran, Ausflüge

Telezkoje-See

Altaier Staatliche Natur- und Biosphären-Reservat, Verwaltungs- und Organisationszentrum, Gorno-Altaisk, per. Nabereschnaja 1, Tel.: +7-38822-21419, E-Mail: agpz main@mail.ru, Internet: www.altzapoved.ru Dienst in Artybasch: Tel.: +7-960-9675351, in Jailju: E-Mail: agpz.ranger@yandex.ru, Internet: www.altzapovednik.ru. Es gibt 6 ökologisch ausgerichtete Touren, die dem Kennenlernen der Natur und der ethno-ökologischen Besonderheiten des Territoriums dienen. Diese Touren führen durch die kleinen, aber für den sanften Tourismus und für Studienzwecke erschlossenen Randzonen. Zu den wichtigsten Besuchergruppen zählen Schüler, Studenten, Wissenschaftler und Ökotouristen. Man braucht eine Genehmigung (dauert etwa 2 bis 3 Monate).

Unterkommen kann man in Jailju im **Gästehaus der Familie Gritschtschuk** (6 Personen), ul. Zentralnaja 9, Tel.: +7-963-1986225, in der **Usadba Aronowich** (es gibt 2 Häuser, eines für 6, das andere für 4 Personen), ul. Zentralnaja 9a, Tel.: +7-903-9196972, +7-906-9399589, E-Mail: saronova.lady@mail.ru, mavlik80@mail.ru, im **Gästehaus von Jekaterina Schuk** (5 Personen), ul. Zentralnaja 10, Tel.: +7-963-1995829, im **Gästehaus von Tatjana Torlopowa** (9 Personen), Tel.: +7-962-5821203; +7-962-5820667 oder im **Gästehaus von Galina Tuimeschewa** (4 Personen), ul. Zentralnaja 35, Tel.: +7-963-1996244

Artybasch

Museen

Ermi-tasch, ethnografische Ausstellung, ul. Telezkaja 126, Tel.: +7-963-5112007, Öffnungszeiten: 9.00 bis 20.00 Uhr

Ethnopark am Telezker See, ul. Podgornaja 19, Tel.: +7-913-9960425, Soziale Medien: vk.com/etnoparkteletskoe, Öffnungszeiten: täglich 10.00 bis 20.00 Uhr

Informations- und Tourismuszentrum „Kedrogor", ul. Telezkaja 3 g, Tel.: +7-962-5821208, E-Mail: info@kedrogor.ru, Soziale Medien: vk.com/golden_lake, www.facebook.com/kedrogor1, Öffnungszeiten: 1. Juni bis 31. August täglich 9.00 bis 20.00 Uhr

Tourkomplex Solotoje osero, 2 Kilometer von Artybasch, Tel.: +7-38843-26447, +7-3852-241638. Sommerhäuser, Gästehäuser, Café, Sauna, Banja, Ausflugsprogramm

Altai-Village, Artybasch, Tel.: 8-800-4441444, E-Mail: reservation@altayvillage.com, Internet: altayvillage.com. Kurortanlage direkt am See gelegen, mit Hotel, Chalets, Restaurant, Spa

Erholungskomplex Laguna, ul. Telezkaja 80, Tel.: +7-38337-52050, +7-983-1207090, E-Mail: laguna-altai@yandex.ru, Internet: www.laguna-altai.ru. 100 Meter vom Seeufer, Zimmer, Sommerhäuschen, Café, Sauna, Billard, Exkursionen

Touristen-Pension Edem, ul. Kedrowaja 1, Tel.: +7-960-9617688, +7-962-5821635. Am nördlichen Ufer des Telezkoje-Sees, Café. Banja, Exkursionen, Angeln

Tourkomplex Istok, am Ufer der Bija, rund 2 Kilometer bis zum Telezkoje-See, Tel.: +7-903-9103399; +7-906-9888988, E-Mail: altai.istok@mail.ru, Internet: altai-istok.ru. Cottages, Sommerhäuschen, Stolowaja, Sommer-Café, Phytobar, Banja, Schwimmbecken.

Usadba Stari Samok, ul. Telezkaja 44 a, Tel.: +7-913-6936963, +7-903-0745275, Tel./Fax: +7-38844-23821, E-Mail: s-zamok@yandex.ru, Internet: www.zamoktel.ru, reizvoll gelegen am Seeufer, 2 Gästehäuser, Café, Banja, Lauben, Grillplätze, Tischtennis

Belje

Zeltplatz Taeschni saliw, 7 2-Bett-Sommerhäuschen, Stolowaja mit Bar und Billard, Banja. Der Campingplatz befindet sich in der Apfelbaumplantage des Gutshofes Smirnow. Es war das erste erfolgreiche Experiment, wärmeliebende Apfelsorten auf den Uferterrassen des Telezkoje-Sees anzubauen.

Küste Kyrsai

Camping Altyn-Tu, Tel.: +7-913-2171000, E-Mail: altyntuu19@gmail.com, Internet: www.altyn-tuu.ru/kemping, ruhig, erreichbar mit dem Auto oder Bus bis Artybasch, weiter mit dem Boot über den Telezkoje-See. Bungalows und Cottages für max. 56 Besucher, Stolowaja mit Bar, Billard, Banja, Exkursionen

Tourbase Kyrsai, Balyktscha, Tel.: +7-913-6959005, +7-913-6959096, E-Mail: kyr-altay@yandex.ru, Internet: kyr-altay.ru, am südlichen Ufer des Sees auf Kap Kyrsai, 5 Auls, 5 Sommerhäuschen, Zeltplatz, Stolowaja, Banja, Exkursionen in die Natur

Essen

Charakteristisch für die Altai-Küche sind Milch- und Fleisch- sowie Mehlprodukte. Aus Milch werden zahlreiche Erzeugnisse wie Kaimak (Smetana, russischer Sauerrahm), Tschegen (Sauermilcherzeugnis), Aartschi (Quark), Kurut (Käse) hergestellt. Verarbeitet wird vor allem Lamm-, Ziegen-und Rindfleisch sowie alle Innereien. Die Altaier kochen Fleisch zumeist, weniger verbreitet ist das Braten. Schaschlik kennen die Altaier auch, doch werden weder Marinaden noch Gewürze verwendet. Suppen sind beliebt. Mjun ist eine klare Suppe mit Fleisch, Kotscho eine Fleischbrühe mit Gerste. Es gibt Hammelblutwurst und Kasy (Pferdefleischwurst). Aus Mehl und fermentierter Milch werden beliebte Teigprodukte wie teertpek (süßes Brot), boorsok (in Öl ausgebackene Teigröllchen) und andere Leckereien hergestellt. Weit verbreitet ist geröstete

Gerste. Die Natur ist großzügig zu den Altaiern. Es finden sich zahlreiche Beeren und Wildbeeren, Zwiebeln und Wildzwiebeln. Zu jeder Zeit wird Tee getrunken: Grüner Tee, Schwarzer Tee, Tee aus gepressten Teeziegeln, letztere werden aus alten Blättern und Stielen der Teepflanzen hergestellt, sie enthalten unter Umständen sehr viele Fluorine, so dass dieser Tee nicht in großen Mengen und über einen langen Zeitraum getrunken werden sollte. Tee wird im Altai oft mit Milch, Sahne (oder weißem Speck), Salz und Kräutern zubereitet, dann ersetzt er fast eine Mahlzeit. Beliebt ist auch Tee mit gerösteter Gerste.

Praktische Hinweise

In den Berg-Altai reisen sie am besten in Begleitung eines erfahrenen Führers oder in einer von einem Reiseanbieter angebotenen Gruppe. Die Einheimischen sind herzlich und gastfreundlich. Doch ist es unabdingbar ihre Kultur und ihre religiösen Traditionen zu beachten. Die alteingesessene Bevölkerung im Uimon-Tal hat ihr eigenes Recht und ihre eigene Ordnung. Sie rauchen nicht, sie trinken keinen Alkohol. Man wird von ihnen nie ein verletzendes Wort hören. Für sie ist alles heilig – das Wasser, die Kräuter, der Wald. Und all dies bewahren sie auch in unseren Tagen.

Im Altai gibt es einige besondere Zonen mit nur beschränktem Zugang. Dazu zählen die Grenzregion bei Kosch-Agatsch, drei Schutzgebiete (Katunsker, Altaisker und Tigiresker) und das Ukok-Plateau. Hier muss man den Aufenthalt mit der Direktion abstimmen. Auch gibt es im Altai Naturparks und Erholungsgebiete, in denen für den Zugang bezahlt werden muss. Die Gebühr ist in der Regel nicht hoch.

Souvenirs

Halten Sie Ausschau nach Souvenirs bei Ihrer Reise im Altai. Sie können ein Glas Honig mitnehmen oder ein Glas Wareniki aus heimischen Beeren, eine Hautcreme aus wunderbarsten Kräutern, ein Maralhorn-Erzeugnis. Oder Sie schauen sich in einem Souvenirgeschäft um, etwa am unteren Katun, unweit der Arschan-Suu-Quelle, am Tschemal-Wasserkraftwerk, am Schischkow-Denkmal, in der Tourismusanlage „Tsarskaja Ochota" am Aja-See. Hier gibt es nicht nur viele Bücher über den Altai, sondern auch kunsthandwerkliche Erzeugnisse: Musikinstrumente, Souvenirs aus Tschilim, Birkenrinde und Wacholder sowie Amulette.

Einige Begriffe

Ail – traditionelle feste Behausung der Altaier, meist rund gebaut mit Rauchabzug in der Mitte.

Balbal – ein östlich von altturkischen Gedenkstätten und Hügelgräbern senkrecht aufgestellte unbehauene Steine (in der Zeit vom 2. Jahrhundert vor bis 8. Jahrhundert unserer Zeitrechnung). Der Ursprung des Begriffs ist unbekannt, aber er findet Erwähnung in den berühmten Orchon-Jenissej-Inschriften. Die Wissenschaftler sind sich nicht einig über die symbolische Bedeutung der Steine: ist er ein Zeichen der Aufmerksamkeit gegenüber einem verstorbenen Krieger oder gibt er Auskunft über die Zahl der getöteten Feinde, insbesondere wenn an einem Kurgan lange Reihen von Balbals aufgestellt sind, wie es am Fluss Kara-Kol im Altai der Fall ist?

Belki – so werden die sommers wie winters mit Gletschern bedeckte oder Schneekappen tragende Gebirgsgipfel genannt.

Bom – ein hoher steiler Felsen oder eine Felswand, die senkrecht zum Flussbett oder zur Straße abfällt, wie zum Beispiel die Beli Bom am Tschuisker Trakt.

Kurumnik – von dem altaiischen Wort korum – schwarz

Kiira und Djalama – so wird das Ritual bezeichnet, wenn man ein Band oder Stofffetzen an einen Baum oder Strauch auf einem Pass, an einer Quelle oder an einem Ort, an dem Wacholder wächst, bindet. Der Brauch geht auf uralte Vorstellungen der Altai-Völker zurück. Denn mit dem Binden schwört man, die Natur des Altai zu schützen und die alten Bräuche zu ehren.

Oboo (obo) – wörtlich übersetzt „Häufchen", „Hügel", es ist der älteste Ausdruck der kultischen Verehrung des Geistes des jeweiligen Ortes. Im Altai treffen Sie überall auf kleine Steinhügel mit einem oder mehreren mit Bändern verbundenen Stöcken.

Olennie kamni – Hirschsteine, Stelen sind vertikal angebrachte Steinplatten oder Pfosten, auf denen sich häufig Inschriften oder Bilder finden.

Schneegrenze bezeichnet die geografische und klimatische Grenze zwischen schneebedeckten und schneefreien Gebieten. Bestimmen lässt sie sich durch Luft- und Satellitenaufnahmen. Dabei unterscheidet man klimatische und aktuelle Schneegrenzen. Die Erstere bezeichnet die Regionen, die permanent von Schnee bedeckt bzw. schneefrei sind; bei Letzterer handelt es sich um Gebiete, die nur zeitweise schneebedeckt bzw. schneefrei sind. Oberhalb der Schneegrenze liegt die Nivale Höhenstufe, eine Zone, die weitgehend ganzjährig von Schnee bedeckt ist.

Schneefeld – Schneefelder bilden sich im Winter bzw. bei Niederschlag in Form von Schnee und können sich, gerade im Hochgebirge, bis in den Spätsommer halten. Durch das jährliche Abtauen des gesammelten Niederschlages kommt es in dem jeweiligen Gebiet nicht zu einer Vergletscherung. Schneefelder bergen Risiken für

Wanderer und Bergsteiger, da sie auch bei vermeintlich sommerlichen Temperaturen angetroffen werden können. Gerade in schattigen Bereichen im Gebirge und über Permafrostböden halten sich Schneefelder sehr lange. Sie sind durch Antauen und erneutes Gefrieren sowie Ablation oft verharscht und nur mit Steigeisen oder modernen Schuhspikes (Kette mit Zacken) sicher

begehbar. Neben der Rutschgefahr können Schneefelder auch in Gletscher übergehen und Spalten im Gletscher verdecken.

Tur – kleine Steinpyramide, im Tur wird oft eine Notiz hinterlassen, wer wann hier war. Mittels der Turs wird oft die Richtung der Geröll- und Steinbewegung auf Wanderrouten angegeben.

Zirk – eine tiefe Talmulde (Talkessel) in Form eines Amphitheaters und auf drei Seiten von steilen Felshängen umgeben, die durch Gletscheraktivität entstanden ist. Es ist die charakteristischste Form des Reliefs auf dem Weg zum Pass. Ein bequemer Ort, um das Zelt aufzuschlagen, bevor der Aufstieg beginnt.

Tipps für Bergwanderer und Autotouristen

Der Altai ist ein Mekka des Russland-Tourismus. Hier gibt es eine Vielzahl von interessanten Bergtouren und Gipfelbesteigungen, reißende Flüsse für Rafting- und Kajakabenteuer sowie spannende Reitpfade. Einzigartig ist der Altai aufgrund seiner zahlreichen Höhlen für geführte Höhlentouren, die besondere Thermik bietet Segel- und Gleitschirmfliegern ungeahnte Möglichkeiten. Offroad-Begeisterte finden hier Geländetouren für alle Ansprüche, und die Wintersport-Orte haben die nötige Infrastruktur für Alpinen und Nordischen Skisport.

Im Folgenden fünf Reiserouten. Man kann sie als „wilder" Tourist allein bereisen, doch haben sie auch die meisten Gruppenreiseveranstalter im Programm.

Tour 1: Tschuiski-Trakt bis zur mongolischen Grenze

Aktasch-Kurajskaja Steppe – Tschagan – Usun – Tschuiski-Steppe – Kosch-Agatsch – Taschanta – Durbet-Daba, Autoroute, 165 Kilometer, Dauer: zwei bis drei Tage

Die Tschuiski-Steppe wurde 1992 in die Liste der Orte aufgenommen, deren Klima dem des Hohen Nordens entspricht. Schwer sich vorzustellen, dass hier, in diesem rauen Klima, Kamele gezüchtet werden! Das ist der einzige Ort dieser Art in Sibirien. Am Kilometer 823 des Tschuiski-Trakts liegt das berühmte Basislager der Segel- und Gleitschirmflieger. Aufgrund der besonderen Thermik können sie hier Höhen von 2500 Metern erreichen, sogar Höhen von 5000 Metern sind möglich. Die Strecke eines Flugs im Segelflieger beträgt 79 Kilometer, mit dem Gleitschirm mehr als 60 Kilometer. In der Tschuiski-Steppe gibt es einen Ort mit dem Namen Jelangasch (südlich des Dorfes Ortolyk), wo man Felsmalereien (Petroglyphen) bewundern kann. Es sind mehr als 30000 verschiedene Motive: Sonnenräder, geflügelte Menschen, wilde fantastische Tiere. Was die Fülle von archäologischen Fundstätten und Felszeichnungen betrifft, so befindet sich der Altai weltweit auf einem der ersten Plätze. Der See Dschulunkul („Warmer See") liegt auf einer Höhe von 2 200 Metern über dem Meeresspiegel. Sein Wasser ist tatsächlich warm. In diesem Gebiet gibt es mehr als 250 Seen, es herrscht Schönheit, Ruhe und Harmonie.

Tour 2: Ins Tal des Tschulyschman

Aktasch – Krasnyje Worota – Mjortwoje See – See Uson-Kol – Ulagan-Pass – Ulagan – Balyktujul – Grabhügel von Pasyryk – Katu-Jaryk-Pass – Tschulyschman – Wasserfall Utschar – Flur von Akkurum-Baschkaus – Südseite des Telezkoje-Sees, Tour mit Geländefahrzeug, 170 Kilometer, Dauer: fünf bis sieben Tage

Zwei Bergpässe, die tiefen Schluchten und Stromschnellen des Flusses Tschulyschman, Utschar, der höchste Wasserfall Sibiriens, die Grabhügel von Pasyryk, die Zeugnisse der skythischen Kultur aus dem 6. Jahrhundert vor unserer Zeitrechnung bewahrten, von denen sich heute ein Teil in den Sammlungen der Eremitage in Sankt-Petersburg befinden, darunter Sonnenräder, Alltagszeugnisse und Schmuck. Krasnyje Worota – das rote Tor – ist ein enger, gefährlicher Durchlass zwischen zwei gewaltigen Felsen von leuchtend roter Farbe. Der Fluss Tschibitka hat hier eine ungewöhnlich gelbe Farbe. Eine phantastische Landschaft!

Tour 3: Zu den Gipfeln des Südlichen Tschuja-Kamms

Ortolyk – Beltir – Tal des Flusses Taldura – Taldur-Gletscher – Tal des Flusses Akkol – Sofiengletscher, Autotour mit Trekking-Elementen, 174 Kilometer, Dauer: fünf bis sieben Tage

Die bisher wenig besuchten Schluchten des Südlichen Tschuja-Kamms sind von einer überwältigenden und kontrastreichen Schönheit. Eine wüstenartige Mondlandschaft wechselt plötzlich mit farbenfrohen Alpenwiesen und dunkelblauen Seen ab, in denen sich die Schneegipfel der Berge spiegeln. Der Weg führt in Serpentinen auf die Berge hinauf und gewinnt immer mehr an Höhe. Er passiert eine Wasserfallkaskade des Flusses Akkol und gelangt zum größten Gletscher des Altai, dem Sofiengletscher. Seine Fläche beträgt 17,6 Quadratkilometer, die Länge 7,9 Kilometer und seine Höhe 2 620 Meter. Die Strecke zum Gletscher verläuft entlang eines ungewöhnlichen Sees: Er ist diagonal in zwei Teile geteilt, der untere Teil hat eine Farbe von leuchtendem Türkis, der obere Teil ist milchigweiß. Alles im Altai ist auf eine unwirkliche Art schön, und alles ist dennoch wirklich.

Tour 4: Durch die Schluchten des Nördlichen Tschuja-Kamms

Hier befinden sich die beiden beliebtesten Strecken für Bergwanderer. Die erste führt über Tschibit – Oroi-Pass – Schawla zu den Schawlinsker Seen (Hin- und Rückweg: 70 Kilometer), die zweite führt von Tschibit aus über Maaschej und Karakabak zum Maascheisker See (Hin- und Rückweg: 40 Kilometer).

Der Schawlinsker See liegt auf einer Höhe von 1 900 Metern, er ist 1 500 Meter lang und 500 Meter breit. Im Sommer gibt es hier Verkaufsstände für regionale Erzeugnisse, Fladenbrot, Käse, Fisch. Man kann Pferde für die Weiterreise an den Oberen Schawlinsker See mieten.

Am See Karabak kann man sein Zelt am Rand eines Zedernwaldes aufschlagen.

Die dritte Tour ist für Autotouristen geeignet. Sie führt über Kurai nach Aktru und ist mit Hin- und Rückweg 60 Kilometer lang.

Das Bergsteiger-Basislager in Aktru hält Unterkünfte in Hütten oder Zelten bereit, es gibt auch ein kleines Hotel (mit 30 Betten). Von Aktru aus starten Berg- und Klettertouren aller Schwierigkeitsgrade, von 1A bis 6A. Die verschiedenen Gipfelbesteigungen sind für erfahrene Kletterer wie auch Einsteiger geeignet.

Tour 5 Zu den Multinsker Seen

Multa – Maralnik – Untere Multa-Seen – Obersee – Quersee, Bergwanderung (60 Kilometer hin und zurück, Dauer: fünf bis sieben Tage

Ein Geschmeide der schönsten Altai-Seen erwartet die Bergwanderer auf dieser Tour. Der Weg führt durch Naturschutzgebiete, wo Wildtiere und seltene endemische Pflanzen studiert werden können. Das Dorf Multa, übersetzt etwa „mit Faulbeerbäumen", liegt am rechten Ufer an der Mündung des Flusses Katun, auf einer Höhe von 960 Metern über dem Meer. Hier startet unsere Reise zu den Seen, die sich im Naturschutzgebiet „Katunski" befinden. Dieses steht auf der Liste des Weltnaturerbes der UNESCO. Hier leben Bären, Luchse, Wölfe, Vielfraße und die seltenen Schneeleoparden (Irbis). Im Dorf Maralnik kann man ein Maralgehege besuchen. Die Seen, die steilen Berghänge, tosende Wasserfälle, Zedernwälder, die Verheißung von grandiosen Angelerlebnissen, Wandertouren durch die Taiga zu Fuß und zu Pferd, das alles ist ein echtes Touristenparadies. Meine Freunde haben diese Orte erreicht, indem sie vom Dorf Ust-Koksa mit einem Motorboot den Katun-Fluss bis zum See Taimen (Talmen) hinaufgefahren sind. Der See, der seinen Namen nach dem größten Süßwasserfisch der Region trägt, liegt auf einer Höhe von 1 920 Metern, ist 1 250 Meter lang, etwa 500 Meter breit und 48 Meter tief.

In der anarchistischen Unordnung meines Fotoarchivs bin ich doch auf ein Foto vom Taimen-See gestoßen. Auf der Rückseite fand ich die Aufschrift: „Trau dem Namen nicht! In diesem See gibt es keine Taimene, und es hat nie welche gegeben! Dafür lebt hier ein Fisch mit Namen Charius, Äsche. Sehr schmackhaft! Hier bin ich zur Feinschmeckerin geworden."

Das Leben ist doch immer wieder sehr interessant.